John Gray
Mars und Venus
neu verliebt

JOHN GRAY

Mars und Venus neu verliebt

Nach der Trennung den Mut
für eine neue Liebe finden

Aus dem Amerikanischen
von Clemens Wilhelm

GOLDMANN VERLAG

Die amerikanische Originalausgabe erschien 1998
unter dem Titel »Mars und Venus starting over«
bei HarperCollins, New York.

2. Auflage
© 1998 Mars Productions, Inc.
© 1999 der deutschsprachigen Ausgabe
Wilhelm Goldmann Verlag, München
in der Verlagsgruppe Bertelsmann GmbH
Satz: Uhl + Massopust, Aalen
Druck: Graphischer Großbetrieb Pößneck
Printed in Germany
ISBN 3-442-30810-0

*Dieses Buch widme ich
in tiefster Zuneigung und Liebe
meiner Seelengefährtin und Frau,
Bonnie Gray*

*Ihre wunderbare Liebe läßt mich nach wie vor
das Beste in mir verwirklichen.*

Inhalt

Einleitung

Der Verlust eines geliebten Menschen durch Tod, Scheidung oder Trennung bedeutet immer einen schweren Einschnitt. Man hat plötzlich den Rest seines Lebens vor Augen und keine Ahnung, wie es weitergeht. Es ist einem das Liebste genommen, und man weiß nicht, was man tun soll. Dies ist eine Herausforderung, bei der man sich auf keine bisherige Erfahrung stützen kann. Der Kopf ist voller Fragen, und das Herz ist tief verwundet. Dieses Buch will Ihnen mit einer Fülle von Erkenntnissen und Anleitungen helfen. Es kann Ihnen zeigen, was man tun muß, und wohin der Weg geht.

———◄○►———

Ein Neubeginn ist eine Herausforderung, bei der man sich auf keine bisherige Erfahrung stützen kann.

———◄○►———

Was ich in diesem Buch zusammengetragen habe, entspringt meiner fast dreißigjährigen Erfahrung in der Beratung von Männern und Frauen, die durch eine schmerzliche Trennung, eine Ehescheidung oder den Verlust eines geliebten Menschen schweres seelisches Leid erlitten haben. Die Umstände waren ganz unterschiedlich, aber der Schmerz war immer derselbe: der Schmerz eines gebrochenen Herzens. Durch Beratung und Workshops konnte ich Tausenden von Menschen unmittelbar bei der Heilung ihrer Seele Beistand leisten.

Die in diesem Buch beschriebenen Erkenntnisse und Prozesse haben sich bei vielen Menschen bewährt – sie werden sich auch bei Ihnen bewähren. Auch ich selbst mußte nach einer Scheidung wieder neu beginnen, und ich mußte über den Tod meines Vaters und meines jüngeren Bruders hinwegkommen. Ich weiß, wie niederschmetternd ein Verlust sein kann, aber ich weiß auch, wie außerordentlich bereichernd es ist, von einem Verlust zu genesen.

Nachdem ich den Schmerz des Scheiterns meiner ersten Ehe überwunden hatte, lernte ich aus meinen Fehlern und begann ein neues, erfolgreicheres Leben. Auch wenn ich es mir damals nicht vorstellen konnte, bin ich heute dankbar dafür, daß meine erste Ehe in die Brüche ging: Andernfalls hätte ich nie meine Frau Bonnie kennengelernt und geheiratet, und ich hätte jetzt nicht ein so glückliches Leben und eine so wunderbare Familie.

—◈—

Sie werden auf diese schmerzliche Zeit zurückblicken
und für die Bereicherung dankbar sein, die sie Ihnen
gab.

—◈—

Indem ich mich von meinem Schmerz heilte, konnte ich ein neues und reicheres Leben beginnen. Mein Herz öffnete sich weiter als jemals zuvor, so daß ich viele Dinge klarer sehen konnte. Auf dem Weg zu meiner Heilung brachte jeder Tag neue Erkenntnisse und Entdeckungen, die mich auf die Begegnung mit meiner Seelengefährtin Bonnie vorbereiteten. Weil ich in meiner Ehe mit ihr Liebe geben und empfangen konnte und durch meinen wachsenden Erfolg bei der Beratung anderer Menschen konnte ich schließlich die Gedanken entwickeln, die in meinem ersten Buch »Männer sind anders. Frauen auch« dargestellt sind.

Durch die Heilung meiner eigenen Seele wurde ich ein viel besserer Berater und Lehrer und, was viel wichtiger ist, auch ein besserer Ehemann und ein besserer Vater. Weil ich den

Weg selbst gegangen bin, weiß ich, wie großartig es ist, einen Neuanfang zu wagen und wieder Liebe zu finden.

———◄o►———

Selbst eine schmerzliche Scheidung kann Ihnen den Weg zu einem reichen, erfüllenden Leben voller Liebe bahnen.

———◄o►———

Natürlich ist dies kein einfacher Prozeß. Bevor ein neues Leben entsteht, müssen Sie durch die Geburtswehen hindurch. Dies ist harte Arbeit – und trotzdem ist dieser Prozeß außerordentlich erfüllend. Nach der ersten Anpassung wird es schon viel leichter. Bald werden Sie zurückblicken, und der Schmerz wird nur noch Erinnerung sein.

———◄o►———

Bald wird all dieser Schmerz nur noch Erinnerung sein.

———◄o►———

Der Tod eines geliebten Menschen ist natürlich etwas ganz anderes als eine schmerzliche Trennung oder eine Ehescheidung, und doch ist der Prozeß der Genesung derselbe. In diesem Buch soll Ihnen gezeigt werden, wie man ein gebrochenes Herz heilt, gleichgültig, welcher Art der Verlust ist, den man erlitten hat. Die Geschichten und Beispiele, die Sie lesen werden, stimmen vielleicht nicht genau mit Ihrer individuellen Situation überein, aber Sie werden doch viele Ähnlichkeiten entdecken.

Zum Aufbau des Buchs

Dieses Buch ist in drei Teile gegliedert. Im ersten Teil, »Mars und Venus wagen einen Neuanfang«, wird der Teil des Heilungsprozesses beschrieben, der bei Männern und Frauen grundsätzlich derselbe ist. Allerdings stehen Männer und Frauen oft vor unterschiedlichen Herausforderungen. Eine Strategie, die für einen Mann erfolgreich ist, braucht dies nicht unbedingt für eine Frau zu sein und umgekehrt.

Im zweiten Teil, »Venus verliebt sich neu«, geht es um die spezifischen Probleme, denen sich Frauen bei einem Neubeginn gegenübersehen. Der dritte Teil, »Mars verliebt sich neu«, befaßt sich mit den Herausforderungen, denen sich Männer stellen müssen. Die Männer unter meinen Lesern können gegebenenfalls Teil zwei überspringen, doch empfehle ich ihnen, nach der Lektüre von Teil drei dorthin zurückzukehren; dasselbe gilt umgekehrt für die Frauen: Beide Texte enthalten wichtige Informationen für Männer *und* Frauen, weil es immer gewisse Überschneidungen gibt.

Auch wenn, wie gesagt, der Heilungsprozeß derselbe ist, steht doch jeder von uns nach einem Verlust vor anderen Herausforderungen. Indem Sie sich damit auseinandersetzen, wie ganz verschiedene Situationen bewältigt werden können, werden Sie Klarheit darüber gewinnen, welche Vorgehensweise für Sie die beste ist. Sie werden nicht nur mehr Sicherheit für Ihre Entscheidungen bekommen, sondern auch Trost darin finden, daß Sie nicht alleine sind.

Die Seele heilen

Während meiner Flitterwochen mit Bonnie bekam ich einen Anruf mit einer schrecklichen Nachricht: Mein Vater war tot im Kofferraum seines Autos aufgefunden worden. Er war von

einem Anhalter überfallen und abseits der Straße im Kofferraum eingesperrt worden. Nach einigen Stunden in der un-
barmherzigen Sonne von Texas erlag er einem Hitzschlag.
Wie so viele Menschen, die einen lieben Angehörigen verloren haben, überwältigte mich ein fast unerträglicher
Schmerz. Mein Vater war für immer aus meinem Leben verschwunden.

In meiner Trauer glaubte ich, daß dieser Schmerz niemals
aufhören würde. Aber ich hatte das Glück, die Unterstützung
zu bekommen, die ich zur Heilung brauchte. Wenn ich jetzt
an meinen Vater denke, spüre ich keinen Schmerz mehr, sondern die Liebe, die wir füreinander empfanden. Natürlich
denke ich oft, wie schön es wäre, wenn er sich mit mir über
meine Erfolge freuen und wenn er seine Enkel sehen könnte,
aber es tut nicht mehr weh.

———◁◦▷———

*Selbst der Schmerz über einen tragischen Verlust kann
einmal aufhören.*

———◁◦▷———

Zwei Jahre später bekam ich einen Anruf mit einer noch
schrecklicheren Nachricht: Mein jüngerer Bruder Jimmy
hatte sich das Leben genommen. Nach einer Drogenepisode
und einer schmerzlichen Trennung war er seelisch völlig aus
dem Gleichgewicht geraten. Er wurde manisch-depressiv und
mußte Medikamente einnehmen, um irgendwie mit dem
Leben zurechtzukommen. Zu jener Zeit waren die Medikamente noch nicht so ausgereift wie heute: Die Nebenwirkun-
gen machten ihm das Leben unerträglich.

Der Verlust meines Bruders war für mich verheerend. Wir
hatten als Kinder eine sehr enge Beziehung zueinander gehabt. Sein Tod war für mich ebenso schmerzlich wie der Verlust meines Vaters, aber in einer anderen Weise. Er fehlte mir,
und ich war zugleich unendlich traurig darüber, daß ich ihm

nicht hatte helfen können. Ich habe so vielen Menschen geholfen, aber ihn konnte ich nicht retten. Und doch lernte ich in der Trauer über seinen Verlust, mir selbst zu verzeihen.

———◄o►———

Ein großer Teil unserer Trauer beruht auf dem Gefühl
der Machtlosigkeit gegenüber der Unabänderlichkeit
des Verlustes.

———◄o►———

Daß ich überhaupt Psychologie studierte, entsprang dem Wunsch, meinem Bruder zu helfen. Wo traditionelle Verfahren versagten, suchte ich weiter nach neuen Wegen und bemühte mich darum, den Heilungsprozeß intensiver verstehen zu lernen.

Indem ich mich mit meinen Gefühlen von Schuld und der Scham darüber auseinandersetzte, daß ich meinen Bruder nicht retten konnte, heilte ich auch jetzt wieder meine Seele. Was ich diesmal entdeckte, war eine tiefere Empfindung der Unschuld und des Wertes. Ich konnte mich von der Vorstellung lösen, daß ich vollkommen sein mußte, um Liebe zu verdienen. Und ich konnte schließlich klar zwischen zwei Dingen unterscheiden: der Aufgeschlossenheit gegenüber der Not anderer Menschen und der falschen Empfindung, für diese verantwortlich zu sein.

Das schönste Geschenk ist, daß ich die Liebe zu meinem Bruder weiter spüren kann, ohne daß es mich schmerzt. Ich empfinde statt dessen Dankbarkeit dafür, daß er nicht mehr leiden muß. Ihn konnte ich zwar nicht retten, aber ich habe vielen anderen Menschen geholfen, sich selbst zu retten. Er lebt in meinem Herzen fort und gibt mir den Antrieb, weiter daran mitzuarbeiten, daß diese Welt ein schönerer Ort wird.

Seine Träume verwirklichen

Millionen Menschen in allen Lebensumständen, Reiche und Arme, Gesunde und Kranke, leiden nach wie vor unter dem Verlust einer Liebe. Statt nach neuer Liebe zu suchen und ihre Träume zu verwirklichen, schlagen Sie sich nur recht und schlecht durchs Leben. Sie versuchen, irgendwie durchzukommen. In den meisten Fällen ist ihnen nicht einmal klar, was ihnen fehlt. Sie ahnen nicht einmal, daß es auch anders geht. Sie wissen nicht, daß sie ihre Seele heilen und eine neue Liebe finden können. Sie können sich nicht vorstellen, daß Heilung von ihrem Schmerz möglich ist.

Nach der Lektüre dieses Buchs werden Sie wissen, daß es eine Alternative gibt. Der Schmerz des Verlustes gehört unvermeidlich zum Leben, nicht aber das Leiden. Man kann sich von den Schmerzen seiner Vergangenheit heilen, und man kann aus dieser Erfahrung gestärkt hervorgehen.

»Mars und Venus neu verliebt« ist ein Werk der Liebe. Es ist mein Geschenk an die Welt und das Ergebnis meines fast dreißigjährigen Dienstes an anderen Menschen, die sich in einer ähnlichen Situation befanden wie Sie. Lassen Sie dieses Buch ein kleines Licht in der Finsternis Ihrer Verzweiflung sein, einen weisen Lehrer, der Ihnen einen Weg zeigt, einen verständnisvollen Freund, der Sie in Ihrer Einsamkeit tröstet. Lassen Sie es in dieser schmerzlichen Zeit Ihr Begleiter sein. Lesen Sie es immer wieder und denken Sie daran, daß Sie nicht allein sind. Andere sind diesen Weg gegangen, und sie haben überlebt. Sie haben wieder Liebe gefunden. Dies wird auch Ihnen gelingen.

Mars und Venus wagen einen Neuanfang

Mars und Venus
wagen einen Neuanfang

Männer und Frauen stehen vor unterschiedlichen Herausforderungen, wenn sie plötzlich wieder alleine sind. So wie sie unterschiedlich denken, fühlen und kommunizieren, reagieren sie auch unterschiedlich auf den Verlust von Liebe. In einer Herzenskrise sind die instinktiven Reaktionen einer Frau andere als die eines Mannes. Sie hat andere Probleme, und sie macht andere Fehler. Was für sie gut ist, ist nicht unbedingt gut für ihn. Sie haben absolut konträre Bedürfnisse, und es scheint, als ob sie von zwei verschiedenen Planeten kommen: Es ist, wie wenn Männer vom Mars und Frauen von der Venus wären.

Aber auch wenn Männer und Frauen unterschiedlich reagieren, durchleben sie doch dieselben schmerzlichen Empfindungen. Ein Neubeginn nach einer Scheidung, einer Trennung oder dem Tod eines geliebten Menschen kann eine der größten Herausforderungen sein, die man in seinem Leben zu bestehen hat. Für die meisten Menschen, die eine Liebe verloren haben, geht dies über alles hinaus, womit sie jemals gerechnet hätten oder was sie sich hätten vorstellen können.

———◄○►———

Ein Neubeginn nach einer Scheidung, einer schmerzlichen Trennung oder dem Tod eines geliebten Menschen kann eine der größten Herausforderungen sein, die man in seinem Leben zu bestehen hat.

———◄○►———

Der Schmerz der Verlassenheit und Verunsicherung gräbt sich in die Seele ein. Man kämpft in seinem Inneren mit der Machtlosigkeit, das Geschehene rückgängig zu machen. Man sinkt in eine tiefe Verzweiflung und Hoffnungslosigkeit. Die Zeit läuft langsamer, und zwischen den einzelnen Augenblicken scheinen Ewigkeiten zu liegen.

————◁◦▷————

Nach einem Verlust kämpft man in seinem Inneren mit der Machtlosigkeit, das Geschehene rückgängig zu machen.

————◁◦▷————

Man kämpft schlicht darum, die Leere eines jeden Augenblicks zu füllen und durch den Tag zu kommen. Manchmal weicht der bittere Schmerz des Verlustes einer dumpfen Betäubung, aber dann wird man wieder durch irgend etwas an seinen Verlust erinnert, und dies weckt die Sehnsucht danach, wieder zu fühlen und zu lieben. Nie zuvor hat man sein Bedürfnis nach Liebe und Verbundenheit so schmerzlich empfunden. Der nagende Schmerz im eigenen Inneren zwingt zu der Einsicht, daß das Leben nie mehr dasselbe sein wird.

Aber wenn schließlich der Heilungsprozeß abgeschlossen ist, kann man loslassen. In seinem Herzen und seiner Seele fügt man sich und akzeptiert die Unabänderlichkeit des Geschehenen. Man ist wieder allein, und man beginnt mit dem Neuaufbau seines Lebens. Man öffnet sich wieder, um Liebe zu geben und zu empfangen. Auch wenn man es sich niemals hätte vorstellen können, kehrt wieder eine gewisse Normalität in das eigene Leben ein. Nach der Finsternis der Verzweiflung offenbart sich der warme und beruhigende Sonnenschein der Liebe. Ein solches glückliches Ende ist möglich – auch wenn es nicht selbstverständlich ist.

Den Heilungsprozeß verstehen

Um ein gebrochenes Herz zu heilen, muß man den Heilungsprozeß durchstehen und zu einem Abschluß bringen können. Hierzu braucht man neue Einsichten und eine neue Sichtweise, aber die meisten Menschen wissen nicht, wie sie dies erreichen können. Man lernt es nicht in der Schule, wie man sein gebrochenes Herz heilt, und man hat damit auch kaum Erfahrung. In diesem düsteren und verletzlichen Zustand folgt man blind dem Rat von Freunden und Verwandten oder einfach den eigenen Instinkten. Man fällt Entscheidungen, die einem vielleicht vernünftig erscheinen, aber oft das Gegenteil des Gewünschten bewirken, wenn sie nur kurzfristige Linderung verschaffen.

——◇——

Man lernt es nicht in der Schule,
wie man sein gebrochenes Herz heilt.

——◇——

Manchen Menschen gelingt es nach dem Verlust einer Liebe, sich allein wieder aufzuraffen. Aber sehr viele schaffen es nicht, aus dem Abgrund der Verzweiflung wieder an die Oberfläche zu kommen. Sie tragen weiterhin mehr oder weniger schwer an ihrem Verlust. Der Schmerz bleibt in ihnen ständig gegenwärtig und hindert sie daran, ihr Herz wieder ganz zu öffnen.

Andere wiederum scheinen losgelassen zu haben, während dies in Wirklichkeit nicht der Fall ist. Sie glauben, den Schicksalsschlag überwunden zu haben, aber sie sind dabei innerlich verhärtet. Sie sind zu rasch vorangeschritten, um den Schmerz nicht mehr spüren zu müssen. Dabei haben sie sich um die Fähigkeit gebracht, wirklich zu fühlen. Ohne zu wissen, wie dies geschehen ist, haben sie sich abgeschlossen. Sie leben weiter, aber sie sind unfähig geworden, in ihrem Herzen Liebe zu spüren.

Es ist zweifellos eine Krise, wenn man durch ein unerwartetes Ereignis plötzlich wieder allein ist. Wie jede Krise ist dies eine Zeit der Gefahren, aber auch der Chancen. Die Chance liegt in der Möglichkeit, Herz und Seele zu heilen und ganz zu werden, so daß man verstärkt aus der Erfahrung hervorgeht. Die Gefahr liegt darin, daß man den Heilungsprozeß nicht vollendet. Die Zeit heilt zwar Wunden, aber sie tut es nicht von allein, und sie heilt auch nicht alles. Die Art, wie man mit dem Verlust von Liebe umgeht, hat weitreichende Wirkungen für den Rest des Lebens.

Wie die Seele Heilung erlangt

Um eine vollständige Heilung sicherzustellen, muß man zunächst verstehen, in welcher Weise die Seele wieder gesundet. Man kann diesen Prozeß am besten mit der Heilung eines gebrochenen Knochens vergleichen. Eine seelische Wunde ist zwar etwas Abstraktes, während ein gebrochener Knochen etwas sehr Konkretes ist. Aber wenn man sich einmal die verschiedenen Phasen der Heilung eines gebrochenen Knochens vor Augen hält, kann man auch die Bedürfnisse eines gebrochenen Herzens besser erkennen.

Wenn ein Knochen bricht, aktiviert der Körper seine natürliche Heilungsfähigkeit, um dieses Problem zu beheben. Es tut weh, aber am Ende hört der Schmerz doch wieder auf. Solange wir uns nicht einmischen, heilt sich der Körper in einer absehbaren Zeit selbst. Wenn man diesen selbsttätigen Heilungsprozeß zuläßt und fördert, ist der Knochen danach fester als zuvor. In derselben Weise ist man am Ende stärker, wenn man weiß, wie man die Heilung eines gebrochenen Herzens unterstützt. Der Schmerz wird vergehen, und man wird neue Liebe finden.

———◄◉►———

Wenn ein gebrochenes Herz heilt, ist es danach
stärker als zuvor.

———◄◉►———

Wenn ein Knochen gebrochen ist, muß er eingerichtet und mit einem Gipsverband geschützt werden, damit der natürliche Heilungsprozeß des Körpers ungestört ablaufen kann. Wird der Knochen nicht richtig eingerichtet, wächst er schief wieder zusammen. Gönnt man ihm nicht genügend Ruhe unter dem Schutz eines Gipsverbandes, wird er schwach bleiben. Wenn man andererseits den schützenden Gips überhaupt nie mehr abnimmt, wird sich der Knochen niemals kräftigen. Ähnliches gilt für ein gebrochenes Herz.

Leidet man an einem gebrochenen Herzen, genügt es nicht, sich damit zu trösten, daß es schon wieder vorbeigehen wird. Die Heilung geschieht zwar von selbst, aber wenn man diesen Prozeß nicht verstanden hat, ist es leicht möglich und in der Tat sogar oft der Fall, daß man die Heilung unwissentlich stört und behindert.

Wenn wir nun die Analogie des gebrochenen Knochens heranziehen, können wir die drei wesentlichen Schritte des Heilungsprozesses erkennen: sich helfen lassen; den Knochen einrichten; geschützt im Gipsverband heilen lassen. Dementsprechend sind die drei Schritte zur Heilung des Herzens:
1. Sich helfen lassen.
2. Den Verlust betrauern.
3. Wieder ganz werden, bevor man eine neue Bindung eingeht.
Erkunden wir diese Analogie etwas ausführlicher.

Die drei Schritte zur Heilung der Seele

Erster Schritt: Sich helfen lassen
Wenn man sich einen Knochen bricht, besteht der erste Schritt darin, sich helfen zu lassen. Selbst ein Fachmann für das Einrichten von Knochen braucht in einem solchen Fall doch einen anderen Fachmann, der ihm hilft. Ebenso ist es der erste und wichtigste Schritt bei einem gebrochenen Herzen, sich um Hilfe zu bemühen. Es wäre ganz falsch, sich jetzt unerschütterlich zu geben und die Empfindungen des Verletztseins und des Verlustes zu verdrängen. Männer können ihren Heilungsprozeß beschleunigen, indem sie die Geschichte anderer hören, die eine schmerzliche Erfahrung gemacht haben, während es für Frauen wohltuender ist, jemanden zu haben, der ihnen zuhört. Seine Gefühle mitzuteilen und mit Menschen zusammenzusein, die wissen, was man durchmacht, gibt nicht nur Trost, sondern ist ein wesentliches Element des Heilungsprozesses.

———◁○▷———

*Männer können ihren Heilungsprozeß beschleunigen,
indem sie die Geschichte anderer hören,
die eine schmerzliche Erfahrung gemacht haben,
während es für Frauen wohltuender ist, jemanden
zu haben, der ihnen zuhört.*

———◁○▷———

Ohne Zweifel ist es ein guter Anfang, dieses Buch zu lesen, aber es ist kein Ersatz für die Unterstützung durch andere Menschen, die einen ähnlichen Verlust erlitten oder diesen schon überwunden haben. Wenn Sie sich jemals mit dem Gedanken getragen haben, an einem Seminar teilzunehmen, sich einer Gesprächsgruppe anzuschließen oder die Hilfe eines Beraters in Anspruch zu nehmen, dann ist jetzt der richtige Zeitpunkt dafür. Die Unterstützung durch andere Menschen, die von seelischen Wunden genesen sind, und die Hilfe eines ausgebildeten Fachmanns bietet die besten Chancen zu einer vollständigen Heilung.

In diesem Buch werden wir uns damit beschäftigen, wie Männer und Frauen in unterschiedlicher Weise unwissentlich gerade jene Liebe und Unterstützung zurückweisen, die sie für den Heilungsprozeß brauchen. Darüber hinaus werden Sie einige praktische Strategien kennenlernen, wie man die Hilfe bekommt, die man braucht. Es gibt zwar keine Möglichkeit, den Schmerz sofort zu beseitigen, aber man kann sich die notwendige Unterstützung holen, um ihn erträglich zu machen. Mit der richtigen Hilfe zur richtigen Zeit werden Sie den Schmerz auflösen und wieder die Freude und den Frieden eines offenen Herzens erfahren.

Zweiter Schritt: Den Verlust betrauern

Der zweite Schritt besteht darin, daß der Knochen wieder in die Position gebracht wird, in der er sich vor dem Bruch befand. Wenn der Knochen eingerichtet ist, kann er wieder gerade zusammenwachsen. Ebenso muß ein gebrochenes Herz wieder in den Zustand versetzt werden, in dem es sich vor dem Bruch befand. In dieser zweiten Phase muß man sich Zeit dafür nehmen, den Verlust zu betrauern, indem man sich den geliebten Menschen und die Beziehung zu ihm in Erinnerung ruft.

Der Gedanke an die gemeinsame Vergangenheit mit einem geliebten Menschen, den man verloren hat, löst schmerzliche Empfindungen aus, erinnert aber auch an die gemeinsame Liebe. Die Erinnerung an diese Liebe unterstützt die Heilung, sie lindert und heilt den Schmerz des Verlustes.

—◄○►—

Die Dankbarkeit für die schöne gemeinsame Zeit
und das Verzeihen der Fehler erfüllen das Herz
mit der Liebe, die es zu seiner Heilung braucht.

—◄○►—

Wenn Sie eine schmerzliche Trennung oder eine Scheidung
hinter sich haben und Sie sich zurückgestoßen und betrogen
fühlen, dann fällt es zunächst vielleicht schwer, den Verlust
zu betrauern und die Liebe zu spüren. Sie sind wahrscheinlich viel zu wütend. In diesem Fall besteht die Aufgabe
zunächst darin, sich zum Verzeihen durchzuringen. Dann
werden Sie auch richtig trauern können.

Auch wenn Sie froh und erleichtert sind, daß eine Beziehung zu Ende ist, in der Sie vielleicht ausgenutzt wurden, besteht Ihre Aufgabe jetzt darin, sich wieder an die anfänglichen
Hoffnungen und Träume zu erinnern und über die erlittene
Enttäuschung zu trauern.

Sie müssen versuchen, positiv an das zu denken, was gut
war, und die Fehler zu verzeihen; nur so können Sie Ihr Herz
wieder »einrichten«. Dieser Prozeß macht Sie frei, so daß Sie
mit einem offenen Herzen einer neuen Liebe entgegengehen
können.

—◄○►—

Ihr Herz kann sich niemals ganz für einen anderen
Menschen öffnen, wenn es gegenüber jemand
anderem in Ihrer Vergangenheit völlig verschlossen
ist.

—◄○►—

Dieses »Wiedereinrichten« des Herzens durch eine umfassen-
de Trauer schenkt die Freiheit, wieder die unschuldige Sehnsucht nach einer Liebesbeziehung zu spüren. Ohne eine vor-

herige Heilung ist man nicht dazu fähig, wieder einen neuen Menschen zu lieben und ihm sein Vertrauen zu schenken.

Solange der Heilungsprozeß nicht abgeschlossen ist, neigen Männer dazu, keine Gefühle mehr zu zeigen, während Frauen Schwierigkeiten haben, wieder Vertrauen zu schenken. Deshalb gehen Männer oft sofort neue Beziehungen ein, ohne eine wirkliche Bindung aufzubauen. Frauen wiederum versuchen sich vor einer neuen Verletzung zu schützen, indem sie sich auf keine Beziehungen mehr einlassen.

———◁◦▷———

Solange der Heilungsprozeß nicht abgeschlossen ist, haben Männer Schwierigkeiten, sich fest zu binden, während es Frauen schwerfällt, wieder Vertrauen zu schenken.

———◁◦▷———

In den folgenden Kapiteln werden wir uns ausführlich damit befassen, wie man einen Verlust richtig betrauert und wie man seine innere Leere ganz erfährt, um dann wieder neue Liebe in sich hineinströmen zu lassen.

Dritter Schritt: Ganz werden
Der dritte Schritt zur Heilung eines gebrochenen Knochens besteht darin, daß man ihn mit einem Gipsverband umgibt und eine Zeitlang in Ruhe läßt. Wenn er wieder stabil ist, muß der Verband abgenommen werden. Ebenso muß man sich für die Heilung der Seele Zeit nehmen, um wieder ganz zu werden, bevor man eine neue enge Beziehung eingeht. Damit man eine neue Gemeinsamkeit mit einem anderen Menschen aufbauen kann, muß man seine Bedürftigkeit heilen und ein starkes Selbstwertgefühl entwickeln. Am besten geht man erst dann wieder eine neue Beziehung ein, wenn man das Gefühl hat, daß man sie eigentlich nicht braucht, weil man sich selbst ganz erfüllt und vollständig fühlt.

———◀o▶———

Am besten geht man erst dann wieder eine neue
Beziehung ein, wenn man das Gefühl hat, daß man
sie eigentlich nicht braucht.

———◀o▶———

Männer gehen in der Regel zu rasch eine neue Beziehung ein, während Frauen sich unbewußt vor der Liebe verschließen. Dabei fühlen sich Männer unfähig, einem anderen Menschen etwas von sich selbst zu geben, während Frauen unfähig sind, Liebe anzunehmen. In den folgenden Kapiteln werden wir uns sehr ausführlich damit befassen, wie Männer und Frauen unbewußt diesen dritten Schritt sabotieren, und wir werden uns mit Vorschlägen befassen, die helfen können, zur richtigen Zeit eine neue Beziehung einzugehen.

Warum schmerzt es so sehr?

Von allen Verlusten ist der Verlust von Liebe am schmerzlichsten. Wenn wir andere Enttäuschungen und Ungerechtigkeiten erleiden, tröstet Liebe die Seele und macht den Schmerz erträglich. Bei Zurückweisung oder Mißerfolg im Alltag hilft uns unsere Seele darüber hinweg, indem sie uns daran erinnert, daß wir zu Hause geliebt werden. Wenn aber die Liebe verloren geht, gibt es keine Linderung, keinen Trost und keinen Schutz mehr. Meist nehmen wir gar nicht wahr, wie sehr wir uns auf die Liebe verlassen, bis sie uns genommen wird.

――◁○▷――

Wenn wir Enttäuschungen und Ungerechtigkeiten erleiden, tröstet Liebe die Seele und macht den Schmerz erträglich.

――◁○▷――

Wenn man einen Menschen verliert, den man besonders liebt, ist man plötzlich schutzlos dem schneidenden Schmerz des Verlustes und der Einsamkeit ausgesetzt. Dann betrauert man nicht nur den Verlust des geliebten Menschen, sondern betet um Linderung und fragt: »Warum schmerzt es so sehr?«

Es gibt auch keine Möglichkeit, gegen den unerträglichen Schmerz und die Leere nach dem Verlust von Liebe Vorsorge zu treffen. Ob wir eine schmerzliche Trennung, eine Scheidung oder den tragischen Tod eines geliebten Menschen hinnehmen müssen – das Ergebnis ist ein gebrochenes Herz. Zunächst sind wir wie betäubt. Jede Faser unseres Körpers

31

schreit: »Nein! Es kann nicht sein! Ich will es nicht. Es ist nicht wahr.« Wir hadern mit Gott und weigern uns, den Verlust zu akzeptieren.

Wir hoffen, daß wir am nächsten Tag aufwachen und alles nur ein Traum war. Aber wir müssen irgendwann einsehen, daß es geschehen ist, und daß wir es nicht rückgängig machen können. Wenn wir nach und nach unsere Hilflosigkeit akzeptieren, kehren wir in die Wirklichkeit zurück, und wir beginnen unsere Einsamkeit zu spüren. Unsere Betäubung fällt allmählich von uns ab, und jetzt erkennen wir unseren Schmerz – und dieser Schmerz ist groß.

Es ist nicht einfach, jemanden loszulassen oder sich von jemandem zu verabschieden, den man liebt. Um hier Linderung zu finden und seine Seele zu heilen, muß man zunächst die Natur der Liebe, der Abhängigkeit und der Verbundenheit verstanden haben.

Liebe, Abhängigkeit und Verbundenheit

Wenn wir jemanden haben, der uns am Ende des Arbeitstages begrüßt, der schätzt, was wir tun, dem wir etwas bedeuten und für den unser Dasein wichtig ist, dann gibt dies unserem Leben einen Sinn. Wir sind eigentlich nur dann glücklich, wenn es jemanden gibt, der uns mag, uns das Gefühl gibt, wichtig zu sein, der unseren Kummer versteht und sich mit uns über unsere Erfolge freut.

Auch wenn wir nicht immer bekommen, was wir möchten und brauchen, läßt die Hoffnung, es doch zu bekommen, und das Bemühen, die Beziehung erfolgreich zu gestalten, die Abhängigkeit wachsen. Auch wenn die gemeinsame Liebe nicht immer eine Idylle sein kann, schützt uns die Hoffnung, geliebt zu werden, vor der kalten, lieblosen, gleichgültigen Welt außerhalb der Beziehung. Wenn man jemanden liebt, stützt man sich immer mehr auf die Gegenwart des anderen.

Irgendwann empfindet man dann nicht mehr das allgemeine Bedürfnis, zu lieben und geliebt zu werden, sondern das spezifischere Bedürfnis, *den Partner* zu lieben und *von ihm* geliebt zu werden. Man will sich mit niemand anderem zufrieden geben. Diese neue Haltung bezeichne ich als *Verbundenheit*. Man braucht nicht mehr irgendeinen Partner, um Liebe zu bekommen, sondern man möchte die Liebe *seines* Partners.

------◄◌►------

In einer Liebesbeziehung tritt an die Stelle des
allgemeinen Bedürfnisses nach Liebe das Bedürfnis
nach der Liebe des Partners.

------◄◌►------

Wenn man mit einem Ehepartner verbunden ist, genügt einem die Wertschätzung anderer nicht mehr. Es hat nicht dasselbe Gewicht, wenn ein anderer uns ein Kompliment macht oder unseren Problemen zuhört. Der tägliche Austausch findet nach wie vor statt, aber es gibt nur dann wirkliche Erfüllung, wenn er mit dem eigenen Partner geschieht.

Wer einen geliebten Menschen verliert, mit dem er wirklich verbunden war, ist davon überzeugt, nie mehr lieben zu können. Man hat das Gefühl, daß man ohne die Liebe seines Partners niemals mehr bekommen kann, was man für ein glückliches und sinnvolles Leben braucht. Diese Hoffnungslosigkeit verstärkt den Schmerz des Verlustes ganz erheblich. Es ist eines zu wissen, daß man einen Tag ohne Essen auskommen muß, aber es ist etwas völlig anderes zu wissen, daß man nie mehr etwas zu essen bekommen wird. Der Verlust von etwas scheinbar Unersetzlichen ist eine niederschmetternde Erfahrung.

Um von einem gebrochenen Herzen zu genesen, muß man seine Verbundenheit loslassen. Man muß sich dafür öffnen, wieder anderen Liebe zu geben und von anderen Liebe empfangen zu können. Wenn man das Risiko nicht eingeht, sein Herz wieder zu öffnen, bleibt man entweder in seinem Schmerz gefangen oder weiter emotional betäubt. Mit dem Loslassen von seiner Verbundenheit hat man die Möglichkeit, das Herz wieder in einen »Ausgangszustand« zu versetzen. Erst dann ist es möglich, daß man seine grundlegende Sehnsucht nach Liebe wieder spürt. An die Stelle des spezifischen Bedürfnisses nach der Liebe des Partners tritt wieder ein allgemeines Bedürfnis nach Liebe. Durch das Loslassen kann man allmählich die Offenheit wieder erfahren, die man vor dem Verbundensein spürte. Man ist nicht mehr von der Liebe des Partners abhängig, sondern öffnet sich für andere Quellen der Liebe und der Unterstützung.

In dieser Offenheit liegt der Schlüssel zu dem intuitiven Wissen, wo man Liebe finden kann. Sobald man losläßt und das allgemeine Bedürfnis seiner Seele spürt, zu lieben und geliebt zu werden, weiß man auch, daß dieses Bedürfnis erfüllt werden kann. Solange man aber diese Verbundenheit nicht loslassen kann, kann man auch seine angeborene Fähigkeit, Liebe zu finden, nicht nutzen.

——◄◦►——

Wer das Bedürfnis der Seele nach Liebe wahrnimmt, weiß intuitiv, daß die Erfüllung dieses Bedürfnisses möglich ist.

——◄◦►——

Einen Partner loszulassen ist um so schwieriger, je mehr man von ihm abhängig ist. Wenn man aber seine Bedürfnisse auch bei Verwandten und Freunden befriedigen kann, läßt die Abhängigkeit vom Partner nach. Je mehr man sich wieder mit unabhängiger Liebe erfüllt, desto besser gelingt es, sich *vollständig* vom Schmerz zu befreien.

Mit anderen Worten: Indem man sich dafür öffnet, ohne Abhängigkeit von seinem Partner zu geben und zu empfangen, kann man schließlich loslassen. Wenn man sich mit neuer Liebe erfüllt und diese mit einem anderen Menschen teilt, verschwindet die Leere. Auch wenn die Liebe, die man gibt und empfängt, natürlich nicht dieselbe ist, wird die neue Liebe nach und nach ebenso erfüllend.

Die Kunst des Loslassens

Vor dem Neubeginn steht also zunächst das Loslassen. Doch wie geht das?

Wenn ich etwas festhalte und jemand versucht, es mir zu entreißen, werde ich es nicht kampflos hergeben, ich halte es erst recht fest. Genau dies geschieht, wenn man mit einem Partner verbunden ist. Man will nicht loslassen und klammert sich immer stärker an ihn.

Das Geheimnis des Loslassens besteht darin, sich in den Strom hineinzubegeben. Versuchen Sie gar nicht loszulassen. Halten Sie vielmehr weiter fest. Denken Sie daran, wie sehr Sie Ihren Partner lieben, spüren Sie, wie sehr Sie ihn begehren, und wie sehr Sie ihn brauchen. Fühlen Sie Ihre Dankbarkeit für alles, was Ihr Partner Ihnen geschenkt hat, spüren Sie, wie sehr Sie wünschen, Ihren Partner zurückbringen zu können.

———◦———

Das Geheimnis des Loslassens besteht darin,
sich in den Strom hineinzubegeben.
Versuchen Sie gar nicht loszulassen.

———◦———

Indem Sie so an Ihren Partner denken, trauern Sie in der richtigen Weise. So geschieht die Heilung. Am Anfang wird die Erinnerung das Gefühl des Verlustes noch verstärken. Es werden die verschiedensten schmerzlichen Empfindungen auftauchen: Zorn, Trauer, Furcht und Bedauern. Wenn man sich diesen Gefühlen bewußt hingibt, löst man allmählich die Verbundenheit auf. Der Schmerz geht vorüber.

Danach werden Sie immer noch eine gewisse Trauer empfinden, wenn Sie an Ihren Partner denken. Aber Sie werden auch das Positive dieser Liebe und die Kraft Ihres Geistes spüren. Wenn Ihre Seele ganz geheilt ist, ist die Erinnerung an den Partner nicht mehr schmerzvoll – sie wird vielmehr zu einer besonderen Möglichkeit, Verbindung mit der tiefen, unvergänglichen Liebe aufzunehmen.

Wenn Sie jetzt an Ihren Partner denken, wird Ihr Herz von Liebe und Frieden erfüllt. Diese Erfahrung ist das Zeichen, daß Sie zu einer neuen Beziehung bereit sind. Auf dieser Basis können Sie wieder eine wahre und dauerhafte Liebe finden.

――◄○►――

Wenn Ihre Seele ganz geheilt ist, ist die
Erinnerung an den Partner nicht mehr schmerzvoll.
Sie erinnert vielmehr an die Seligkeit Ihrer Liebe.

――◄○►――

Um ein gebrochenes Herz zu heilen, muß man sich zunächst den damit verbundenen schmerzlichen Empfindungen stellen und diese fühlen. Dies passiert automatisch, wenn man immer wieder an seinen Partner denkt. Indem man aktiv Möglichkeiten schafft, an seinen Verlust zu denken, weckt man die Erinnerung an die Liebe, die man braucht, und lernt dadurch, den Verlust zu akzeptieren und loszulassen.

In allen Kulturen und religiösen Traditionen hat die Zeit der Trauer einen festen Platz, und es gibt verschiedene Gedenkrituale. Einige Beispiele: Kleiden Sie sich einige Zeit in Schwarz, lassen Sie eine große Kerze brennen, pflanzen Sie einen Baum, erzählen Sie bei der Bestattung etwas über den Verstorbenen, besuchen Sie das Grab mit Liebesgaben, geben

Sie ein Familienerbstück weiter, stellen Sie Bilder auf. Dahinter verbirgt sich immer derselbe Gedanke: Indem man sich Zeit dafür nimmt, in Liebe an seinen Partner zu denken, verschafft man sich die Möglichkeit der Heilung.

Wieder Liebe finden

Nach dem Tod eines Ehepartners oder geliebten Menschen glaubt ein Teil von einem selbst, nie mehr lieben zu können. Ohne die physische Gegenwart des Partners hört man auf zu lieben. Das Herz schließt sich ab, und man ist ganz seinem Schmerz hingegeben.

———◁o▷———

Das Herz schließ sich nicht ab, weil man die Liebe verloren hat, sondern weil man vorübergehend aufgehört hat zu lieben.

———◁o▷———

Nach einer Scheidung passiert dasselbe. Auch wenn der bisherige Ehepartner noch lebt, ist die Beziehung doch zerbrochen, auf die man gesetzt hatte. Die Person, mit der man einen gemeinsamen Lebensweg gehen wollte, ist aus dem eigenen Leben geschieden. Was die Trauer und das Loslassen betrifft, ist dies so, wie wenn sie gestorben wäre. Der Verlust, den man nach einer Scheidung empfindet, kann so konkret sein wie der nach dem Tod eines Ehepartners.

Man glaubt, ohne die physische Gegenwart des Partners weder lieben noch geliebt werden zu können. Es ist klar, daß dies nicht richtig ist, aber es dauert seine Zeit, bis diese Haltung korrigiert ist. Sie läßt sich nicht so ohne weiteres aufgeben. Jahrelang hat man sich auf die physische Gegenwart des Partners als Katalysator für seine Liebe verlassen. Seine Gegenwart war das Ziel der Liebe und die konkrete Quelle der

Unterstützung. Es dauert, bis diese Verbundenheit aufgelöst ist und man entdeckt, daß man ihn trotzdem weiter lieben kann.

Wenn der Partner nicht mehr da ist, ist man gezwungen, seine Liebe ohne ihn zu fühlen. Man kann ihn nicht mehr berühren, und man fühlt seinen Arm nicht mehr um seine Schultern, aber man kann sich daran erinnern, wie schön es war. Man kann an seine Liebe denken, seine Unterstützung spüren und ihm weiterhin seine Liebe schenken.

—◄○►—

Man wird zwar seinen Partner nie wiedersehen, aber er lebt für immer im eigenen Herzen fort.

—◄○►—

Im Trauerprozeß entdeckt man schließlich, daß die Liebe im eigenen Herzen und unabhängig von der Gegenwart des Partners weiterbesteht. Die Zukunft ist nicht so düster, wie man glaubte. Wenn die Erkenntnis, daß man weiter lieben kann, nicht mehr nur eine Vorstellung bleibt, sondern zu einer täglichen Erfahrung wird, findet man Frieden. Man wagt einen Neubeginn und ist zuversichtlich, wieder Liebe zu finden, denn man hat wieder den Mut, jemandem die besondere Liebe zu schenken, die man tief im Herzen spürt.

Die Seele braucht ihre Zeit

Lange bevor das Herz bereit ist loszulassen, drängt es den Geist schon weiter. Diese Schnelligkeit ist für den Geist in Ordnung, aber die Seele kann so nicht heilen. Die Seele geht einen langsameren Gang. Man könnte diesen Unterschied mit Licht und Schall vergleichen: Wenn sich der Geist mit Lichtgeschwindigkeit bewegt, dann bewegt sich die Seele im Vergleich dazu mit Schallgeschwindigkeit, und dies ist ein erheblicher Unterschied.

In der physischen Welt kann man den Unterschied zwischen Licht- und Schallgeschwindigkeit objektiv beobachten. Wir stellen ihn nicht in Frage, weil wir ihn physikalisch messen können: Viel schwieriger ist es dagegen, die geistige und seelische Welt zu beobachten. Hier müssen wir uns auf Erfahrungswerte verlassen, die jedoch eindeutig einen Unterschied feststellen.

Nach dem Verlust eines geliebten Menschen braucht die Seele viel länger als der Geist, um sich an die neue Situation anzupassen. Sobald man einmal glaubt, es überwunden zu haben, taucht eine neue Welle schmerzlicher Gefühle auf. Dieses Kommen und Gehen von Gefühlen ist nicht nur ein natürlicher, sondern auch ein notwendiger Prozeß. Die Seele läßt nicht mit einemmal los, sondern langsam und in Schüben, wie die Wellen unverarbeiteter Empfindungen kommen und gehen. Wenn sie abebben, läßt nicht nur der Schmerz nach, sondern man entdeckt in sich die Macht und das Wissen neu, daß man wieder Liebe finden kann und finden wird. Wenn der Schmerz wieder anbrandet, wird man von unbewältigten Empfindungen des Zorns, der Trauer, der Angst und des Kummers überflutet. Aber nur durch diesen Prozeß der immer wieder aufwallenden Trauer kann man schließlich loslassen und wieder Liebe finden.

————◄◊►————

Beim Heilungsprozeß ist es normal und sogar gesund,
wenn die Gefühle dem Denken hinterherhinken.

————◄◊►————

Die Regeln des Überlebens

Die meisten Menschen neigen dazu, einen Neuanfang machen zu wollen, bevor der Heilungsprozeß abgeschlossen ist. Niemand leidet gerne Schmerzen, und es ist nur natürlich, daß man aus einem solchen Zustand so schnell wie möglich herauskommen möchte. Schmerzen zu vermeiden ist eine gesunde Lebenshaltung. Wenn also schmerzliche Empfindungen auftauchen, sagt der Geist: »Es reicht jetzt. Warum dauert es so lange? Machen wir weiter!« Unter normalen Umständen ist diese Haltung richtig, aber während einer Heilungskrise kann dadurch alles noch schlimmer werden.

Wenn man nicht weiß, wie man mit negativen Empfindungen umgehen muß und wie man diese überwinden kann, können die Gefühle unerträglich werden, und man versucht, seinen Gefühlen des Verlustes zu entgehen. Aber indem man sich zu schnell von seinen Empfindungen distanziert, sabotiert man unwissentlich den Heilungsprozeß. Man fällt Entscheidungen, die eine kurzfristige Erleichterung bringen, aber langfristig den gegenteiligen Zweck haben. Diese Neigung, schmerzlichen Empfindungen auszuweichen und sie abzuwehren, führt in vielen Fällen zu Depressionen.

—◁◦▷—

Die Neigung, schmerzlichen Empfindungen auszu-
weichen, führt in vielen Fällen zu Depressionen.

—◁◦▷—

Wenn man sich gegen die ständig wiederkehrenden Wellen
von Zorn, Verletztheit, Angst, Leere und Einsamkeit wehrt,
erlangt man vielleicht eine vorübergehende Linderung, aber
man kann nicht wirklich loslassen. Allen Anstrengungen zum
Trotz, diese Gefühle hinter uns zu lassen, setzen sie sich in unserem Bewußtsein fest und bedrücken uns wieder. Ohne ein
klares und positives Verständnis des Heilungsprozesses gerät
man dann leicht in Verzweiflung, was zur Folge hat, daß man
sich noch heftiger gegen seine Gefühle sträubt. Dieser Teufelskreis kann nur durchbrochen werden, indem man der
Seele bewußt Zeit gibt, sich zu heilen.

—◁◦▷—

Allen Anstrengungen zum Trotz, diese Gefühle hinter
uns zu lassen, setzen sie sich in unserem Bewußtsein
fest und bedrücken uns immer wieder.

—◁◦▷—

Auch wenn man selbst derjenige ist, der eine Beziehung beendet hat, sind Empfindungen der Trauer und des Verlustes
völlig normal und gesund. Der Verstand sagt vielleicht:»Gott
sei Dank ist diese Beziehung zu Ende. Jetzt habe ich die
Chance, wirkliche Liebe und Unterstützung zu finden.« Dies
ist durchaus richtig, und der Verstand ist zu einem Neuanfang
bereit, aber das Herz sagt vielleicht:»Ich bin so traurig, so
allein. Ich weiß nicht, ob mich jemals wieder jemand lieben
wird. Vielleicht werde ich nie mehr glücklich.«
   Der erste Schritt ist der Entschluß des Verstandes. Der
zweite und langwierigere Schritt ist die Erkundung und Auf-

lösung unverarbeiteter Gefühle. Es ist nicht nur normal, sondern auch gesund, sich bewußt Zeit dafür zu nehmen. Nur so kann die Heilung abgeschlossen werden.

Wenn der Verstand seinen Entschluß gefaßt hat, glaubt er: »Alles in Ordnung. Das Leben ist, wie es ist, und es ist gut so.« Diese positive und klare Entscheidung des Geistes ist eine gute Grundlage, um sich den unverarbeiteten Gefühlen des Herzens zu stellen. Eine objektive und zugleich positive Sichtweise hilft der Seele loszulassen.

Leider wissen viele Menschen nichts von diesem Prozeß. Wenn sich der Verstand nach einer für ihn angemessenen Zeit an die neue Situation angepaßt hat, hat er keine Geduld mehr mit den Empfindungen der Seele und möchte zu schnell alles hinter sich lassen. Diese Neigung, den Prozeß zu beschleunigen, haben Männer und Frauen, wenn auch in unterschiedlichem Maße. Betrachten wir zunächst, wie Frauen üblicherweise damit umgehen.

Wie Frauen den Schmerz eines Verlustes vermeiden

Frauen, die einen Verlust erlitten haben, versuchen dem Schmerz häufig dadurch zu entgehen, daß sie ihr Bedürfnis nach Liebe leugnen. Sie beschließen, niemandem mehr zu trauen und sich auf niemanden mehr zu verlassen. Auf der Venus ist man sehr beziehungsorientiert. Der größte Schmerz ist dort das Gefühl, im Stich gelassen zu sein. Es ist unerträglich, sich von jemandem abhängig zu fühlen, der dann plötzlich nicht mehr da ist. Wenn eine Frau sich nicht darüber im klaren ist, wie wichtig es ist, ihre Gefühle zu erkunden, unterdrückt sie ihren Schmerz, indem sie entweder zuviel für andere tut, oder sich aus intimen Beziehungen zurückzieht und allzu unabhängig wird.

―◦―

Frauen versuchen emotionalen Schmerz häufig
dadurch zu vermeiden, daß sie ihr Bedürfnis nach
Liebe leugnen.

―◦―

Allzu große Unabhängigkeit bedeutet, daß Frauen so tun, als ob sie auf die Unterstützung und den Trost anderer Menschen verzichten könnten. Insbesondere sträuben sie sich gegen enge Beziehungen. Natürlich muß man sich Zeit lassen, bis man sich wieder bindet; aber um ein erneutes Verlassenwerden zu vermeiden, spielen Frauen die Bedeutung einer engen Beziehung herunter. Sie reden sich ein, daß sie das nicht bräuchten. Indem sie ihr Bedürfnis nach Intimität leugnen, vermeiden sie es, immer wieder Empfindungen des Verlustes haben zu müssen.

Tut eine Frau hingegen zuviel für andere, stellt sie damit die Bedürfnisse anderer Menschen über ihre eigenen. Auch dies kann ein Versuch sein, die eigenen Bedürfnisse nicht spüren zu müssen. Eine Frau verschafft sich vorübergehende Befriedigung, indem sie sich nach anderen richtet, zum Beispiel alles für ihre Kinder tut oder sich sozial engagiert. So kann sie vorübergehend ihrer inneren Leere und ihrem Schmerz entfliehen. Anderen zu dienen ist zweifellos eine gute Sache, aber wenn eine Frau dies tut, um ihre verwundete Seele zu heilen, dann ist es ein Versuch, die eigenen unverarbeiteten Gefühle nicht wahrnehmen und verarbeiten zu müssen.

―◦―

Um sich von ihrem Schmerz zu befreien,
beginnen Frauen entweder, zuviel für andere zu tun,
oder sie meiden Liebesbeziehungen.

―◦―

Wer sich einmal verbrannt hat, für den hat schon der Gedanke an die Nähe von Feuer etwas Bedrohliches. Ebenso kann auch schon die entfernte Möglichkeit, sich wieder jemandem zuzuwenden, unverarbeitete Gefühle und Probleme an die Oberfläche bringen. Durch den Entschluß, niemandem mehr zu vertrauen, kann eine Frau das Gefühl, verletzt, im Stich gelassen und betrogen worden zu sein, von sich fernhalten. Wenn sie jegliche Beziehung meidet, muß sie sich nicht mit ihren Ängsten auseinandersetzen, wieder verletzt zu werden.

Betrachten wir einige der Empfindungen, die nach dem Verlust einer Liebe auftauchen können, und sehen wir uns an, wie der Verstand versucht, sie beiseite zu schieben. Diese Versuche sind gut gemeint, aber sie tragen nicht zur Heilung eines gebrochenen Herzens bei.

Die unterschiedlichen Reaktionen von Herz und Verstand bei Frauen

Ihr Herz sagt:	*Ihr Verstand sagt:*
Es frustriert mich so, allein zu sein. Ich muß alles allein machen. Ich sehne mich so sehr nach Liebe und Unterstützung.	Du mußt die Wirklichkeit akzeptieren. Wenn du etwas brauchst, dann mußt du dich jetzt selbst darum kümmern. So ist es eben, wenn man sich von anderen abhängig macht.
Ich fühle mich so mutlos. Ich bin so allein. Niemand versteht mich. Niemand kümmert sich wirklich um mich. Wenn ich nur die Uhr zurückdrehen könnte.	Soviel Liebe brauchst du gar nicht. Du hast so viel gegeben; jetzt bist du an der Reihe. Du kannst für dich selbst sorgen. Es ist Zeit, nach vorn zu schauen. Du kannst ein neues Leben beginnen.

Ihr Herz sagt:	*Ihr Verstand sagt:*
Ich habe Angst, nie mehr Liebe zu finden. Niemand wird mich jemals mehr glücklich machen. Ich fühle mich so machtlos; ich kann einfach nichts tun.	Du kannst lernen, dein Glück selbst in die Hand zu nehmen. Es ist nicht gut, wenn man sich so sehr auf andere verläßt. Versuche, anderen etwas zu geben; das wird dich glücklich machen.
Es tut mir weh, daß ich allein bin und niemanden habe. Warum nur? Was habe ich getan? Ist etwas mit mir nicht in Ordnung? Kann man mich wirklich nicht lieben?	Nur Mut! Du solltest nicht zeigen, wie du dich fühlst. Laß dich nicht gehen. Reiß dich zusammen, dann wirst du anderen auch nicht zur Last fallen.
Ich bin wütend, daß ich in meinem Leben keine Liebe und keine Unterstützung finde. Es ist nicht recht. Ich habe mehr verdient. Wenn es so ist, dann will ich nie wieder lieben.	Du erwartest zuviel vom Leben. Nichts ist ewig. Jetzt ist es an der Zeit loszulassen. Achte auf dich selbst.
Ich fühle mich so traurig. Ich werde nie wieder lieben. Mein Leben fühlt sich so leer an. Es ist ein großes Loch in meinem Herzen, das niemals gefüllt werden kann.	Du solltest so etwas nicht sagen. Denke an all das Gute in deinem Leben. Denke an all die anderen Menschen, die dich gern haben. Es könnte viel schlimmer sein.
Ich fürchte, daß ich niemals den Richtigen finden werde. Ich werde immer allein bleiben. Ich werde nie geliebt werden und einen starken Arm um meine Schultern fühlen.	Deshalb solltest du ja gerade lernen, selbständig zu sein. Du brauchst niemanden anderen. Du kannst stark sein.
Es tut mir weh, daß es in meinem Leben so gelaufen ist. Ich fühle mich so elend. Ich wollte, ich könnte etwas ändern. Mein Leben ist so sinnlos.	Denke lieber an andere und nicht an dich selbst. Beschäftige dich. Wenn du etwas zu tun hast, wird es dir auch gutgehen.

Ihr Herz sagt:	*Ihr Verstand sagt:*
Ich bin wütend. Ich kann es nicht fassen, daß dies geschehen ist. Es ist eine Gemeinheit. Es ist nicht gerecht. Ich möchte nicht so behandelt werden.	Du erwartest zuviel von Beziehungen. Sei selbständiger. Hänge dich nicht so an andere Menschen, dann wirst du nicht so verletzlich sein.
Ich fühle mich so verletzt. Ich habe auf deine Liebe vertraut. Ich fühle mich so im Stich gelassen. Wie konntest du mich verlassen? Du hast mir so weh getan. Und du hast versprochen, mich immer zu lieben.	Es ist viel zu schmerzlich, eine Liebe zu verlieren. Du solltest vorsichtiger sein, bevor du dich an jemanden bindest, dann wirst du nie wieder Enttäuschungen erleben. Du bist zu vertrauensselig.
Es graut mir davor, allein zu sein. Ich weiß nicht, wie ich damit zurechtkommen soll. Es ist so schmerzhaft.	Du kannst auch ohne einen Partner überleben. So schlimm ist das nicht. Zumindest wirst du nicht wieder im Stich gelassen.
Ich schäme mich. Ich hätte liebevoller sein sollen. Vielleicht wäre dies dann nicht geschehen. Es hätte alles ganz anders kommen können. Ich fühle mich so nutzlos.	Du solltest nicht solche Gefühle haben. Du mußt anfangen, dich selbst zu lieben und mit deinem Leben klarkommen. Es gibt so viel zu tun. Anderen Menschen geht es viel schlechter als dir.

In all diesen Beispielen leidet das Herz noch unter dem Verlust, während der Verstand schon zu einem Neuanfang bereit ist. Der Verstand versucht mit Argumenten, dem Herzen seinen Kummer auszureden. Aber wenn eine Frau eine Verletzung des Herzens heilen will, muß sie sich davor hüten, eine schnelle Linderung zu suchen. Sie muß sich vielmehr ganz bewußt Zeit für sich selbst nehmen. Ihre Aufgabe ist es jetzt nicht, sich um andere zu kümmern, sondern auf die eigenen Bedürfnisse zu achten. Es ist nicht die Zeit, sich von bewährten Beziehungen zurückzuziehen, sondern vielmehr, sich von anderen helfen zu lassen.

Wie Männer den Schmerz eines Verlustes vermeiden

Auf dem Mars ist man sehr lösungsorientiert. Wenn irgendwo etwas weh tut, setzt der Mann alles daran, diesen Schmerz loszuwerden. Weil ein Mann nicht einsieht, daß er sich Zeit lassen muß, bevor er einen Neuanfang macht, wird er seine Gefühle unterdrücken oder zumindest zurückdrängen, indem er sich in Arbeit oder sofort in die nächste Beziehung stürzt.

———◦———

Um den Heilungsprozeß zu beschleunigen, deckt ein Mann seine Gefühle entweder mit Arbeit zu, oder er versucht, seine Wunden zu heilen, indem er sich in die nächste Beziehung stürzt.

———◦———

Dies erklärt, warum so viele Männer so rasch ihre Beziehungen wechseln. Das Problem, eine Liebe verloren zu haben, löst ein Mann dadurch, daß er sich auf die Suche nach einer neuen Liebe macht. Wenn er sich sofort wieder in eine andere Beziehung stürzt, dann heißt dies nicht, daß er die Frau nicht geliebt hätte, mit der er zuerst zusammen war. Sein Verhalten läßt kein Urteil darüber zu, wie aufrichtig seine Gefühle waren. Er versucht lediglich, seinen Schmerz zu überwinden. Oft ist es gerade so, daß er um so schneller eine neue Beziehung anknüpft, je schwerer ihn der Verlust traf.

———◦———

Wenn sich ein Mann sofort in eine neue Beziehung stürzt, sagt dies nichts darüber aus, wie sehr er seine letzte Partnerin geliebt hat.

———◦———

Den meisten Männern fehlt ein instinktives Verständnis dafür, wie man die Seele heilt. Die Philosophie der Marsbewohner ist großartig zum Lösen von allen möglichen Problemen – aber nicht für das eines gebrochenen Herzens. Einem Mann ist es nicht klar, daß es für den Heilungsprozeß wichtig ist, die Gefühle immer wieder an die Oberfläche zu bringen. Um ein gebrochenes Herz zu heilen, muß er seine Instinkte mit »höherer« Einsicht und Weisheit leiten.

Vor allen Dingen sollte er es vermeiden, sofort wieder eine neue Beziehung einzugehen. Es ist nur dann in Ordnung, daß er Trost in einer neuen Liebesbeziehung sucht, wenn er und seine Partnerin sich völlig darüber im klaren sind, daß er auf dem Weg der Heilung ist. Nach einigen Monaten können seine Gefühle wieder ganz anders sein. Er sollte sich deshalb davor hüten, voreilige Versprechungen zu machen. Um einer Frau keine falsche Hoffnungen zu machen, sollte er am besten noch mit anderen Frauen ausgehen. Sich an eine einzige Partnerin zu binden, stört den Heilungsprozeß des Loslassens.

Wenn der Geist das Problem für sich gelöst hat, kann ein Mann in unterschiedlicher Weise unwissentlich den natürlichen Heilungsprozeß der Seele behindern. Betrachten wir einige Rezepte, mit denen sich Probleme lösen lassen, die aber nicht für die Heilung der Seele taugen. In der nachfolgenden Tabelle sind Empfindungen der Seele genannt, die der Verstand verwirft oder für belanglos erklärt. Die Aussagen des Verstandes sind sicher vernünftig, aber versuchen Sie sich klarzumachen, wie Sie die Gefühle verdrängen, die noch gefühlt werden wollen.

Die unterschiedlichen Reaktionen von Herz und Verstand beim Mann

Sein Herz sagt:	*Sein Verstand sagt:*
Ich bin so frustriert. Ich kann es nicht haben. Es ist schmerzlich und unerträglich. Ich fühle mich so leer.	Beiß in den sauren Apfel und mach weiter. Deshalb geht die Welt nicht unter.
Ich fühle mich so entmutigt; ich weiß nicht, was ich tun soll. Ich würde am liebsten aufgeben.	Manche Dinge kann man eben nicht ändern. Akzeptier die Wirklichkeit und schau nach vorn.
Ich bin ganz fertig. Nichts wird mehr sein, wie es war. Mein Leben ist ruiniert. Es klappt einfach nichts.	Mach dir nicht zu viele Gedanken darüber. Nimm das Leben, wie es ist, und tu, was du tun mußt.
Ich fühle mich ganz elend. Ich bin ein Versager. Ich weiß nicht, wie ich mich je wieder in der Öffentlichkeit blicken lassen kann. Ich fühle mich so minderwertig.	Nun, so etwas kommt einfach vor. Nimm dich zusammen und bring das hinter dich. Du kannst bekommen, was du haben willst.
Ich bin so wütend, daß dies geschehen ist. Es ist nicht fair, und ich will es nie wieder erleben. Es darf nicht wieder geschehen.	Das Leben ist eben nicht fair. Vergiß es also. Du brauchst niemanden; sorge nur für dich selbst. Sie ist nicht einzige. Dies ist nicht das Ende der Welt.
Ich kann diesen Schmerz nicht aushalten. Ich fühle mich so traurig. Ich fühle mich so allein und im Stich gelassen. Nichts kann mich mehr glücklich machen.	Wie lange willst du dich noch damit aufhalten? So machst du alles nur schlimmer. Denke einmal darüber nach, wie gut es dir eigentlich geht.

Sein Herz sagt:	Sein Verstand sagt:
Ich fürchte, daß ich nie wieder Liebesglück erleben werde. Jetzt muß ich wieder von vorn beginnen. Ich habe so viel verloren. Aber was ist, wenn es noch schlimmer kommt?	Du siehst das alles viel zu tragisch. So schlimm ist es auch wieder nicht. Laß los und leb weiter.
Ich fühle mich so elend. Es tut mir so leid. Wenn ich es nur anders gemacht hätte. Bitte, gib mir noch eine Chance.	Ach was, niemand ist vollkommen. Du kannst jetzt nichts mehr daran ändern. Gib dir einen Ruck und mach weiter.
Ich bin wütend, daß dies geschehen ist. Es ist nicht recht. Ich kann es nicht fassen.	Worüber regst du dich auf? Kümmer dich von jetzt ab einfach um dich selbst. Wem ist mit dem Kummer gedient?
Ich fühle mich so verletzt. Du hast es mir versprochen: Du hast gesagt, du würdest mich immer lieben. Wie konntest du mich verlassen?	Komm schon, sei nicht kindisch. Werd erwachsen. Du wirst damit fertig werden. Schau nach vorn.
Es ist hoffnungslos. Ich werde nie wieder glücklich sein. Das darf einfach nicht wahr sein.	Was geschehen ist, ist geschehen. Du kannst nicht ewig so weitermachen. Du mußt es einfach akzeptieren.
Ich schäme mich so sehr. Ich hätte es nie so weit kommen lassen dürfen.	Es war einfach Schicksal. Jammer jetzt nicht, bring es hinter dich.

Die Beispiele zeigen, wie der Verstand die Gefühle des Herzens entkräften möchte. Einige der Beispiele bringen nicht nur zum Ausdruck, was Ihr Verstand denkt, sondern auch, was einige Ihrer Freunde sagen könnten. Sie haben vielleicht Mitleid mit Ihnen, aber nach einigen Wochen werden sie Sie möglicherweise bedrängen, wieder nach vorn zu schauen. Sie meinen es vielleicht gut, aber ihr Rat kann kontraproduktiv sein.

---⟨○⟩---

Ihre Freunde haben vielleicht Mitleid mit Ihnen, aber
nach einigen Wochen werden sie Sie möglicherweise
bedrängen, wieder nach vorn zu schauen.

---⟨○⟩---

Sie glauben – und Ihr Verstand stimmt Ihnen zu –, daß Sie
alles nur schlimmer machen, wenn Sie sich für die Heilung soviel Zeit lassen. Sie glauben, daß Sie sich gehenlassen. Aus
Ihrer Perspektive kann man nicht ewig über sein Mißgeschick
weinen. Sie machen sich nicht klar, daß diese Gefühle aus
gutem Grund immer wieder auftauchen.

---⟨○⟩---

Wenn Ihr Verstand bereit ist, den Verlust zu
akzeptieren und wieder nach vorn zu schauen,
braucht Ihr Herz mindestens noch einige Monate.

---⟨○⟩---

Mit der richtigen Einstellung und genügend Zeit wird es
Ihnen schließlich gelingen, aus der Verzweiflung aufzutau-
chen und das Licht der Liebe und Freude in Ihrem Herzen
wiederzuentdecken. Seien Sie sich über die Konsequenzen
im klaren, wenn Sie sich nicht genügend Zeit für die Heilung
lassen. Selbst wenn Sie in einer Beziehung wenig Liebe und
Unterstützung fanden, braucht das Herz nach der Trennung
trotzdem Zeit für die Heilung.

Im nächsten Kapitel wollen wir uns damit beschäftigen, mit
welchen Problemen und Herausforderungen wir konfrontiert
werden, wenn wir eine Liebe verloren haben.

Den Verlust einer Liebe betrauern

Über den Verlust einer Liebe zu trauern bedeutet, alle schmerzlichen Empfindungen, die beim Gedanken an diesen Verlust auftauchen, intensiv zu fühlen und dann loszulassen. Dies ist im Grunde der natürliche Prozeß, den wir aber unwissentlich in verschiedenster Weise stören können. Wie im vorigen Kapitel gezeigt wurde, besteht ein häufiger Fehler darin, zu rasch voranzuschreiten, sich zu wenig Zeit für die Trauer zu nehmen. Ein weiterer Fehler besteht darin, es nicht zuzulassen, daß man alle seine Gefühle erlebt.

Wenn man einen Partner verliert oder eine Liebesbeziehung zu Ende geht, erwartet man Wellen der Trauer und des Bedauerns, aber dies ist nur ein Teil des Trauerprozesses. Um sich von einem Menschen oder einer Beziehung zu lösen, müssen noch andere Gefühle erfahren und freigesetzt werden.

Die vier heilenden Emotionen

Um sich von der Verbundenheit mit einem Partner zu lösen, muß man vier heilende Emotionen durchleben: Zorn, Trauer, Furcht und Bedauern. Solange man sich zornig oder traurig fühlt, besteht noch eine gewisse Verbundenheit; und auch wenn man Furcht und Bedauern empfindet, ist man noch nicht für die neuen Möglichkeiten offen, die auf einen warten. Jede dieser vier heilenden Emotionen ist von größter Bedeutung, wenn man loslassen und weiterkommen will. Sie spielen eine wesentliche Rolle für den Prozeß, in dem eine

Verbundenheit aufgelöst werden soll und das Herz auf einen Neubeginn vorbereitet wird.

Wie ein gebrochener Knochen eingerichtet werden muß, damit er richtig heilt, müssen auch unsere Wünsche »eingerichtet« werden. Statt immer nur in eine bestimmte Richtung zu blicken, müssen wir uns umorientieren, um neue Quellen der Liebe und Unterstützung zu entdecken. Die vier heilenden Emotionen zu erkunden und zu durchleben, macht frei für eine Anpassung der Wünsche, Erwartungen, Bedürfnisse und Hoffnungen.

Die erste heilende Emotion: Zorn
Zorn läßt uns gefühlsmäßig ein Ereignis erkunden, von dem wir wünschen, daß es nicht eingetreten wäre. Zorn ist die emotionale Anerkennung, daß wir nicht bekommen, was wir möchten. Es ist das Signal, das uns befiehlt, das Geschehene endlich hinzunehmen. Nach einem Verlust kann man sich oft erst dann aus seiner Betäubung und Apathie lösen, wenn man seinen Zorn zuläßt. Zorn zu fühlen befreit von der Gleichgültigkeit und bringt uns wieder in Kontakt mit unserer Leidenschaft für die Liebe und das Leben.

——◄◦►——

Zorn zu fühlen, bringt uns wieder in Kontakt mit unserer Leidenschaft für die Liebe und das Leben.

——◄◦►——

Wenn man seinen Zorn spürt, kann man sich von seinen fixierten früheren Wünschen lösen und neue Wünsche spüren. Wenn das Verlangen frei von einer Verbundenheit ist, ist man für alle Möglichkeiten offen. Statt zu sagen: »Ich will die Liebe meines Partners«, sagt man jetzt: »Ich möchte geliebt werden.« In unverbundenem Verlangen steckt die Fähigkeit, neue und geeignete Quellen der Liebe und der Unterstützung zu erkennen.

Die zweite heilende Emotion: Trauer
Trauer läßt uns gefühlsmäßig ein nicht eingetretenes Ereignis erkunden, von dem wir wünschen, daß es eingetreten wäre. Trauer ist die emotionale Anerkennung, daß etwas, was wir gerne gehabt hätten, nicht passiert ist. Wenn man es sich nach einem Verlust nicht erlaubt, traurig zu sein, kann man seine Erwartungen nicht an die neuen Möglichkeiten anpassen. Trauer zu empfinden bringt uns wieder in Kontakt mit unserer Fähigkeit, das, was wir haben, zu lieben, zu schätzen und zu genießen. Während Zorn allmählich unsere Leidenschaft zum Leben wiedererweckt, öffnet Trauer unser Herz, so daß wir wieder Liebe spüren können.

———◁◦▷———

Trauer zu empfinden öffnet unser Herz,
so daß wir wieder Liebe spüren können.

———◁◦▷———

Wenn man seine Trauer fühlt, lernt man, seinen Widerstand gegenüber dem Ereignis aufzugeben und den Verlust allmählich zu akzeptieren. Dies schafft die Grundlage für eine Anpassung der eigenen Erwartungen. In die Vergangenheit zurückzugehen und die verschiedenen Nuancen von dem zu erspüren, was nach der eigenen Meinung hätte geschehen sollen, ist wichtig, wenn man sich neu orientieren will. Statt zu sagen: »Ich erwarte die Liebe meines Partners«, hat man jetzt das Bedürfnis: »Ich erwarte, geliebt zu werden.« In dieser Erwartung steckt das Vertrauen, daß man bekommen kann, was man möchte.

Die dritte heilende Emotion: Furcht
Durch Furcht erforschen wir ein Ereignis, dessen Eintreten wir nicht wünschen. Furcht ist nicht das Voraussehen einer Katastrophe, sondern die emotionale Anerkennung von etwas, von dem wir nicht wollen, daß es passiert. Furcht und

Widerstand gegenüber dem zu fühlen, was geschehen könnte, bringt uns wieder in Kontakt mit unserer Verletzlichkeit. Dadurch schaffen wir uns die Möglichkeit zu erkennen, was wir brauchen und worauf wir uns im Augenblick verlassen können. Die Furcht hilft uns, uns zu öffnen, damit wir die Unterstützung erhalten, die wir brauchen. Sie erfüllt unser Herz mit Mut und Dankbarkeit.

——<o>——

Furcht zu fühlen und aufzulösen gibt uns die Möglichkeit zu erkennen, was wir brauchen und worauf wir uns im Augenblick verlassen können.

——<o>——

Wenn man seine Furcht fühlt, kann man seine Bedürfnisse nach dem ausrichten, was jetzt verfügbar ist, statt etwas zu begehren, das man nicht mehr haben kann. Statt zu sagen: »Ich brauche die Liebe und Unterstützung meines Partners«, sagt man jetzt: »Ich brauche Liebe und Unterstützung.« Dieses grundsätzliche Bedürfnis enthält in sich die Kraft und Entschlossenheit, die man braucht, um wieder Liebe zu finden.

Die vierte heilende Emotion: Bedauern
Bedauern erlaubt es uns, ein Ereignis zu erforschen, dessen Eintreten wir uns wünschen, das aber nicht eintreten kann. Bedauern ist die emotionale Anerkennung, daß etwas nicht geschehen kann, von dem man gerne möchte, daß es geschieht. Dieses Bewußtsein ist sehr wichtig, damit man sich von einer Verbundenheit lösen kann. Mit dem Bedauern kzeptiert man, daß man Geschehenes nicht ungeschehen machen kann. Indem man darüber nachdenkt, was nicht möglich ist, konzentriert man sich wieder darauf zu erkennen, was geht. Dies hilft, das Mitgefühl zu bekommen, das man braucht, um seine Wunden zu heilen, und verleiht schließlich

den Antrieb, auch selbst wieder Liebe zu geben. Letztlich bringt der Verzicht auf das Bedauern Frieden.

———◦———

Bedauern zu fühlen und loszulassen, verleiht die Fähigkeit zu erkennen, was möglich ist.

———◦———

Wenn man Bedauern fühlt, kann man seine früheren Hoffnungen loslassen und schließlich zu neuer Hoffnung finden. Statt zu sagen: »Ich möchte, daß mein Partner hier wäre und mich liebt«, hat man jetzt das Bedürfnis: »Ich hoffe, geliebt zu werden.« Diese von Verbundenheit freie Hoffnung liefert die Motivation, die man für einen Neuanfang braucht. Mit dem Aufkeimen neuer Hoffnung kann man auch wieder Liebe empfinden.

Alle diese vier heilenden Emotionen spielen eine wichtige Rolle bei der Heilung eines gebrochenen Herzens. Dabei hat keine von ihnen Vorrang, und sie müssen auch nicht in einer bestimmten Reihenfolge durchlebt werden. Oft ist es so, daß man nach einem Verlust zuerst Zorn, dann Trauer, dann Furcht und schließlich Bedauern empfindet. Aber in anderen Situationen und bei anderen Menschen können sie in einer anderen Reihenfolge auftreten.

Sich dieser vier heilenden Emotionen bewußt zu werden hilft, seine Gefühle genau zu erkunden, damit man von seinem Schmerz geheilt wird. Wenn nur eine dieser Emotionen vernachlässigt wird, kann dies den Heilungsprozeß verzögern oder sogar scheitern lassen. Um den Verlust einer Liebe in angemessener Weise betrauern zu können, muß man seiner Seele die Möglichkeit geben, sich mit allen dieser vier heilenden Emotionen auseinanderzusetzen.

Negative Emotionen helfen bei einer Neuorientierung

Wenn man mit dem Auto in eine bestimmte Richtung fährt und beschließt umzukehren, muß man erst mal bremsen. Das Durchleben der vier heilenden Emotionen ähnelt diesem Prozeß: Dem Verstand ist klar, daß man eine andere Richtung einschlagen muß, aber es ist die Aufgabe des Herzens, die Bremse zu betätigen. Um die Richtung zu ändern und wieder zu lieben, muß man zunächst aufhören, sich anzuklammern, und in seinem Herzen loslassen.

Einen Verlust zu betrauern ist ein Prozeß des Loslassens, der einem die Freiheit gibt, danach in eine andere Richtung zu gehen und der dabei hilft, seine Bedürfnisse, Erwartungen, Wünsche und Hoffnungen neu zu definieren. Wenn man aufhört, sich nach der Liebe eines Partners zu sehnen, der nicht mehr da ist, öffnet man sich für all die Liebe, die zur Verfügung steht.

————◁○▷————

Wenn man aufhört, sich nach der Liebe eines
Partners zu sehnen, der nicht mehr da ist,
öffnet man sich für das, was man haben kann.

————◁○▷————

Man kann sich von einer Verbundenheit erst lösen, wenn man sich ihrer bewußt geworden ist. Emotionaler Schmerz ist ein Zeichen dafür, daß man immer noch an etwas festhält, das nicht mehr vorhanden ist. Den ganzen Schmerz zu fühlen, der mit jeder der vier heilenden Emotionen verbunden ist, bewirkt schließlich die Befreiung von ihm. Wenn Ihnen jemand eine heiße Kartoffel zuwirft, würden Sie sie automatisch sofort fallen lassen. Ebenso läßt man automatisch los, wenn man den ganzen Schmerz des Festhaltens intensiv durchlebt.

―◁◦▷―

Man läßt ganz automatisch los, wenn man den
ganzen Schmerz des Festhaltens intensiv durchlebt.

―◁◦▷―

Ist man dagegen unfähig, das ganze Spektrum seiner Gefühle zu erfahren, kann es geschehen, daß man auf irgendeiner Ebene stecken bleibt. Statt seine Emotionen zu spüren und Linderung zu erlangen, bleibt man seinen negativen Gefühlen verhaftet. Dies hat zur Folge, daß diese Emotion sich nicht auflöst, wie intensiv man sie auch fühlt. Da man nicht losläßt, fühlt man sich schließlich betäubt. Statt sein Herz für neue Möglichkeiten der Liebe und des Glücks zu öffnen, schließt man sich ab.

Um den Trauerprozeß abzuschließen, müssen alle vier heilenden Emotionen ganz erfahren werden. Weil die meisten Menschen von dieser Dynamik nichts wissen, schließen sie den Heilungsprozeß niemals ab. Wenn sie eine Liebe verlieren, erleben sie vielleicht eine oder zwei heilende Emotionen, aber nicht alle vier. Statt vorwärts zu gehen, verhärten sie sich.

Im nächsten Kapitel wollen wir uns damit beschäftigen, wie man sicherstellt, daß man nicht auf eine bestimmte Empfindung fixiert bleibt, sondern zu wachsender Liebe und neuem Glück fortschreitet.

Sich aus der Erstarrung lösen

Um den Heilungsprozeß abzuschließen, müssen also alle vier heilenden Emotionen ganz durchlebt werden. Dies erklärt, warum es manchmal nicht genügt, nur in Kontakt mit seinen Empfindungen zu kommen. Manchmal führt das Eintauchen in seine Gefühle dazu, daß man nicht weiterkommt. Statt sich besser zu fühlen, fühlt man sich am Ende schlechter. Wie in einem Sumpf sinkt man immer tiefer, je heftiger man versucht, aus seinem Schmerz herauszukommen.

Nach einigen derartigen Erfahrungen unternimmt man alles, was in seiner Macht steht, um solche negativen Empfindungen nicht noch einmal haben zu müssen. Kurzfristig kann man dadurch tatsächlich emotionalen Schmerz vermeiden oder auf ein Mindestmaß verringern, aber langfristig betrügt man sich damit selbst.

————◇————

Wenn man negative Empfindungen unterdrückt
oder betäubt, verliert man allmählich die Fähigkeit,
positive Gefühle zu haben.

————◇————

Kleine Kinder rühren uns unter anderem deshalb so an, weil sie voller Gefühle sind. Wenn sie sich freuen, einen zu sehen, dann fühlen sie diese Freude wirklich. Wenn sie einen lieben, dann fühlen sie diese Liebe wirklich. Als Kinder hatten wir alle diese Fähigkeit zu einem unbedingten Fühlen, aber als Erwachsene verlieren wir sie meist mehr oder weniger. Die

Auseinandersetzung mit den Herausforderungen und Enttäuschungen des Lebens stumpft unsere Emotionen ab. Aber wenn man Zorn, Trauer, Angst und Enttäuschung nicht fühlt, verliert man schließlich auch die Fähigkeit, Liebe, Freude, Dankbarkeit und Frieden zu fühlen. Unterdrückt man jedoch seine negativen Empfindungen nicht, bleibt das Herz offen.

Wer nicht weiß und es nicht erfahren hat, wie man negative Emotionen auflösen kann, fürchtet immer, ihr Opfer zu werden. Wer aber weiß, wie man alle vier heilenden Emotionen durchleben kann, kann nicht nur ein gebrochenes Herz heilen, sondern sogar dafür sorgen, daß es am Ende stärker ist als zuvor. Auch wenn man sich dies im Augenblick vielleicht nur schwer vorstellen kann, hat man nach der Heilung eines gebrochenen Herzens die Fähigkeit, noch mehr als zuvor zu lieben und das Leben zu genießen.

Ein Gruselfilm

Ich erinnere mich noch gut daran, wie ich entdeckte, daß Gefühle ins Gleichgewicht gebracht werden müssen. Vor etwa achtzehn Jahren saß ich einmal im Kino und wollte mir einen Gruselfilm ansehen. Normalerweise mag ich keine Horrorfilme, aber meine Freunde sagten mir, daß dieser auch sehr spirituell sei. Obwohl es nur ein Film war, war ich sehr nervös und aufgeregt. Ich saß da, und unbestimmte Ängste stiegen in mir auf.

Meine Freundin und ich waren die einzigen Menschen im Kino. Aber kurz bevor der Film begann, kam ein langer Kerl mit einem Cowboyhut herein und setzte sich genau vor mich. Er war so rücksichtslos und dreist, mir in einem leeren Kino die Sicht zu nehmen. So ein Rüpel, dachte ich. Ich war wütend. Ich kam nicht auf den Gedanken, daß es ihm vielleicht nicht klar war, wie er mir die Sicht versperrte. Er war so groß, daß ihm selbst dies wohl noch nie passiert war.

Zu jener Zeit war ich noch nicht dazu fähig, ihn einfach höflich zu bitten, sich woanders hinzusetzen, wie ich es heute tun würde. Statt dessen saß ich da und wurde immer wütender. Nach einigen Minuten beschloß ich, mich zu rächen. Ich stand auf und setzte mich mit meiner Freundin genau vor ihn. Aber dann wurde mir klar, daß ihm dies natürlich überhaupt nichts ausmachte. Er hatte von meinem Ärger nicht einmal Notiz genommen.

Wie ich so mit meinem Zorn dasaß und eine gewisse Befriedigung darüber verspürte, daß ich etwas unternommen hatte, fiel mir auf, daß meine ganze Nervosität bezüglich des Films verschwunden war. Irgendwie hatte mein Zorn meine Aufgeregtheit verdrängt.

Ich überlegte mir, daß meine Neigung, Zorn zu unterdrücken, solange ich nicht wirklich provoziert wurde, irgendwie der Grund dafür sein könnte, daß ich oft ziemlich ängstlich war. Weil ich meine Empfindungen des Zorns geleugnet hatte, waren meine Ängste stärker geworden. Um dies zu überprüfen, machte ich es mir zur Gewohnheit, immer dann, wenn ich mich irgendwie ängstlich fühlte, einen kleinen Zorn-Prozeß zu aktivieren. Und ich stellte fest, daß mir dies sofort half: Indem ich meinen Ängsten eine Äußerung des Zorns entgegensetzte, verflogen diese Ängste.

Entdeckungen

Nach dieser persönlichen Entdeckung wollte ich wissen, wie meine Klienten verschiedene negative Emotionen in ihrem Leben blockierten. Manche kamen von ihrem Zorn nicht los, weil sie nicht weinen konnten. Andere weinten schnell, konnten aber nicht wütend werden, weshalb sie nicht von ihrer Trauer loskamen. Andere waren von Angst und Verunsicherung gelähmt, weil sie sich keine Zeit dafür genommen hatten, ihre Trauer oder ihren Zorn zu spüren. Wieder andere konnten sich nicht vom Bedauern lösen und waren unfähig zu lieben, weil sie sich nicht mit ihren Ängsten auseinandergesetzt hatten.

Die Menschen waren in so vielfältiger Weise blockiert, weil ihre Konditionierungen sie daran hinderten, irgendeine der vier heilenden Emotionen anzuerkennen und zu fühlen. Ich entdeckte, daß jeder negative Zustand das direkte Ergebnis eines Ungleichgewichts negativer Emotionen war. Wenn das Gleichgewicht wiederhergestellt war, trat sofort eine heilende Entspannung ein. An die Stelle der negativen Gefühle traten automatisch positive Gefühle der Erleichterung, des Friedens, der Liebe, des Verständnisses, der Nachsicht und des Vertrauens.

––––◄○►––––

Jeder negative Zustand ist das direkte Ergebnis eines Ungleichgewichts negativer Emotionen.

––––◄○►––––

Dies war eine neue Sichtweise negativer Emotionen. Vor dieser Erkenntnis hatte ich geglaubt, daß sie das Problem seien, nicht die Lösung. Nach dieser Einsicht riet ich meinen Klienten nicht mehr, sich von negativen Emotionen zu befreien oder zu versuchen, sie zu äußern, sondern ich bat sie vielmehr, ihr Bewußtsein für die negativen Gefühle zu *erweitern* und auf alle vier heilenden Emotionen zu achten. Dies hatte zur Folge, daß besonders bei den Klienten, die sich von einer bestimmten Emotion nicht lösen konnten, der Übergang zu einer anderen Emotion zu einer *unmittelbaren* Erleichterung führte. Nach weiteren praktischen Erfahrungen mit Tausenden von Klienten und Workshopteilnehmern konnte ich schließlich diese neue Sichtweise der vier heilenden Emotionen zu einem hilfreichen Werkzeug ausbauen und verfeinern.

Festsitzender Zorn

Wenn man nicht fähig ist, Trauer, Furcht oder Bedauern zu fühlen, dann kann es leicht geschehen, daß man sich von einem ständigen Zorn nicht lösen kann. Aufgrund ihrer sozialen Konditionierung haben vor allem Männer Schwierigkeiten, sich Empfindungen der Trauer, der Furcht und des Bedauerns einzugestehen. Für Männer ist es akzeptabler, wütend zu sein, doch dafür bezahlen sie einen hohen Preis. Wenn sie schließlich die anderen negativen Emotionen erfahren, sind sie überwältigt. Es ist, als ob der Schmerz eines ganzen Lebens an die Oberfläche käme. Es ist nicht einfach, damit umzugehen, aber wenn es einem Mann gelingt, den Trauerprozeß abzuschließen, wird er ein für allemal von seinen beschränkenden Konditionierungen frei sein.

Ist man unfähig, seine Angst und seine Trauer anzuerkennen und mitzuteilen, führt dies zu einer Einschränkung der Fähigkeit, Liebe zu geben und zu empfangen. Nehmen bei einem Mann in einer neuen Beziehung Liebe und Intimität zu, werden auch seine unbewältigten Empfindungen der Trauer, der Angst und des Bedauerns aktiviert. Um sich nicht wieder mit diesen unbewältigten Gefühlen auseinandersetzen zu müssen, neigt er automatisch dazu, sich zurückzuziehen. Er glaubt, daß er nicht bekommen kann, was er braucht; er ist verunsichert und weiß nicht, ob er sich wirklich binden kann. Wie er seine Gefühle früher unterdrückt hat, so tut er es jetzt wieder. Er fühlt sich im Recht, aber er neigt dazu, allzu anspruchsvoll, defensiv und gleichgültig zu werden.

Festsitzende Verletztheit

Ebenso droht bei jemandem, der unfähig ist, Zorn zu empfinden, die Gefahr, daß er sich von Gefühlen wie Trauer, Furcht und Bedauern nicht mehr lösen kann. Vor allem Frauen haben Schwierigkeiten, Zorn zuzulassen. Von Kindheit an wird ihnen beigebracht, daß sie begehrenswert sein und nicht selbst begehren sollen. Sie werden darauf getrimmt, lieb und brav zu sein, und sie lernen nicht, Grenzen zu setzen oder ihrem Zorn Ausdruck zu verleihen.

Von Kindheit an wird Frauen beigebracht,
daß sie begehrenswert sein und nicht selbst
begehren sollen.

Um aber ihr gebrochenes Herz zu heilen, muß eine Frau fähig sein, diese Konditionierung zu überwinden. Sie muß es sich erlauben, zornig zu sein, wenn sie jemals wieder Vertrauen in die Liebe haben soll. Wenn sie das Gefühl der Macht und Klarheit nicht kennenlernt, das durch Zorn herbeigeführt werden kann, scheinen ihre Ängste, ihre Trauer und ihr Kummer kein Ende nehmen zu wollen. Frauen mit einem gebrochenen Herzen vermeiden es sehr oft, eine neue Beziehung einzugehen, um nicht wieder in der Finsternis dieser Gefühle versinken zu müssen.

Wenn den Gefühlen der Verletzlichkeit nicht die Äußerung von Zorn entgegengesetzt wird, kann schon der bloße Gedanke an eine Bindung all die unbewältigten schmerzlichen Gefühle zum Vorschein bringen. Um dieses Unbehagen zu vermeiden, verzichten Frauen lieber ganz auf eine neue Beziehung. Wenn sie aber ihren Schmerz nicht auflösen können, weil sie ihren Zorn nicht gefühlt und geäußert haben, werden viele Frauen deprimiert, mißtrauisch und starr. Sie werden selbst zum größten Hindernis dafür, daß sie wieder der Liebe begegnen können.

Emotionen sind nicht geschlechtsabhängig

Frauen haben zwar meist Schwierigkeiten, Zorn und Aggressivität zu fühlen und zu äußern, während Männer meist Probleme haben, ihre Verletzlichkeit zu spüren, aber diese Unterschiede sind nicht angeboren. Die Fähigkeit, Emotionen wahrzunehmen, ist nicht geschlechtsspezifisch. Sie ist weitgehend von den Eltern, der Gesellschaft und frühen Kindheitserfahrungen beeinflußt. Für Männer und Frauen gilt gleichermaßen, daß sie alle vier heilenden Emotionen spüren müssen.

————◄◦►————

Die Fähigkeit, Emotionen wahrzunehmen,
ist nicht geschlechtsspezifisch.
Sie ist weitgehend von den Eltern, der Gesellschaft
und frühen Kindheitserfahrungen
beeinflußt.

————◄◦►————

Als Berater habe ich es immer wieder erlebt, daß bei meinen männlichen wie weiblichen Klienten eine rasche Heilung der Seele eintrat, wenn sie allen vier heilenden Emotionen gleiche Aufmerksamkeit schenkten. Grundsätzlich hat sich gezeigt, daß die Emotion, die der Klient am leichtesten fühlen und über die er am ehesten sprechen konnte, andere Emotionen verdeckte. Sie war nur die Spitze des Eisbergs.

Für eine Heilung muß man also die tieferen Ebenen unter der Oberfläche der Seele erkunden. Sehr oft kam es erst dann zu einer völligen Auflösung, wenn wir in die Vergangenheit zu Ereignissen zurückgingen, bei denen eine bestimmte schmerzliche Empfindung nicht vollständig durchlebt wurde. Wenn schließlich alle vier heilenden Emotionen geäußert wurden, konnten die Klienten auch wieder die positiven Empfindungen der Liebe, des Verständnisses, der Nachsicht und der Dankbarkeit erfahren. Betrachten wir einige Beispiele.

Festsitzende Traurigkeit und Angst

Marys Ehemann Richard erlag mit achtunddreißig Jahren einem Herzinfarkt. Fünf Jahre nach seinem Tod kam sie in meine Praxis. Sie litt an Depressionen. Sie sagte, daß ihr Leben ohne Richard leer sei, es gäbe keine Freude mehr. Als ich sie nach ihrem Trauerprozeß fragte, sagte sie, daß sie Jahre gebraucht habe, und daß sie Richards Tod nie wirklich überwunden habe. Monatelang hatte sie geweint, ohne daß es ihr Erleichterung gebracht hätte. Jahrelang konnte sie nicht einmal daran denken, eine neue Beziehung einzugehen. Sie hatte auch ihren Vater schon in jungen Jahren verloren, und es war einfach zuviel für sie, daß nun auch ihr Mann gestorben war. Es war zu schmerzhaft, als daß sie wieder hätte lieben können. Sie sträubte sich dagegen, wieder eine Beziehung mit einem Mann einzugehen.

———◄◦►———

Wenn man einen geliebten Menschen verliert,
hat man oft das Gefühl, daß es zu schmerzlich ist,
wieder zu lieben.

———◄◦►———

Mary konnte sich schließlich von ihren Ängsten und ihrer Trauer befreien, indem sie es sich erlaubte, zornig zu sein. Vor der Beratung hätte sie niemals auch nur daran gedacht, wütend zu sein. Es erschien ihr so lieblos. Mary hatte Jahre der Trauer, des Kummers und der Angst hinter sich, und sie konnte diese Gefühle nicht überwinden. Indem sie es sich erlaubte, ihren Zorn zu erkunden, zu spüren und zu äußern, gelang es ihr allmählich, einen Schritt vorwärts zu tun und wieder Liebe zu finden. Sie verlieh sogar ihrem Zorn auf Gott Ausdruck, der ihr ihren Vater genommen hatte. Über die Erfahrung ihres Zorns kam sie wieder in Kontakt mit ihrer Leidenschaft zur Liebe und zum Leben, und dies machte ihr schließlich auch Mut, eine neue Beziehung einzugehen.

Festsitzender Ärger und Groll

Tom hatte mit seiner Scheidung keine Probleme. Er war froh, daß er es hinter sich hatte und wieder frei war. Seine Ehe war für ihn eine einzige Frustration gewesen. Er hatte das Gefühl, daß seine Frau nie zufrieden war, was auch immer er für sie tat. Gleichgültig, was er sagte, es war immer falsch. Er meinte: »Sie verlangte einfach zu viel. Es machte keinen Spaß. Und eine Beziehung sollte doch Spaß machen.«

Nach seiner Scheidung ließ er es sich wieder gutgehen. Er genoß es, die Musik zu hören, die ihm gefiel, zu tun, was ihm beliebte, zu essen, was ihm schmeckte, und sich die Filme anzusehen, die ihm gefielen. Er ging wieder mit Frauen aus, hatte viel Spaß, aber wenn eine Beziehung ernst zu werden begann, zog er sich zurück. Es schien ihm, daß jede Frau, der er begegnete, am Ende zu anspruchsvoll wurde – genau wie seine frühere Ehefrau.

Tom war ein positiver Mensch, und er war seiner früheren Frau nicht böse, aber im Grunde war er immer noch wütend, wenn er über seine Partnerin sprach. Er konnte es nicht verwinden, daß seine Bemühungen nicht gewürdigt wurden. Er ging mit seinem Zorn in der Weise um, daß er seiner früheren Frau die Schuld gab und sich sorgfältig hütete, sich jemals wieder mit einer anspruchsvollen Frau einzulassen. Obwohl es ihm nicht bewußt war, kam er nicht von seinem Zorn los, und dies beeinträchtigte alle seine Beziehungen. An einem bestimmten Punkt tauchte in jeder neuen Beziehung sein alter Zorn wieder auf; dann gab er seiner Partnerin die Schuld und ging wieder seiner Wege.

———◄o►———

Wie man mit dem Verlust von Liebe umgeht, zeigt oft,
wie man in der Zukunft mit Liebe umgehen wird.

———◄o►———

Tom erwartete von einer Partnerin, daß sie unbeschwert, fröhlich und immer mit ihm zufrieden sein müsse. Er hielt sich für einen lockeren Typ und wollte eine Partnerin, die genauso war. Wenn eine Frau deutlich machte, daß sie mehr erwartete, ging er in die Defensive und warf ihr vor, zu anspruchsvoll zu sein. Tom war nicht klar, daß er unrealistische Erwartungen an eine Beziehung hatte. Er konnte nicht einsehen, wieviel er selbst verlangte.

Im Laufe der Beratung erkannte er, wie unrealistisch seine Erwartungen waren. Er kam zu der Einsicht, daß es ganz normal ist, wenn Männer und Frauen unterschiedlich reagieren, und daß es für eine liebevolle Beziehung notwendig ist, diese Unterschiede zu akzeptieren. Verstandesmäßig konnte er es schließlich einsehen, daß eine Frau über ihre negativen Gefühle reden muß, aber es irritierte ihn immer noch, wenn seine Partnerin einmal ärgerlich war. Um seine Erwartungen auf der emotionalen Ebene zu korrigieren, mußte er seine Seele heilen. Wir richteten also unser Augenmerk darauf, in welcher Weise er das Scheitern seiner Ehe vor sechs Jahren nicht ausreichend betrauert hatte.

———◄o►———

Um seine Erwartungen auf der emotionalen Ebene zu
korrigieren, mußte er seine Seele heilen.

———◄o►———

Nach der Scheidung hatte er es versäumt, die vier heilenden Emotionen zu durchleben. Er war so erleichtert, daß ihm gar nicht klar war, daß er doch eine Wunde davongetragen hatte. Als wir über die Scheidung sprachen, verspürte er einen gewissen Zorn, aber keinerlei Trauer oder Bedauern. Er war einfach froh, daß die Beziehung vorüber war.

Indem wir uns schließlich damit beschäftigten, welche Empfindungen er zu Beginn der Beziehung hatte, spürte er doch eine gewisse Traurigkeit und Enttäuschung. Aber er war offensichtlich blockiert. Als ich ihn bat, an einen Zeitpunkt zu denken, an dem er traurig war, fiel ihm der Verlust seines Vaters ein, als er zwölf Jahre alt war.

Sein Vater war bei einem Verkehrsunfall umgekommen, was für seine Mutter und für ihn sehr schlimm gewesen ist. Jemand sagte zu ihm bei der Beerdigung, daß er jetzt für seine Mutter stark sein müsse. Er tat sein Bestes, um seine Tränen zurückzuhalten und seine Trauer nicht zu zeigen. Er versuchte, fröhlich zu sein, um seiner Mutter nicht zur Last zu fallen. Indem er sich an diese Zeit erinnerte und er es sich erlaubte, alle vier heilenden Emotionen zu fühlen, konnte er nach und nach seine Seele heilen.

———◇———

*Wenn eine Empfindung aus der Vergangenheit
blockiert ist, wird man so lange Schwierigkeiten
haben, diese Emotionen ganz zu erleben, bis diese
Blockierung aufgelöst ist.*

———◇———

Als Erwachsener konnte Tom Traurigkeit und Enttäuschung bei seinen Partnerinnen nicht ertragen, weil diese Gefühle in ihm selbst noch nicht aufgelöst waren. Solange er nicht bereit war, seine Traurigkeit und seinen Kummer zu fühlen, konnte er auch keine Enttäuschung in seinen Beziehungen ertragen. Er reagierte abweisend, mit Zorn und Vorwürfen.

Indem er seine eigenen Gefühle annahm, gelang es ihm allmählich, seine Erwartungen anzupassen und Verständnis dafür zu haben, daß auch seine Partnerin manchmal ärgerlich sein mußte. Dank dieser entscheidenden Korrektur gelang es ihm schließlich, weniger defensiv und seiner Partnerin gegenüber weniger anspruchsvoll zu sein.

Festsitzende Trauer und Selbstmitleid

Danna war zwölf Jahre verheiratet gewesen. Ihr Mann Rex hatte sie wegen seiner Sekretärin verlassen. Sie war jetzt seit über zehn Jahren wieder allein. Wenn sie über Rex sprach, tat sie es in einem Ton des Selbstmitleids und der Hoffnungslosigkeit. Für sie hatte er praktisch ihr Leben ruiniert. Im Laufe der Jahre hatte sie ihre Geschichte immer wieder erzählt, aber sie war immer noch unfähig, loszulassen und einen Neuanfang zu machen. Sie war der Auffassung, das Leben könne nie mehr so schön werden.

Danna konnte sich nicht von ihren Empfindungen der Trauer lösen. Solange sie daran festhielt, daß sie Rex vermißte, konnte sie sich auch nicht mit ihrer Furcht auseinandersetzen, erneut zurückgestoßen zu werden. Tief in ihrem Innern fühlte sie sich unzulänglich und unwürdig, Liebe zu empfangen. Sie glaubte, daß niemand sie jemals wieder lieben würde. Solange sie sich diese Furcht nicht eingestand, konnte sie sie auch nicht auflösen.

Das Problem bei negativen Empfindungen ist, daß sie meist irrational sind. Sie beruhen auf falschen Überzeugungen. Um sich von diesen Überzeugungen zu befreien, muß man jedoch die negativen Empfindungen erfahren. Dannas Stolz verbot es ihr, auch sich selbst gegenüber ihre Furcht zuzugeben, daß sie unwürdig sein könnte, jemals wieder eine neue Liebe zu erleben.

—◦—

Um sich von falschen Überzeugungen zu befreien,
muß man zunächst die negativen Empfindungen
erfahren.

—◦—

Als wir bei der Beratung zu der Zeit zurückgingen, als sie Rex liebte, konnte sie ihre Trauer spüren. Sie erinnerte sich daran, wie sehr sie ihn liebte und welch eine schöne Zeit sie miteinander verbracht hatten. Sie rief sich ins Gedächtnis zurück, wie sehr es ihr weh tat, als er sie verließ. Indem sie so bei ihrer Traurigkeit verweilte, konnte sie etwas tiefer fühlen. Sie entdeckte, daß ein Teil von ihr befürchtete, daß sie niemals wieder geliebt werden könnte. Sie wollte nicht wieder Vertrauen schenken und wieder verletzt werden.

Nachdem sie diese Furcht gespürt hatte, gingen wir weiter in die Vergangenheit zurück. Sie konnte sich an einen anderen Zeitpunkt in ihrem Leben erinnern, als sie ebenfalls Furcht empfand. Sie erinnerte sich daran, daß ihr Vater ihre Mutter anschrie und häßlich zu ihr war. Ihr gegenüber hatte er sich nicht in dieser Weise verhalten, aber sie befürchtete trotzdem, daß er es tun könnte. Um seinem Zorn zu entgehen, versuchte sie, besonders brav zu sein. Tief im Innern glaubte sie, daß sie seine Liebe verlieren und bestraft werden würde, wenn sie ihre Gefühle frei äußern oder tun würde, was sie wollte.

Es fiel ihr schwer, auf ihren Vater wütend zu sein, schließlich war er zu ihr nicht gemein gewesen. Es war ihr allerdings nicht klar, daß sie auch über Dinge wütend sein konnte, die er nicht tat. Sie erkannte, daß er sie nicht sie selbst sein ließ. Er hatte sich nicht dafür interessiert, wer sie war, was sie empfand, was sie wollte und brauchte. Diese neue Erkenntnis gab Danna einen Grund, wütend zu sein. Indem sie es sich erlaubte, über seine Vernachlässigung Zorn zu empfinden, konnte sie sich schließlich von ihren Ängsten befreien.

Sich für eine neue Liebe öffnen

Mit diesem Ansatz habe ich in Tausenden von Fällen gearbeitet, und die Ratsuchenden konnten den Schmerz der Vergangenheit auflösen und sich für mehr Liebe, Freude und Erfolg in ihrem Leben öffnen, sobald sie jede der vier heilenden Emotionen ganz fühlten. Sehr oft hatten die Betreffenden schon mehr als genug an zwei oder drei heilenden Emotionen gearbeitet, aber solange noch eine Ebene fehlte, konnte es keinen wirklichen Fortschritt geben.

Wenn man auf einer bestimmten Ebene blockiert ist, ist es in den meisten Fällen außerordentlich hilfreich, sich an Ereignisse in der Vergangenheit zu erinnern, bei denen diese bestimmte Empfindung nicht vollständig anerkannt, mitgeteilt oder zugelassen wurde. Weiß man erst einmal, wonach man suchen muß, dann ist das Ereignis im allgemeinen auch ganz leicht zu finden. Sobald man die richtige Frage stellt, kommt automatisch auch das nicht beachtete Gefühl zum Vorschein.

Um wie in den obigen Beispielen sein Herz zu öffnen, muß man zunächst etwas gegen seine bisherigen persönlichen Konditionierungen tun, damit man jede der vier heilenden Emotionen ganz erfahren kann. Neben den alten Prägungen gibt es jedoch noch andere Möglichkeiten, wie man eine bestimmte heilende Emotion blockiert. Im nächsten Kapitel wollen wir uns damit beschäftigen, wie ein Verlust uns daran hindern kann, alle vier heilenden Emotionen zu spüren. Mit diesem zusätzlichen Wissen können wir uns dann der Frage zuwenden, wie man die fehlenden Emotionen zum Vorschein bringt und die Heilung mit Liebe, Akzeptanz, Verständnis und Vertrauen vervollständigt.

Ende gut, Anfang gut

Niemand verliebt sich und sagt: »Probieren wir es miteinander, und nach einigen glücklichen Jahren trennen wir uns.« Wenn man sich verliebt, denkt man nicht daran, diese Liebe jemals wieder aufzugeben. Am Anfang einer Liebe glaubt man immer, daß sie ewig währt. Aber sie kann zugrunde gehen, und wenn dies geschieht, bricht es uns das Herz. Das Ende einer Liebesbeziehung ist ein niederschmetterndes Ereignis, gleichgültig, wie es dazu kam. Aber davon, wie wir diesen Verlust betrauern, hängt es ab, wie es in unserem Leben weitergeht. Wenn eine Beziehung durch Tod, Scheidung oder sonstige Umstände endet, ist es sehr wichtig, vollständig durch den Trauerprozeß hindurchzugehen. Ende gut, Anfang gut.

———◄○►———

Gleichgültig, wie eine Beziehung endet – es ist sehr wichtig, vollständig durch den Trauerprozeß hindurchzugehen.

———◄○►———

Wenn das Leben weitergehen soll und man eine neue Liebe finden will, muß man seinen Verlust ganz wahrnehmen und betrauern. Allerdings können verschiedene Umstände im Zusammenhang mit dem Ende der Beziehung den Heilungsprozeß erschweren. Wenn man keine klare Vorstellung davon hat, was jetzt zu tun ist, kann man unabsichtlich den Heilungsprozeß in verschiedener Weise behindern.

Eine Tragödie betrauern

Wie ich in der Einleitung zu diesem Buch berichtet habe, bekam ich während meiner Flitterwochen die Nachricht, daß mein Vater gestorben war. Ich war betäubt, wütend und entsetzt zugleich. Ich dachte: »Wie ist so etwas möglich? Wer tut so etwas? Es kann nicht sein, es darf nicht sein. Warum sollte irgend jemand so etwas tun?«

Ich hatte schon vielen anderen Menschen bei ihren Tragödien geholfen, aber ich hatte selbst noch nie einen solch schrecklichen Verlust erlitten. Mit der Hilfe von Freunden und Verwandten und einigen Workshops konnte ich den Heilungsprozeß vollständig durchleben und vollenden. Am Anfang glaubte ich, daß dieser Schmerz niemals enden würde, aber im Laufe der Zeit heilte er doch. Nachdem der Schmerz vergangen war, war mein Herz von Gelassenheit und Liebe erfüllt. Ich hätte mir nie vorstellen können, wie sehr ich an dieser Erfahrung wuchs.

Wie schon gesagt, hatte mein Vater einen Anhalter mitgenommen, der ihn ausraubte und ihn dann im Kofferraum einsperrte. Nachdem er einige Stunden dort gelegen hatte, erlag er einem Hitzschlag. Nach der Beerdigung wollte ich meinem Vater nahe sein und irgendwie nachempfinden, was er durchgemacht hatte. Irgend etwas in mir wollte einfach spüren, wie es ihm ergangen war. Im Beisein meiner Mutter und meiner Geschwister kletterte ich in den Kofferraum des Autos, und sie schlossen den Deckel.

Es war dort keineswegs so eng, wie ich gedacht hatte, und ich sah die Spuren, wo mein Vater mit einem Schraubenzieher gegen den Deckel gehämmert hatte. Er hatte gehofft, daß jemand ihn schreien hörte und befreien würde. Ich sah, wo er versucht hatte, das Schloß aufzuhebeln. Dann entdeckte ich, daß er eine der Rücklichtfassungen herausgezogen hatte, um frische Luft zu bekommen.

Ganz automatisch steckte ich die Hand kurz durch die Öffnung. Als ich sie wieder zurückzog, sagte mein Bruder draußen:»Versuch doch mal, ob du den Knopf drücken kannst.« Ich steckte meinen Arm durch das Loch, tastete nach dem Schloß, drückte den Knopf, und der Deckel sprang auf.

Wir konnten es nicht fassen. Wenn mein Vater auf diesen Gedanken gekommen wäre, hätte er noch am Leben sein können. Wenn man versucht, aus einem Kofferraum herauszukommen, denkt man nicht daran, wie man hineinkommen könnte. Ich hatte jedenfalls auch nicht daran gedacht. Erst mein Bruder, der draußen stand, dachte an den Knopf.

In den Monaten nach dem Tod meines Vaters arbeitete ich weiter an meinem Zorn über den Raubüberfall und die Mißhandlung und an meiner Trauer darüber, daß mein Vater nicht mehr am Leben war. Ich setzte mich mit meinen eigenen Ängsten auseinander, in diesem Kofferraum eingesperrt sterben zu müssen, und ich spürte mein Bedauern darüber, daß ich nichts tun konnte, um meinen Vater zurückzubringen oder sein Leiden ungeschehen zu machen. Indem ich anderen Menschen zuhörte, die einen ähnlichen Verlust erlitten hatten, und mit ihnen redete, wurde dieser Prozeß etwas leichter. Dies brachte zwar den Schmerz an die Oberfläche, aber es half mir auch, ihn zu heilen.

———◁◦▷———

Wenn man seinen Schmerz nicht fühlt,
kann man ihn auch nicht heilen.

———◁◦▷———

Allmählich löste sich der schmerzende Kloß in meiner Brust auf, und die Erinnerung an meinen Vater tat nicht mehr so weh. Ich redete immer noch nicht gerne über das Ereignis, aber ich wußte, daß dies für meinen Heilungsprozeß wichtig war. Nachdem ich mich viel mit anderen Menschen ausgetauscht hatte, spürte ich allmählich die Liebe meines Vaters zu mir und meine Liebe zu ihm. Dies war eine wichtige Veränderung. Wenn man nach einem Verlust zurückdenken und seine Liebe ohne Schmerz spüren kann, dann ist der Heilungsprozeß abgeschlossen. Auch heute noch erfüllt mich der Gedanke an meinen Vater und seinen tragischen Tod mit einem sehr schönen Gefühl des Friedens und der Liebe.

———◄○►———

Wenn man zurückdenken und seine Liebe
ohne Schmerz spüren kann, dann ist der
Heilungsprozeß abgeschlossen.

———◄○►———

Ich darf mich wohl glücklich schätzen, daß ich wußte, wie man einen Verlust betrauert. Hunderttausende von Menschen ziehen sich nach einem tragischen Verlust in sich zurück. Statt Frieden zu finden, leiden sie jahrelang stumm vor sich hin. Sie wissen nicht, daß es eine Möglichkeit gibt, das gebrochene Herz zu heilen, und so können sie sich nicht von ihrem Kummer lösen.

Die Trauer hat ein Ende

Wer einen geliebten Menschen bei einem tragischen Unfall verliert, muß wissen, daß die Trauer nicht ewig dauern kann und darf. Viele verwechseln den Kummer mit der Tatsache, daß sie den Menschen lieben, den sie verloren haben.

Es ist ein Irrtum zu glauben, daß man den
Schmerz über den Verlust eines Menschen, den
man wirklich liebte, immer fühlen muß.

Vermischt man so den Kummer und die Liebe, scheint der Gedanke, daß man sich wieder besser oder sogar wirklich glücklich fühlen könnte, mit der aufrichtigen Trauer über den Verlust nicht vereinbar zu sein. Wieder glücklich zu sein scheint zu bedeuten, daß man den geliebten Menschen vergessen hätte. Nach dem Verlust eines Ehepartners hält man es vielleicht sogar für eine Treulosigkeit, wenn man jemals wieder jemanden lieben würde. Ein solches Denken kann aber den natürlichen Heilungsprozeß erheblich behindern und dazu führen, daß man niemals wirklich loslassen kann.

Wenn man glaubt, es sei nicht liebevoll, seine Traurigkeit loszulassen, dann wird man sie immer in seinem Herzen festhalten. So wie der Verstand negative Empfindungen unterdrücken kann, kann er uns auch am Loslassen hindern, indem er positive Empfindungen unterdrückt.

Will man seine Seele wirklich heilen,
muß man nicht nur seine negativen Emotionen
spüren, sondern es sich auch erlauben,
loszulassen und wieder glücklich zu sein.

Ist der Heilungsprozeß in Gang gekommen und denkt man an seinen Verlust, fühlt man irgendwann immer noch eine gewisse Trauer und vermißt seinen Partner, aber das beherrschende Gefühl ist dann die Wärme der Liebe zu ihm. Die Erinnerung an die schöne gemeinsame Zeit ruft keinen Schmerz mehr hervor, sondern ein Gefühl von Frieden und Dankbarkeit. Man fühlt sich nicht mehr leer und verlassen, sondern spürt, wie man von Liebe umgeben und getragen wird, während man beginnt, sein Leben neu aufzubauen.

Viele Menschen glauben, daß immerwährende Trauer das Merkmal einer tiefen und echten Liebe sei, doch dies ist nicht richtig. Die Liebe ist gewiß echt, aber das Ende eines nicht abgeschlossenen Trauerprozesses ist Verzweiflung. Endlose Trauer ist nicht der Beweis für eine unsterbliche Liebe, sondern vielmehr eine Krankheit, die geheilt werden muß. Niemand braucht ein Leben ohne Liebe zu führen. Tragischer als jeder Tod ist ein hoffnungsloses Leben mit einem gebrochenen Herzen. Wieder zu lieben heißt nicht, daß man aufhört, den zu lieben, den man verloren hat.

———◀◉▶———

Tragischer als jeder Tod ist ein hoffnungsloses Leben
mit einem gebrochenen Herzen.

———◀◉▶———

Diese Einsicht allein bietet aber noch nicht die Gewähr dafür, daß man sich aus seiner Erstarrung lösen kann. Aber wenn man beharrlich nach der fehlenden Emotionsebene sucht, wird man sie letztlich finden. Dazu muß man natürlich wissen, wonach man suchen muß. Es ist also sehr wichtig zu erkennen, wie jede dieser vier Ebenen zu erfahren ist. Es genügt nicht, einfach zu erleben, was man fühlt. In den meisten Fällen muß man in seiner Seele suchen, um die fehlenden Ebenen der Emotion zu finden.

———◀◉▶———

Zur Heilung der Seele genügt es nicht,
einfach zu erleben, was man fühlt.

———◀◉▶———

78

Wenn man sein ganzes Leben lang in bestimmten Situationen seine Gefühle unterdrückt hat, ist es nicht einfach, diese zu finden. Alte Konditionierungen hindern uns daran, alle vier heilenden Emotionen uneingeschränkt zu fühlen. Eine Therapie, Workshops, Unterstützungsgruppen und Selbsthilfeübungen sind hier sehr wichtig.

Die Macht, seine Seele zu heilen

Wir haben zwar die Fähigkeit, uns selbst zu heilen, aber wir brauchen dabei trotzdem die Unterstützung anderer Menschen. Wenn sich ein Arzt einen Knochen bricht, dann weiß er zwar, was er zu tun hat, aber er würde sich trotzdem von einem anderen Arzt helfen lassen. Ebenso braucht man kompetente Hilfe und liebevolle Unterstützung, wenn man an einem gebrochenen Herzen leidet. Alleine schafft man es nicht.

In einem Workshop oder einer Gruppe können die verborgenen Empfindungen sehr gut entdeckt werden. Gefühle, die man selbst unterdrückt hat, tauchen ganz automatisch auf, wenn ein anderer über diese Gefühle spricht. Allein würde man diese Emotion niemals wahrnehmen, aber in der Gruppe geschieht dies ganz von selbst.

――◄◦►――

Verschüttete Gefühle kommen automatisch zum Vorschein, wenn ein anderer über eine Emotion spricht, die man selbst unterdrückt.

――◄◦►――

Wenn zum Beispiel jemand erzählt, der auf der Ebene des Zorns nicht blockiert ist, dann regt sich in einem selbst der Teil, der zornig ist. Auch wenn man darauf konditioniert ist, daß man keinen Zorn empfinden darf, wird dieser schlummernde Teil geweckt, und die Blockierung löst sich.

Workshops und Unterstützungsgruppen helfen, Kontakt mit den eigenen Gefühlen zu bekommen. Auch eine längere Beziehung zu einem Berater kann die Sicherheit und das Vertrauen schaffen, das man braucht, um sich intensiver auf seine Gefühle einzulassen. Mit anderen Menschen zu reden, die wissen, was ein Verlust bedeutet, gibt einem den Mut, tiefere Gefühlsebenen zu erkunden. Wenn ein Berater gelernt hat, zum richtigen Zeitpunkt die richtigen Fragen zu stellen, dann tauchen die verborgenen Gefühle auf, und man findet Erleichterung.

Selbsthilfeübungen sind ebenfalls sehr wirksam, aber ihre Wirksamkeit ist noch wesentlich größer, wenn man sie in einer Therapie, in Workshops und Unterstützungsgruppen einsetzt. Alle in diesem Buch vorgeschlagenen Übungen kann man allein durchführen, aber auch mit der Hilfe eines Beraters oder einer Unterstützungsgruppe. Ideal ist es, Empfindungen der Verletztheit in der Gegenwart eines anderen Menschen zu erkunden, insbesondere in den frühen Phasen der Heilung. Der eigene Schmerz wird erträglicher, wenn jemand da ist, der auf ihn eingehen kann. Wenn man über seinen Schmerz reden kann, wird er wirksamer freigesetzt und geheilt.

Die Herausforderungen der Heilung

Bei jedem Verlust bestehen andere Herausforderungen. Carol verlor ihren Mann Steve durch einen tragischen Autounfall. Sie hatte ihn immer wieder gebeten, den Gurt anzulegen. Nachdem sie die Nachricht von seinem Tod bekommen hatte, stellte sich heraus, daß er nicht angeschnallt war und deshalb nicht nur leichte, sondern tödliche Verletzungen davongetragen hatte. Nach seinem Tod mußte sie auch feststellen, daß sie schwere finanzielle Probleme hatten, mit denen sie jetzt alleine dastand.

Ein Teil von ihr war traurig, aber ein anderer Teil war auch zornig und besorgt. Dies war für sie sehr verwirrend. Die meisten Menschen sind es nicht gewöhnt, mehr als eine Emotion zugleich zu fühlen. In diesem Fall war Carol traurig, weil sie Steve geliebt hatte und er ihr fehlte, aber sie war auch wütend, weil er den Gurt nicht angelegt hatte. Und darüber hinaus machte ihr auch die finanzielle Situation Sorgen. Weil sie nicht wußte, wie wichtig es ist, bewußt alle Ebenen seiner Emotionen zu durchleben und zu erkunden, wurde sie davon überwältigt und konnte sich nicht mehr aus diesem Zustand befreien.

Bei der Beerdigung fühlte sie Trauer, aber in einem verborgenen Winkel tief in ihrem Innern saßen auch Zorn und Vorwürfe. Es erschien ihr lieblos, Gefühle des Zorns zu haben, also unterdrückte sie diese. Aber sie war trotzdem zornig. Sie kreidete es Steve an, daß er nicht auf sie gehört hatte und ihr so viele Schulden hinterließ. Die Sorge hinsichtlich ihrer neuen Verpflichtungen verstärkte wiederum den Zorn und die Vorwürfe.

Je mehr Carol ihre Furcht und ihren Zorn unterdrückte, desto schwieriger wurde es, wirkliche Trauer zu empfinden, und sie freizusetzen. Ihre Trauer verwandelte sich in Selbstmitleid. Sie konnte zwar weinen, aber diese Tränen brachten ihr keine Erleichterung. Sie fühlte schließlich nur noch eine schmerzende Taubheit in ihrem Herzen.

———◦———

Wenn man seinen Zorn unterdrückt,
verwandelt sich die Trauer in Selbstmitleid.

———◦———

An diesem Beispiel wird deutlich, wie der Trauerprozeß immer komplizierter wird. Man vermißt seinen Partner, aber man macht ihm auch Vorwürfe und ist wütend auf ihn. Statt seinen Zorn zuzulassen, blockiert man seine Gefühle, indem man sich einredet, man dürfe nur traurig sein. Weil man anderen nicht zur Last fallen will oder nicht will, daß sie schlecht über den Verstorbenen denken, redet man nicht über seine Sorgen. Man behält alles für sich und versucht, stark zu sein.

Wenn man aber nicht mit anderen über seine verwirrenden Gefühle reden kann, dann folgen einem die Vorwürfe möglicherweise überallhin. Man kann für den Rest seines Lebens das Gefühl haben, Opfer zu sein. Weil man ständig »lieblose« Gedanken des Zorns und der Vorwürfe in sich trägt, quält man sich nach einiger Zeit vielleicht auch noch mit Schuldgefühlen. Man kommt sich schlecht vor, weil man seinen Partner nicht mehr so liebt wie früher. Wie sehr man auch versucht, dieses Gefühl zurückzugewinnen, ist man am Ende doch nur gereizt oder einfach apathisch.

In der Beratung konnte Carol schließlich über ihre verborgenen Empfindungen des Zorns und der Angst reden. Dadurch konnte sie ihre Trauer und ihr Bedauern fühlen und freisetzen. Die Schuldgefühle verschwanden. Sie sah sich selbst in einem viel günstigeren Licht und gewann die Hoffnung zurück, daß sie mit ihren neuen Aufgaben fertig werden könnte.

Festsitzender Zorn

Sharon und Ed stritten sich unaufhörlich. Sie hatten einfach zu unterschiedliche Wertvorstellungen, als daß sie miteinander hätten auskommen können. Nach der Trennung tauchten bei Sharon die unterschiedlichsten Gefühle auf. Das vorherrschende Gefühl war Zorn, aber die Triebfeder dieses Zorns war Sorge. Sie befürchtete, daß ihr neunjähriger Sohn Nathan falsch erzogen werden würde, wenn er bei seinem Vater war. Sie glaubte, daß dieser Nathan verderben würde.

Sharon brachte ihm bei, wie wichtig es ist, sein Geld zusammenzuhalten, während Ed ihm alles kaufte, was er haben wollte. Sie wollte, daß Nathan auch im Haushalt mithalf, und sein Vater nahm ihm alles ab. Sie bedauerte es, daß sie ihn vor diesem Zwiespalt nicht schützen konnte.

Sharons Ängste und Sorgen bezüglich Nathan ließen ihren Zorn auf Ed wachsen. Statt ihren Zorn über die Trennung loszulassen, wurde sie nur noch wütender. Nach einigen Monaten bekam Nathan Schulprobleme, was Sharons Zorn noch mehr steigerte.

Hinzu kam, daß sie jetzt nicht mehr soviel Zeit für ihren Sohn hatte. Um nach der Trennung durchzukommen, mußte sie wieder arbeiten. Es tat ihr weh, daß Nathan seine Hausaufgaben nicht machte, aber es fiel ihr schwer, ihm das Mitgefühl und das Verständnis zu geben, das er brauchte. Tag für Tag fühlte sie sich schuldig und wütend. Sie fühlte sich schuldig, daß sie nicht mehr Zeit für ihn hatte, und sie war wütend auf Ed.

———◄◦►———

Man kann nicht mitfühlend sein,
wenn man zornig ist.

———◄◦►———

Sharon hatte sich nie ausreichend Zeit dafür genommen, über das Ende ihrer Ehe zu trauern. Dadurch lasteten die Frustrationen der Erziehung noch viel schwerer auf ihr. Wenn die Seele nicht geheilt ist, wird man überempfindlich für die Probleme des Lebens. Oft hat man das Gefühl, als ob jemand in einer offenen Wunde wühlen würde. Sharon war wütend darüber, daß sie ihrem Sohn nicht helfen konnte. Wenn sie ihm gegenüber kurz angebunden oder grob war, fühlte sie sich noch schuldiger. Dies vermehrte wiederum ihre Wut auf Ed.

Auf einem Mars-Venus-Workshop hörte Sharon dann von

den vier heilenden Emotionen. Sie erkannte, daß sie nicht wirklich getrauert und sich vom Ende ihrer Ehe geheilt hatte. Sie hatte ihren Zorn gefühlt, aber nicht ihre Trauer. Indem sie sich Zeit dafür nahm, ihr Bedauern zu spüren und ihren Verlust zu betrauern, konnte sie schließlich auch Ed vergeben und einsehen, daß nicht alles seine Schuld war. Er war einfach nicht der richtige Mann für sie gewesen.

―――◄○►―――

Indem man sich Zeit dafür nimmt, seine Trauer
zu spüren, kann man schließlich seinen Zorn
loslassen und verzeihen.

―――◄○►―――

Als sie Tränen der Trauer weinte, milderte sich ihr Zorn, und sie konnte eine gewisse Liebe und Nachsicht gegenüber Ed empfinden. Die Erinnerung an ihre erste gemeinsame Zeit half ihr, in Liebe loszulassen. Sie konnte jetzt dankbar für die schönen Zeiten sein und sah sich selbst in einem besseren Licht. Sie brauchte sich jetzt nicht mehr über ihre »Dummheit« zu ärgern, daß sie Ed überhaupt geheiratet hatte. Dies gab ihr wiederum das Vertrauen, daß sie wieder eine dauerhafte Beziehung finden könnte.

Sie erkannte, wie wichtig es war, in Gegenwart Nathans Gutes über Ed zu sagen. Es wurde ihr auch klar, daß die Eigenschaften, die sie an Ed nicht ausstehen konnte, auch bei Nathan vorhanden waren. Indem sie lernte, das Gute in Ed zu akzeptieren und zu sehen, würde es für Nathan leichter, mit den Differenzen zwischen seinen Eltern zurechtzukommen. Sharon erkannte, daß sie anderer Meinung als Ed sein konnte, ohne ihn schlecht zu machen.

Wenn ein kleiner Junge Gutes über seinen Vater hört, kann er stolz auf das in sich selbst sein, worin er seinem Vater ähnelt. Sharon war motiviert, Ed zu vergeben, weil es für ihren Sohn, aber auch für sie selbst gut war.

Eltern können ihren Kindern kein größeres
Geschenk machen, als einander zu lieben.

Als Sharon es sich erlaubte, mehr in die Tiefe zu gehen und ihre Empfindungen der Trauer zu erkunden, konnte sie auch ihren Zorn auflösen und liebevollere Gefühle entwickeln. Nicht nur sie selbst wurde dadurch glücklicher, sondern auch ihr Sohn. Dieses »gute Ende« stärkte in Sharon die Bereitschaft zu einer neuen Beziehung. Sie heiratete schließlich einen Mann, der der Richtige für sie war, und bekam weitere Kinder.

Seine Gefühle zurückhalten

Wenn man seine Gefühle unterdrückt, weil sie nicht liebevoll zu sein scheinen, muß man sich helfen lassen. Man scheut sich vielleicht, seinen Zorn Verwandten und Freunden mitzuteilen, aber bei einem Therapeuten ist er gut aufgehoben. Es ist in einem solchen Fall sehr wohltuend, mit einem Berater zu sprechen, einen Workshop mitzumachen oder sich einer Unterstützungsgruppe anzuschließen.

Oft unterdrückt man seinen Zorn, weil man
fürchtet, lieblos zu sein.

Um sich aussprechen zu können, muß man ein entsprechendes Umfeld finden, in dem man seine nicht-liebevollen Gefühle mitteilen kann, ohne jemanden zu verletzen und ohne verurteilt zu werden. Erst wenn man alle seine Gefühle frei erkunden und mitteilen kann, kann die Seele zu heilen beginnen und sich mehr und mehr für Empfindungen der Nachsicht, des Verständnisses, der Liebe und des Vertrauens öffnen.

Mit den vier heilenden Emotionen arbeiten

Wenn man an seinen Partner denkt und um ihn trauert, sollte es einem wieder bessergehen, aber manchmal reicht es nicht aus, den Kontakt zu seinen Gefühlen herzustellen. Man fühlt seinen Schmerz, aber es stellt sich trotzdem keine Erleichterung ein. Dies liegt meist daran, daß man einen wichtigen Teil des Prozesses übersieht. Es gibt eine wunderbare Übung, die dabei hilft, den Prozeß vollständig zu durchlaufen und auch abzuschließen: die »Vier-Emotionen-Übung«. Mit dieser Übung lernt man, mit allen Verletzungen der Seele besser umzugehen.

———◦———

Mit der »Vier-Emotionen-Übung« lernt man,
mit allen Verletzungen der Seele besser umzugehen.

———◦———

Natürlich gibt es noch viel mehr Möglichkeiten, wie man Kontakt mit schmerzhaften Empfindungen aufnehmen kann, aber oft gelingt es dann noch nicht, loszulassen und eine neue Liebe zu entdecken. Mit der »Vier-Emotionen-Übung« lernt man, erfolgreich die Verletzung zu heilen, mit der man Kontakt aufnimmt.

Schreiben Sie drei Briefe

Wenn man einen emotionalen Schmerz spürt, sollte man sich einmal zwanzig Minuten dafür Zeit nehmen, seine Gefühle in Worte zu fassen. Für den Anfang ist es am besten, die Gefühle aufzuschreiben. Wenn man etwas mehr Übung hat, kann man sie auch in Gedanken oder mündlich gegenüber einem Berater oder einer Gruppe formulieren.

Ich selbst praktiziere diese Übung schon seit siebzehn Jahren, und manchmal gelingt sie mir immer noch am besten, wenn ich meine Gefühle aufschreibe. Sooft mir etwas wirklich Sorgen macht, setze ich mich an den Computer und schreibe drei Briefe nach dem Schema »Vier-Emotionen-Übung«.

Die Übung besteht aus drei Teilen:

1. Die vier heilenden Emotionen und die eigenen Bedürfnisse und Wünsche ausdrücken.
2. Die liebevolle und unterstützende Reaktion ausdrücken, die man gerne hören möchte.
3. Verzeihen, Verständnis, Dankbarkeit und Vertrauen ausdrücken.

Betrachten wir die einzelnen Teile etwas ausführlicher.

Teil eins: Die Gefühle ausdrücken

Der erste Teil der Übung besteht darin, daß man an die Person, durch deren Verlust man verletzt ist, einen Brief schreibt. Man kann einen solchen Gefühle-Brief auch an jemand anderen schreiben, beispielsweise an einen guten Freund, an einen Engel oder an Gott. Achten Sie darauf, daß Sie alle vier heilenden Emotionen berücksichtigen. Die Reihenfolge ist beliebig, beginnen Sie am besten mit den Gefühlen, die Sie am intensivsten empfinden. Nehmen Sie sich etwa zwei bis drei Minuten Zeit für jede der vier heilenden Emotionen.

Stellen Sie sich beim Schreiben des Briefs vor, daß der Betreffende alles hört, was Sie sagen und Ihnen in einer verständnisvollen und hilfreichen Weise antworten wird.

Vorlage für den Gefühle-Brief
Liebe(r)............,
ich schreibe diesen Brief, um über meinen Schmerz zu sprechen und um Verständnis, Vergebung und Liebe zu suchen.
In diesem Augenblick fühle ich mich...
1. Ich bin wütend darüber, daß...
  Ich bin wütend, weil...
  Ich bin wütend, wenn...
  Ich finde es nicht schön...
  Ich wünschte...
2. Ich bin traurig darüber, daß...
  Ich bin traurig, weil...
  Ich bin traurig, wenn...
  Ich wollte...
  Ich hätte erwartet...
3. Ich fürchte, daß...
  Ich habe Angst, weil...
  Ich habe Angst, wenn...
  Ich möchte nicht...
  Ich brauche...
4. Ich bedaure es, daß...
  Ich fühle Bedauern, weil...
  Ich fühle Bedauern, wenn...
  Ich möchte...
  Ich hoffe...
  Danke fürs Zuhören.
  In Liebe...

Teil 2: Eine unterstützende Antwort geben

Wer die Heilung seines Schmerzes selbst in die Hand nehmen will, statt auf Hilfe von außen zu warten, muß lernen, sich selbst Liebe und Unterstützung zu geben. So wie man einem anderen Menschen helfen würde, der Schmerzen leidet, so kann man auch sich selbst die Unterstützung geben, die man braucht. Nachdem man, wie oben vorgeschlagen, zuerst seine Gefühle aufgeschrieben hat, besteht der nächste Schritt darin, eine liebevolle Antwort zu formulieren. Es ist wichtig, seine Gefühle in Worte zu fassen, und genauso wichtig ist es, auch die Unterstützung zu formulieren, die man braucht, um das Gefühl zu haben, daß man verstanden und unterstützt wird.

Schreiben Sie also einen Brief an sich selbst. Versetzen Sie sich in die Rolle der Person, der Sie geschrieben haben, und schreiben Sie die Antwort auf, die Sie hören möchten. Wenn man sich etwa vorgestellt hat, daß man mit einem Freund oder einem Engel über seine Gefühle spricht, dann schreibt man das auf, von dem man möchte, daß dieser es sagen würde: etwas, das Ihnen das Gefühl gibt, gehört zu werden und Unterstützung zu empfangen. Die nachfolgende Antwortvorlage soll Ihnen dabei helfen.

Vorlage für den Antwortbrief
Liebe(r)....,
1. *Danke ...*
2. *Ich verstehe jetzt...*
3. *Es tut mir wirklich sehr leid, daß...*
4. *Bitte verzeih mir, daß...*
5. *Ich möchte, daß Du weißt...*
6. *Du verdienst es,...*
7. *Ich möchte...*
In Liebe...

Manchmal ist das Abfassen des Antwortbriefs wirksamer als das Aufschreiben der vier heilenden Emotionen. Aufzuschreiben, was man wirklich hören möchte, macht offener für die Unterstützung, die man verdient hat. Indem man sich diese Unterstützung vorstellt, öffnet man sein Herz wieder, so daß der Schmerz heilen kann.

Teil 3: Positive Gefühle zum Ausdruck bringen

Nachdem man die Reaktion aufgeschrieben hat, die einem das Gefühl gibt, Unterstützung zu haben, ist es wichtig, positive Gefühle des Verzeihens, des Verständnisses, der Dankbarkeit und des Vertrauens zu äußern und zu bekräftigen.

Um sich das Aufschreiben Ihrer positiven Empfindungen zu erleichtern, können Sie die folgende Vorlage verwenden.

Vorlage für den Abschlußbrief
Liebe(r)...,
1. *Danke...*
2. *Ich verstehe jetzt...*
3. *Es ist mir jetzt klar, daß...*
4. *Ich weiß...*
5. *Ich verzeihe...*
6. *Ich bin dankbar für...*
7. *Ich habe das Vertrauen, daß...*
8. *Ich bin jetzt gerade dabei...*
In Liebe...

Wenn Sie sich die Zeit dafür nehmen, Ihre positiven Gefühle zu bekräftigen, wird es Ihnen schnell viel besser gehen. Am Anfang fühlt man sich nach diesem Prozeß manchmal ein wenig leer. Wer etwas mehr Übung hat, wird sich danach jedoch erfrischt fühlen.

Beispiel für einen Gefühle-Brief

Nachfolgend ein Beispiel, wie Bill mit Hilfe der »Vier-Emotionen-Übung« Kontakt mit den vier heilenden Emotionen aufnahm. Er benutzte einfach die Einleitungsphrasen, um seine Gefühle darzustellen. Wenn Sie diese Technik anwenden, können Sie eine beliebige Einleitungsphrase so oft verwenden, wie Sie wollen, bevor Sie mit der nächsten weitermachen. Wenn Sie eine davon überspringen wollen, ist dies auch in Ordnung. Die Vorlage soll nur ein Hilfsmittel sein, damit Sie leichter Kontakt mit den vier heilenden Emotionen in Ihnen aufnehmen und diese ausdrücken können.

Liebe Susan,
ich schreibe diesen Brief, um über meinen Schmerz zu sprechen und um Verständnis, Vergebung und Liebe zu suchen. In diesem Augenblick fühle ich mich allein, verletzt, im Stich gelassen und betrogen.
1. *Ich bin wütend darüber, daß Du mich verlassen hast.*
   Ich bin wütend, weil Du einen anderen liebst.
   Ich bin wütend, wenn ich mir vorstelle, wie ihr beiden zusammen seid.
   Ich finde es nicht schön, zurückgewiesen zu werden.
   Ich wünschte, daß Du mich noch liebtest.
2. *Ich bin traurig darüber, daß Du nicht mehr in meinem Leben bist.*
   Ich bin traurig, weil ich nicht weiß, wohin ich mich wenden soll.
   Ich bin traurig, wenn ich daran denke, wie sehr ich Dich liebe.
   Ich wollte für den Rest meines Lebens glücklich sein; ich wollte, daß Du mich liebst.
   Ich hätte erwartet, daß Du mich liebst und Dein Versprechen hältst.

3. *Ich fürchte, daß ich ein Narr war.*
   Ich habe Angst, weil ich nicht weiß, was ich falsch gemacht habe.
   Ich habe Angst, wenn ich an einen Neuanfang denke.
   Ich möchte nicht allein sein.
   Ich brauche Deine Liebe und Freundschaft.
4. *Ich bedaure es, daß wir nicht zusammen sind.*
   Ich fühle Bedauern, weil ich Dich nicht umstimmen kann.
   Ich fühle Bedauern, wenn ich an unsere gemeinsame Liebe denke.
   Ich möchte, daß Du mich liebst. Ich möchte heiraten.
   Ich hoffe, daß ich lerne loszulassen.
   Danke, daß Du mir zugehört hast.
In Liebe Bill

Beispiel für einen Antwortbrief

Lieber Bill,
1. *Danke, daß Du mir über Deine Gefühle geschrieben hast.*
2. *Ich verstehe jetzt, wie sehr ich Deine Gefühle verletzt habe.*
3. *Es tut mir wirklich sehr leid, daß ich Dich nicht mehr so liebe wie früher; es tut mir leid, daß sich alles geändert hat.*
4. *Bitte verzeih mir, daß ich Dich verlassen und zurückgewiesen habe.*
5. *Ich möchte, daß Du weißt, daß ich Dich liebe, aber Du bist nicht der Richtige für mich. Ich werde immer gerne an unsere gemeinsame Zeit zurückdenken. Ich bin dankbar für die Liebe und Unterstützung, die Du mir gabst.*
6. *Du verdienst es, von jemandem geliebt zu werden und eine großartige Beziehung zu haben.*
7. *Ich möchte, daß Du glücklich bist. Ich möchte, daß Du wieder geliebt wirst.*
In Liebe Susan

Beispiel für einen Abschlußbrief

Liebe Susan,

1. *Danke, daß Du mich liebst. Ich werde Dich immer lieben.*
2. *Ich verstehe jetzt, daß ich loslassen muß, und irgendwann werde ich es tun.*
3. *Es ist mir jetzt klar, daß dies Zeit braucht. Ich fühle mich sehr verletzt, und die Heilung wird einige Zeit dauern.*
4. *Ich weiß, daß Du mich auf Deine Art liebst. Ich weiß, daß Du mir nicht gehörst und tun kannst, was Du willst.*
5. *Ich verzeihe Dir, daß Du mich nicht mehr liebst. Ich verzeihe Dir, daß Du mich verlassen hast. Ich verzeihe Dir, daß Du mir keine Chance mehr gibst.*
6. *Ich bin dankbar für die vielen Jahre, die wir miteinander verbracht haben.*
7. *Ich habe das Vertrauen, daß ich wieder lieben und über unsere Trennung hinwegkommen werde.*
8. *Ich bin jetzt gerade dabei, einen Neuanfang zu machen und mein Leben neu aufzubauen. Ich tue, was notwendig ist, um wieder Liebe und Glück zu finden. Ich weiß, daß es wieder besser werden wird.*

In Liebe Bill

Vier forschende Fragen

Eine weitere Möglichkeit, die vier heilenden Emotionen zu ergründen, besteht darin, daß man sich einfach die nachfolgenden vier Fragen stellt. Vor allem Männern fällt diese Vorgehensweise anfangs leichter. Indem man sich diese Fragen beantwortet, kommen die heilenden Emotionen automatisch zum Vorschein. Lassen Sie es bei der Beantwortung dieser Fragen zu, daß Sie Zorn, Trauer, Furcht, Bedauern und andere Gefühle spüren.

1. *Was ist geschehen?*
2. *Was ist nicht geschehen?*
3. *Was könnte geschehen?*
4. *Was kann nicht geschehen?*

Wer ein wenig mehr in die Tiefe gehen will, kann sich zusätzlich die folgenden Fragen stellen und beantworten.

Zu Frage eins:
Was geschah, das nicht hätte geschehen sollen?
Was geschieht, das nicht geschehen sollte?
Was ist geschehen, das einem nicht gefällt?

Zu Frage zwei:
Was ist nicht geschehen, das hätte geschehen sollen?
Was geschieht nicht, das geschehen sollte?
Was hätte geschehen sollen?

Zu Frage drei:
Was könnte geschehen, das nicht geschehen sollte?
Was ist für Sie wichtig?
Was könnte geschehen, das geschehen sollte?

Zu Frage vier:
Was kann nicht geschehen, das geschehen sollte?
Was kann nicht geschehen, das hätte geschehen sollen?
Was kann geschehen, das geschehen soll?

Wenn Sie sich diese vier Fragen stellen oder die drei Teile der »Vier-Emotionen-Übung« praktizieren, wird es Ihnen besser gelingen, die mit Ihrem Verlust einhergehenden Gefühle zu heilen. Sie werden es schaffen, an Ihren Partner zu denken, ohne in schmerzlichen Gefühlen zu versinken. Diese Übungen erlauben es Ihnen, den Kontakt mit Ihren Gefühlen zu behalten und den Heilungsprozeß zu vollenden.

Verzeihung gewähren

Wenn man seinem Partner die Schuld an seinem Unglück gibt, verhindert man die Freisetzung schmerzlicher Gefühle. Solange man ihm die ganze Verantwortung für den eigenen Schmerz zuschiebt, kann man sich von diesem nicht befreien. Dann bleibt man darauf angewiesen, daß der Partner sein Verhalten oder seine Haltung ändert.

Solange man dem Partner die ganze Verantwortung für seinen Schmerz zuschiebt, kann man sich von diesem nicht befreien.

Vorwürfe können für den Heilungsprozeß jedoch auch nützlich sein. Sie können helfen, die Grenzen abzustecken, was man mag und was man nicht mag. Sie helfen auch, zu seinem eigenen Zorn zu finden und bewahren davor, daß man zu viel Verantwortung für einen Verlust auf sich nimmt. Wenn man sich selbst zu viele Vorwürfe macht, dann deshalb, weil man es nicht wagt, auch anderen einen Teil der Schuld zu geben.

Hat man mit Hilfe von Vorwürfen Kontakt zu seinem Zorn bekommen, muß man daran arbeiten, sich wieder von ihnen zu befreien. Man kann anderen ihre Fehler vorwerfen – aber man kann ihnen nicht die Schuld an seinen eigenen Gefühlen geben. Verzeihen heißt, einen anderen aus der Verantwortung für die eigenen Gefühle zu entlassen. Wenn man verzeihen kann, gelingt es auch, den eigenen Schmerz loszulassen.

Verzeihen heißt, einen anderen aus der
Verantwortung für die eigenen Gefühle zu entlassen.

Gewiß ist es richtig, daß der Partner einem weh tun kann, aber Sie müssen auch klar erkennen, daß es in Ihrer Macht liegt, den Schmerz loszulassen. Solange Sie dem Partner wegen der Schmerzen Vorwürfe machen, die Sie im Augenblick erleiden – nicht wegen seiner Fehler –, werden Sie in Ihrem Schmerz gefangen bleiben. Wenn Sie zornig oder traurig darüber sind, daß er Sie vernachlässigt hat, dann hören diese Gefühle wieder auf. Sind Sie aber zornig oder traurig darüber, daß Sie verletzt wurden, dann können Sie sich von diesen Gefühlen nicht lösen. Sieht man keine Möglichkeit, die eigenen Gefühle zu verändern, dann beginnt man, seinem Partner dafür Vorwürfe zu machen, wie man sich selbst fühlt, statt dafür, was er tat oder nicht tat.

Nachfolgend einige Beispiele für den Unterschied zwischen Gefühlsaussagen und Vorwurfsaussagen. Nehmen Sie sich ein wenig Zeit dafür, stellen Sie sich vor, daß Sie diese Sätze aussprechen, und spüren Sie den Unterschied. Gefühlsaussagen stellen die Verbindung zu den eigenen Affekten her, während Vorwurfsaussagen bewirken, daß man nicht weiterkommt. Gefühlsaussagen verleihen Kraft, während Vorwurfsaussagen dafür sorgen, daß man in seiner Opferrolle bleibt.

Gefühlsaussagen	Vorwurfsaussagen
Ich bin wütend, daß du mich nicht respektvoll behandelst.	Ich bin wütend, daß du mich so unglücklich machst.
Ich bin wütend und verletzt, daß du mich so behandelst.	Ich bin wütend, daß du mich so verletzt.
Ich bin wütend, daß du bekommst, was du willst, und ich nicht.	Ich bin wütend, weil du mich so eifersüchtig machst.
Ich bin wütend, daß du soviel zu spät gekommen bist und nicht einmal angerufen hast.	Ich bin wütend, daß du mich beunruhigt hast. Ich wußte nicht, was ich tun sollte.
Ich bin verletzt, daß du mich ignoriert hast; andere waren dir wichtiger als ich.	Ich bin verletzt, weil du mir das Gefühl gabst, unwichtig zu sein.
Ich bin traurig, daß du mir kein Geschenk mitgebracht hast.	Ich bin traurig, weil du mir das Gefühl gibst, daß du mich nicht liebst.
Ich habe Angst davor, daß du mich verurteilst.	Ich habe Angst davor, daß du mich verletzt.
Ich bin wütend darüber, daß du mich kritisiert hast; ich habe Angst davor, daß du mich kritisieren wirst.	Ich bin wütend, weil du mir den Tag verdorben hast; ich habe Angst, daß du mir den Tag verderben wirst.
Ich bin wütend, daß du mich hast warten lassen.	Ich bin wütend darüber, daß du mich so wütend machst.
Ich habe Angst davor, mit dir zu reden.	Ich habe Angst davor, daß du mich verunsichern wirst.
Ich fürchte, daß es dich nicht interessiert, was ich dir sagen will.	Ich fürchte, daß du mir das Gefühl gibst, daß ich uninteressant bin.

Gefühlsaussagen	Vorwurfsaussagen
Ich bin verärgert, weil du grob zu mir warst.	Ich bin verärgert, weil du mich so unglücklich machst.
Ich bin verärgert, weil ich nicht weiß, woran ich mit dir bin. Einmal bist du liebevoll, dann wieder distanziert.	Ich bin verärgert, weil du mich so ärgerst.

Es ist in Ordnung, wenn man seine emotionale Reaktion auf das wahrnimmt, was der Partner sagt und tut. Wenn einen der Partner verärgert, muß man seine Gefühle zur Kenntnis nehmen, aber dann muß man auch wieder loslassen. Macht man ständig dem Partner Vorwürfe wegen seiner eigenen Empfindungen, verstört man nicht nur ihn, sondern auch sich selbst. Macht man ihn dafür verantwortlich, wie man sich nach einer Beleidigung fühlt, hindert man sich selbst am Loslassen.

Versöhnlichkeit ist wichtig

Wer versöhnlich ist, kann aufhören, weiter an seinem Schmerz festzuhalten. Versöhnlichkeit macht es möglich, den Schmerz loszulassen. Sie erlaubt es einem, sich wieder besser zu fühlen und wieder Liebe zu finden. Wenn man seine Emotionen spürt und dann fähig ist, sich versöhnlich zu zeigen, findet man auch leichter Lösungen für Probleme. Wer seine Gefühle mit der Absicht des Verzeihens erkundet, neigt weniger dazu, dem Partner die Schuld zu geben.

Auch wenn man zunächst seinem Partner Vorwürfe macht, kann man sich von diesen schließlich lösen, indem man immer wieder die vier heilenden Emotionen mit jemandem erkundet, gegen den man keine Vorbehalte hat, oder indem man seine Gefühle niederschreibt. Äußert man seine Gefühle direkt gegenüber demjenigen, den sie betreffen, dann besteht dabei die Gefahr, daß man zu Vorwurfs- statt Gefühlsaussagen greift. Es ist nicht falsch, seinem Partner seine Gefühle zu sagen, aber man muß hierfür den richtigen Zeitpunkt wählen: Er muß zuhören können, und man sollte möglichst schon zum Verzeihen bereit sein.

———◄○►———

Wenn man seine Gefühle zuerst gegenüber jemandem äußert, gegen den man keine Vorbehalte hat, gelangt man leichter zu einer Haltung des Verzeihens.

———◄○►———

Der Versuch, seine Verzeihung von der Reaktion des anderen abhängig zu machen, ist zum Scheitern verurteilt. Damit beweist man nur, daß man ihm Vorwürfe wegen der eigenen Schmerzen macht, nicht dafür, was er tat oder nicht tat. Man sollte den Partner nicht zwingen, sich verteidigen zu müssen, weil man ihm die Schuld an der Verletztheit zuschiebt, die man selbst empfindet. Dann fällt es ihm viel leichter, zuzuhören und positiv zu reagieren.

Die meisten Kommunikationsbücher betonen, wie wichtig es ist, »Ich-fühle«-Aussagen statt »Du-hast«-Aussagen zu machen. Dies ist durchaus richtig, aber man muß dabei darauf achten, daß auch die »Ich-fühle«-Aussagen nicht vorwurfsvoll sein dürfen, denn sonst kann man damit ungewollt seinen Partner abstoßen.

———◄○►———

»Ich-fühle«-Aussagen können ebenso vorwurfsvoll sein wie »Du-hast«-Aussagen.

———◄○►———

Wenn man sich Zeit dafür nimmt, seine Gefühle zu erforschen und eine versöhnliche Haltung einzunehmen, verschwindet die Neigung, einem anderen die Schuld an den eigenen Gefühlen zu geben. Man muß lernen, seine Gefühle ohne Vorwurfsaussagen auszudrücken, dann ist der Partner viel empfänglicher. Man muß zuerst verzeihen können, bevor man über seine Gefühle, Bedürfnisse und Wünsche spricht, dann agiert man nicht aus einer vorwurfsvollen Haltung.

Die Gefühle ohne Vorwurf mitteilen

Vor allem Frauen haben den Drang, ihre Gefühle mitzuteilen. Sie glauben, wenn sie mit jemandem, der sie liebt, über ihre Gefühle reden, wird dieser sie in Zukunft schützen und unterstützen. Und tatsächlich kann es andere motivieren, einen zu unterstützen, wenn man über seinen Schmerz redet.

———◄○►———

Wenn andere nicht wissen, was man fühlt, können sie auch bestimmte Verhaltensweisen nicht ändern und nicht wissen, welche Unterstützung man braucht.

———◄○►———

Doch davon, *wie* man über seine Gefühle redet, hängt es ab, ob man Gehör findet. Frauen benutzen meist Vorwurfsaussagen, wenn sie über ihre Gefühle reden. Männer nehmen dann schnell eine Abwehrhaltung ein, statt den Schmerz der Frau wahrzunehmen und entsprechend zu reagieren. Sie werden dadurch nicht zum Handeln motiviert, sondern sträuben sich möglicherweise noch mehr gegen eine Veränderung.

Wieder zu einem normalen Umgang finden

Wenn eine Beziehung in die Brüche geht und Kinder da sind, muß man zur Kenntnis nehmen, daß die Beziehung nicht wirklich vorbei ist. Man kann sie nicht beenden, aber man kann sie ändern. Man ist nicht mehr verheiratet, aber man hat nach wie vor seine elterlichen Pflichten, und man muß in einer Weise kommunizieren, die dem früheren Partner nicht das Gefühl gibt, am Pranger zu stehen.

Um wieder zu einem normalen Umgang miteinander zu finden, muß man nicht nur aufhören, sich als Opfer zu fühlen, sondern auch darauf achten, daß man nicht aus einer Opferhaltung kommuniziert. Die meisten Probleme zwischen geschiedenen Eltern entstehen dadurch, daß sie mit Vorwurfsaussagen kommunizieren.

Männer und Frauen streiten über das Geld, über die Verantwortung, die Einhaltung von Versprechen, unterschiedliche Wertvorstellungen, Erziehungsfragen und die Zeit, die sie bei den Kindern verbringen dürfen, aber der tiefere Grund für die Auseinandersetzungen liegt darin, daß sie keine Alternative zu Vorwurfsaussagen kennen. Wenn man sich einige Minuten gestritten hat, beginnt man über die Art und Weise zu streiten, wie man streitet.

Gelingt es aber, unterschiedliche Auffassungen ohne eine vorwurfsvolle Haltung mitzuteilen, dann hat der Partner viel eher ein offenes Ohr. Wenn jeder das Gefühl hat, daß man ihm zuhört, daß er respektiert und nicht nur kritisiert wird, dann sind kreative Lösungen für die Differenzen und Probleme möglich.

Selbst wenn man nicht die richtigen Worte findet, ist der andere bereit, die Gefühle wahrzunehmen und in einer positiven Weise zu reagieren, wenn zum Ausdruck kommt, daß man dem Partner verziehen hat. Ohne entsprechende Kommunikationsfähigkeiten neigt man immer dazu, dem Zuhörer wegen seiner Abwehrhaltung Vorwürfe zu machen, statt zu merken, daß man selbst in einer vorwurfsvollen Weise kommuniziert.

Indem man die Möglichkeit erkennt und nutzt, seine Gefühle zu ändern, kann man sich davon befreien, den Partner dafür verantwortlich zu machen. Solange man sich nicht klarmacht, daß es in der eigenen Macht liegt, negative Gefühle freizusetzen und zu transformieren, gibt man immer dem anderen die Schuld daran, wie man sich selbst fühlt. Man hält an seinem Gefühl des Verletztseins fest, und der Groll wächst.

Im nächsten Kapitel wollen wir uns mit weiteren Herausforderungen beschäftigen, vor denen man steht, bevor man den Heilungsprozeß abschließen kann.

In Liebe Abschied nehmen

Wenn eine Beziehung endet, gibt es nur zwei Möglichkeiten: Entweder die Fähigkeit zu lieben wächst, oder sie nimmt immer mehr ab. Die Herausforderung des Neubeginns besteht darin, den Schmerz mit einer Haltung des Verzeihens, des Verständnisses, der Dankbarkeit und des Vertrauens loszulassen. In dieser Weise voneinander Abschied zu nehmen, bewirkt letztlich eine positive Haltung gegenüber sich selbst, der eigenen Zukunft und der eigenen Vergangenheit. Dies ist leicht gesagt, aber weniger leicht in die Praxis umzusetzen.

Ohne ein entsprechendes Wissen, das für den Heilungsprozeß notwendig ist, gerät man leicht in die verschiedensten unerfreulichen Gefühlszustände. Oft kann man sich davon gar nicht mehr lösen, und diese Haltungen hindern uns daran, wieder ganz lieben zu können. Sie sind ein klarer Hinweis darauf, daß man Heilung braucht.

1. Groll
2. Vorwürfe
3. Gleichgültigkeit
4. Schuldgefühle
5. Unsicherheit
6. Hoffnungslosigkeit
7. Eifersucht und Neid

Diese sieben Haltungen sind das Gegenstück zu den vier heilenden Emotionen. Weder nützt es etwas, sie zu fühlen, noch, sich gegen sie zu sträuben. Je mehr man sie fühlt, desto schmerzlicher werden sie. Sie sind wie ein emotionaler Sumpf: Je heftiger man gegen sie ankämpft, desto tiefer wird man in sie hineingezogen.

———◄○►———

Die sieben negativen Haltungen sind wie ein emotionaler Sumpf: Je heftiger man gegen sie ankämpft, desto tiefer wird man in sie hineingezogen.

———◄○►———

Jede einzelne dieser negativen Haltungen beinhaltet eine bestimmte Botschaft. Wenn man diese Botschaft entgegennimmt, geht der Bote wieder. Wenn man sie nicht hören will, pocht er immer wieder an die Tür. Der Bote geht erst, wenn er sich Gehör verschafft hat. Je mehr man ihn ignoriert, desto lauter wird er klopfen.

Jede der sieben negativen Haltungen ist ein blinkendes Signal, das uns in die Richtung des Schmerzes weist, den wir ignorieren. Wenn die besonderen Umstände unseres Verlustes uns daran hindern, den Schmerz ganz zu fühlen, tauchen diese negativen Haltungen auf und weisen uns darauf hin, wo wir im Heilungsprozeß einen Fehler machen. Wenn es gelingt, den verborgenen Schmerz aufzuspüren und zu heilen, dann verschwinden diese negativen Haltungen ganz von selbst.

———◄○►———

Jede der sieben negativen Haltungen ist ein blinkendes Signal, das uns in die Richtung des Schmerzes weist, den wir ignorieren.

———◄○►———

Die einzige Möglichkeit, sich von den sieben negativen Haltungen zu befreien, ist, ihre Botschaft zu hören.

Groll loslassen

Die häufigste dieser sieben Haltungen ist Groll, der vor allem dann auftritt, wenn die Ehe oder Beziehung nicht liebevoll oder unterstützend war. Man ärgert sich darüber, daß man seine Zeit vergeudet hat, daß die Hoffnungen und Erwartungen enttäuscht wurden. Man hat etwas von sich selbst gegeben, aber man hat nicht zurückbekommen, was man brauchte. Wie sehr man sich auch bemühte, man hat dem Partner einfach nicht genügt. Ein solcher Groll ist gewiß berechtigt, aber er ist zugleich auch ein deutlicher Hinweis darauf, daß man noch nicht bereit ist für eine neue Beziehung.

Wenn man Groll hegt, besteht die größte Herausforderung darin, eine Haltung des Verzeihens und der Liebe einzunehmen. Man hat zwar ein Recht auf seinen Groll, doch jetzt hat man die Aufgabe, sich an die Liebe zu erinnern, die man einst verspürte, und dem ehemaligen Partner seine Fehler zu verzeihen. Wenn man sich die Zeit dafür nimmt, seinen Verlust umfassend zu betrauern, gelingt schließlich die Auflösung des Grolls, und man ist seinem Partner nicht mehr böse.

Um die verschüttete Liebe wieder zum Vorschein zu bringen, muß man möglicherweise zunächst die vier heilenden Emotionen erkunden.

1. Man muß den *Zorn* darüber spüren, daß der Betreffende uns unsere Zeit gestohlen hat, uns betrogen hat und uns die Liebe und die Unterstützung versagt hat, die wir verdient hätten.
2. Man muß die *Trauer* darüber spüren, daß die Beziehung zu Ende ist, daß man niemanden mehr hat, den man lieben kann, daß es nicht geklappt hat.
3. Man muß die *Furcht* fühlen, daß man vielleicht wieder hereinfallen wird, daß man nicht weiß, wie man es anstellen soll, daß eine Beziehung funktioniert.

4. Man muß das *Bedauern* darüber spüren, daß man die Beziehung nicht nachträglich erfolgreich gestalten kann, daß man die verlorene Zeit nicht zurückgewinnen und die Gefühle des Partners nicht ändern kann.

Wenn man dann seine Nachsicht und sein Verständnis spürt, kann man sich wieder an die Liebe erinnern, die man zu Beginn füreinander empfand. Es ist sehr wichtig, sich an diese Liebe zu erinnern. Vergebung ist erst dann »echt«, wenn sie auf den positiven Empfindungen der Liebe zueinander beruht.

Was Verzeihen bedeutet
Manchmal kann man nicht verzeihen, weil man nicht weiß, was dies wirklich bedeutet. Man meint, daß die Beziehung dann vielleicht wieder aufleben müsse, wenn man seinem Partner verziehen hat und ihn wieder liebt. Dies ist aber nicht so. Der beste Abschied ist ein Abschied in Liebe. Man kann durchaus jemanden lieben, der aber nicht der richtige Partner für eine Beziehung ist. Wenn man sagen muß: »Ich liebe dich nicht mehr«, um eine Beziehung zu beenden, dann geht man mit einem verhärteten Herzen. Damit aber ist es schwer, in seinem Leben wieder Liebe anzuziehen.

———◦———

Seinem früheren Partner zu verzeihen, bedeutet nicht, daß man die Beziehung wieder aufnehmen muß.

———◦———

Wenn man dagegen ein offenes Herz hat und auch dem ehemaligen Partner gegenüber Liebe empfindet, kann man in der Zukunft den Richtigen viel leichter erkennen. Man wird dann zu einem Partner hingezogen und zieht selbst einen Partner an, der einem Erfüllung statt Enttäuschung geben kann. Die Fähigkeit, den Richtigen zu finden, kommt von einem offenen

Herzen. Wenn das Herz gegenüber einem bestimmten Menschen verschlossen ist, dann kann es auch nicht gegenüber anderen ganz offen sein. Wenn Erinnerungen an die Vergangenheit das Herz verschließen, dann ist es schwieriger, in der Zukunft die Liebe zu finden, die man sucht. Manchmal findet man sogar einen liebevollen Partner, aber man schätzt ihn nicht.

Vorwürfe loslassen

Oft ist es am Ende einer Beziehung so, daß man einfach seinem ehemaligen Partner die Schuld an den Schwierigkeiten gibt. Man ist erleichtert, daß es zu Ende ist, und man eine neue Chance auf Liebe und Glück hat. Diese Reaktion ist durchaus berechtigt, aber sie ist auch ein klarer Hinweis darauf, daß man noch eine Fülle unaufgelöster Gefühle verleugnet. Wenn man diese Gefühle weiterhin ignoriert, zieht man möglicherweise Partner an, die genau diese unaufgelösten Gefühle wieder zum Vorschein bringen.

◄○►

Erleichterung ist ein klarer Hinweis darauf, daß man noch eine Fülle unaufgelöster Gefühle verleugnet.

◄○►

Männer und Frauen fühlen meist aus unterschiedlichen Gründen Erleichterung. Ein Mann ist erleichtert, wenn er seiner Partnerin die Schuld an den Problemen geben kann, während eine Frau froh ist, daß sie nicht mehr die Verantwortung für die Beziehung tragen muß. Auch wenn bei beiden eine Erleichterung da ist, muß man doch ein wenig tiefer dringen, um seine Seele zu heilen und beim nächsten Versuch den richtigen Partner zu finden.

Der Mann möchte gerne vergessen, was geschehen ist, aber

er hat noch nicht verziehen. Für ihn es ist das nächstliegende, daß er sich eine andere Partnerin sucht. Er hat vielleicht eine durchaus positive Haltung, aber wenn in künftigen Beziehungen ähnliche Probleme auftauchen, ist er gleich wieder mit Vorwürfen zur Hand, und es fällt ihm immer schwerer, Nachsicht zu üben.

Um verzeihen zu können, muß ein Mann sich Klarheit darüber verschaffen, welchen Anteil er selbst an den Problemen in der Beziehung hatte. Je mehr sich ein Mann für seine eigenen Fehler verantwortlich fühlt, desto eher kann er verzeihen. Eine verzeihende und verantwortungsvolle Haltung hilft ihm, in künftigen Beziehungen nicht übertrieben anspruchsvoll zu sein und nicht allzu schnell mit Vorwürfen zu reagieren.

———◦———

Um verzeihen zu können, muß ein Mann sich Klarheit darüber verschaffen, welchen Anteil er selbst an den Problemen in der Beziehung hatte.

———◦———

Wenn eine Frau Erleichterung verspürt, hängt dies mit ihrem Gefühl der Verantwortlichkeit zusammen. Ihre Erleichterung beruht darauf, daß es nun nicht mehr ihre Aufgabe ist, das Funktionieren der Beziehung sicherzustellen. Sie hat das Gefühl, daß sie sich genug geopfert hat und einfach nichts mehr geben kann. In dieser Verfassung muß sie darauf achten, nicht allzu schnell zu verzeihen, weil sie sonst in einen Strudel von Selbstvorwürfen geraten könnte. Wenn eine Beziehung scheitert, neigen Männer eher zu Vorwürfen gegenüber der Partnerin, Frauen eher zu Selbstvorwürfen.

Um vergeben und vergessen zu können, muß eine Frau zunächst herausfinden, welche Auswirkungen die Probleme in der Beziehung auf sie hatten. Verzeiht sie zu schnell, fühlt sie sich möglicherweise schuldig oder wertlos. Sie muß sich

Zeit dafür nehmen, die vier heilenden Emotionen zu erkunden; dann kann sie ihrem Partner verzeihen, ohne sich mit Schuldgefühlen plagen zu müssen.

———◄◦►———

Wenn eine Beziehung scheitert, neigen Männer eher zu Vorwürfen gegenüber der Partnerin, Frauen eher zu Selbstvorwürfen.

———◄◦►———

Gelingt es einer Frau zu verzeihen, ohne sich selbst zuviel Verantwortung für die Probleme zu geben, schafft sie damit die Voraussetzungen, ihren tatsächlichen Anteil an den Problemen in der Beziehung zu erkennen. Eine solche Haltung der Nachsicht und der Verantwortlichkeit verleiht ihr das Selbstbewußtsein, das für den Beginn einer neuen Beziehung notwendig ist. Sie weiß, daß das, was sie in dieser Beziehung erlitt, sich nicht notwendigerweise in der nächsten wiederholen muß.

Ist für eine Frau eine Beziehung gleichbedeutend mit Opfer, dann wird sie einen inneren Widerstand gegen eine neue Beziehung haben. Ist für einen Mann eine frühere Beziehung gleichbedeutend mit Vorwürfen, wird er sich vielleicht weiterhin binden, aber wenn ihm einmal ein kleines Opfer oder ein Kompromiß abverlangt wird, wird er sich sehr schnell zurückziehen.

Fühlt man am Ende einer Beziehung Erleichterung, besteht die Herausforderung darin, trotzdem auf seine Gefühle zu achten. Die Erleichterung beruht zu einem großen Teil darauf, daß man endlich nicht mehr all diese unbehaglichen Gefühle haben muß. Man versucht das Geschehene zu vergessen. Natürlich kann diese Strategie manchmal sinnvoll sein, aber sie ist es nicht am Ende einer Liebesbeziehung.

———⟨○⟩———

Wenn man nicht mehr gezwungen ist, seine
Vergangenheit zu vergessen, um sich besser zu
fühlen, dann ist man auch wieder zu einer neuen
Beziehung bereit.

———⟨○⟩———

Erkundet man bewußt seine Emotionen unter den oberfläch-
lichen Empfindungen der Erleichterung, wird man nach und
nach ein ganzes Spektrum unbewältigter Gefühle entdecken.
Auch wenn man froh ist, vergessen und einen Neuanfang
machen zu können, sollte man es doch nicht versäumen, die
ganze Erfahrung nochmals durchzuerleben und alle vier heilenden Emotionen zu fühlen. Wenn man nicht mehr gezwungen ist, seine Vergangenheit zu vergessen, um sich besser zu
fühlen, dann ist man auch wieder zu einer neuen Beziehung
bereit.

Gleichgültigkeit loslassen

Läßt man sich von einer Trennung nur oberflächlich berühren,
läuft man Gefahr, allzu gleichgültig zu werden. Indem man
versucht, das Ereignis vor allem über den Verstand zu bewältigen, unterdrückt man möglicherweise seine Empfindung des
Verlustes. Weil sich der Verstand schneller anpaßt als das
Herz, liegt auch in einer »vernünftigen« Trennung immer ein
Problem. Wenn zwei Menschen »einvernehmlich« beschließen, ihre Liebesbeziehung oder Ehe zu beenden, sind sie in
ihrem Herzen vielleicht immer noch miteinander verbunden.
  Nach dem Ende einer Beziehung hofft man immer, daß es
eine vernünftige Entscheidung war, aber es ist trotzdem nötig, sein Bedauern zu spüren. Nach der Entscheidung zu
einer Trennung muß man es zulassen, daß man wiederkeh-

rende Wellen widersprüchlicher Emotionen spürt. Andernfalls könnte man den Kontakt zu seinem inneren Bedürfnis verlieren, zu lieben und geliebt zu werden.

Selbst wenn es einem nach der Trennung besser geht, muß man sich trotzdem Zeit dafür nehmen, den Verlust zu betrauern. Man muß erkennen, daß etwas in einem selbst doch hoffte, daß diese Beziehung Bestand haben würde. Auf diesen Teil von einem selbst muß man immer wieder hören, bis die Seele geheilt ist.

———◄○►———

Es kann schwierig sein, die vier heilenden Emotionen zu fühlen, wenn eine Trennung die beste Lösung war.

———◄○►———

Wird eine Beziehung aus Vernunft beendet, muß man sich darüber im klaren sein, daß die Gefühle dem nicht so schnell folgen können. Es ist gut, den Verlust zu bedauern und traurig zu sein, selbst wenn dies die beste Lösung war. Wenn sich Empfindungen des Verlustes nicht von selbst einstellen, muß man aktiv nach ihnen suchen.

Dies erreicht man zum Beispiel, indem man an die Hoffnungen und Träume zurückdenkt, die zu Beginn der Beziehung bestanden. Wenn man diese wahrnimmt, setzt auch die Trauer über die Trennung ein. Dann kann man darüber nachdenken, was entgegen dem eigenen Willen geschehen ist, und dann Empfindungen des Zorns, dann solche des Verzeihens erkunden. Man muß seine Besorgnis fühlen, daß man vielleicht einen großen Fehler begeht, und seinen Kummer darüber, daß man es nicht geschafft hat. Es ist ganz in Ordnung, wenn man noch einige Zeit immer wieder den Wunsch verspürt, es noch einmal zu versuchen. Dies gehört zum Prozeß des Loslassens. Daß man diese Gefühle hat, bedeutet nicht, daß man diesen Gefühlen gehorchen und alles rückgängig machen sollte. Das Gefühl der Sehnsucht und der Verzweif-

lung darf in keinem Fall Anlaß zu Überlegungen werden, es
doch noch einmal zu versuchen.

———◄○►———

*Durch die Erkundung seiner Gefühle der
Verbundenheit kann man schließlich loslassen,
ohne sich von seinen Gefühlen abzutrennen.*

———◄○►———

Mit seinen Empfindungen des Verlustes – auch wenn man verstandesmäßig keinerlei Bindung mehr hat – in Kontakt zu
bleiben, ermöglicht es, sein Herz offenzuhalten. Eine nüch-
terne oder rein verstandesmäßige Trennung kann leicht einen
verdeckenden Schleier über ein ganzes Leben voller verborgener Schmerzen, Enttäuschungen und Trauer legen. Wenn
man den Weg zu seinen Empfindungen des Verlustes nicht
findet, sollte man auf einen anderen Verlust in seinem Leben
zurückblicken. Irgendwo in Ihrer Vergangenheit ist etwas geschehen, das Ihre Fähigkeit blockiert, Ihr Bedürfnis nach
Liebe ganz zu spüren.

———◄○►———

*Eine rein verstandesmäßige Trennung kann leicht
einen verdeckenden Schleier über ein ganzes Leben
voller verborgener Schmerzen, Enttäuschungen und
Trauer legen.*

———◄○►———

Gehen Sie in Ihrer Biographie zurück, und denken Sie an eine
Zeit, als Sie jung waren, aber stark sein mußten, eine Zeit, in
der Sie ganz auf sich selbst angewiesen waren, in der Sie nicht
den Mut hatten, über Ihren Schmerz zu sprechen und deshalb
die vernünftige Entscheidung fällten, ihn für sich zu behalten,
bis Sie ihn gefahrlos würden äußern können. Genau hierfür
ist jetzt die Zeit. Indem Sie Kontakt mit allen vier Ebenen

aufnehmen und dann Ihr Verzeihen und Ihre Liebe ganz fühlen, schaffen Sie die besten Voraussetzungen für einen Neuanfang.

Schuldgefühle loslassen

Am Ende einer Beziehung kann man zwei verschiedene Arten von Schuldgefühlen haben. Man kann sich schuldig fühlen, weil man in verschiedenster Weise seinen Partner verletzt und enttäuscht hat, und man kann sich schuldig fühlen, weil man die Beziehung beendet. Man hat ja seine Liebe versprochen, und dieses Versprechen bricht man jetzt. Die Lösung für beide Formen von Schuldgefühlen ist dieselbe: Sie müssen sich selbst verzeihen.

Es ist eine normale Reaktion, daß man sich nach einem Fehler schuldig fühlt, aber es ist nicht gesund, wenn diese Schuldgefühle bleiben, nachdem man seinen Fehler eingesehen hat. Schuldgefühle vergiften die Seele, wenn man sie endlos mit sich herumschleppt, wenn sie einen an einer positiven Einstellung gegenüber sich selbst und dem Leben hindern.

Wie manche Menschen nach erlittenem Unrecht darauf beharren, sich verletzt zu fühlen, so beharren andere auf Schuldgefühlen wegen Dingen, die sie getan oder unterlassen haben. Sich verletzt und sich schuldig zu fühlen, geht immer Hand in Hand, und das Gegenmittel gegen beides ist Nachsicht. Um seinen Schmerz aufzulösen, muß man einem anderen Menschen verzeihen. Um sich von seinen Schuldgefühlen zu befreien, muß man sich selbst verzeihen.

——◦——

Wenn man nicht gelernt hat, anderen zu vergeben,
fällt es auch schwer, sich selbst zu vergeben.

——◦——

Wenn man sich nach dem Ende einer Beziehung schuldig fühlt, ist dies ein deutliches Zeichen dafür, daß man seine Seele noch nicht geheilt hat. Oft kann man sich selbst erst dann vergeben, wenn man das Gefühl hat, daß einem auch andere vergeben können. Es ist nicht notwendig, daß einem der ehemalige Partner verzeiht. Es wäre eine unnötige Einschränkung zu glauben, man brauche die Vergebung des oder der »Verflossenen«, um wieder eine positive Einstellung gegenüber sich selbst haben zu können. Hilfreich ist es, einen ausführlichen Entschuldigungsbrief zu schreiben, indem man über seinen Fehler spricht und hofft, daß der Partner einem eines Tages verzeihen kann. Bis dahin läßt man sich am besten von einem Therapeuten oder einer Unterstützungsgruppe helfen, wo man über alle seine Schuldgefühle sprechen kann. Deren urteilsfreie und verständnisvolle Reaktion hilft, sich selbst zu verzeihen.

————◄○►————

Sich selbst zu verzeihen hängt nicht davon ab,
daß einem andere verzeihen.

————◄○►————

Wenn Klienten Schuldgefühle haben, weil sie einen Partner verlassen haben, wurden sie meist selbst schon einmal verlassen. Sie kennen den Schmerz der Zurückweisung aus eigener Erfahrung, weshalb sie sich besonders schuldig fühlen, wenn sie anderen diesen Schmerz zufügen. Tauchen solche Schuldgefühle auf, dann deshalb, weil der eigene Schmerz des Verlassenseins noch nicht aufgelöst ist.

Kann man es sich selbst nicht verzeihen, einem anderen weh getan zu haben, dann ist dies ein deutlicher Hinweis darauf, daß man die vier heilenden Emotionen noch nicht freigesetzt und die alte Verletzung noch nicht durch Nachsicht aufgelöst hat. Hat man Schuldgefühle, weil man einen Partner verlassen hat, dann sollte man sich an Zeiten in der eigenen Vergangenheit erinnern, als man selbst verlassen oder verletzt wurde.

———◄○►———

Wenn man denen verzeiht, die einen verletzt haben,
ist man fähig, es sich selbst zu verzeihen, daß man
andere verletzt hat.

———◄○►———

Manche Menschen können ihre Schuldgefühle nicht loslassen, denn sie glauben, daß sie schlechte Menschen seien und sich schuldig fühlen müssen, weil sie einen Partner verlassen haben, der sich verletzt, betrogen oder im Stich gelassen fühlt. Dies ist aber eine falsche Auffassung. Wenn man feststellt, daß eine Beziehung für einen selbst nicht richtig ist, dann kann sie auch nicht für den Partner richtig sein. Das größte Geschenk, das man jemandem machen kann, ist die Gelegenheit, wirkliche Liebe zu finden. Wenn man in einer Beziehung nicht bekommt, was man braucht, dann kann man dem Partner auch nicht geben, was er braucht. Nur wenn man den Betreffenden verläßt, gibt man ihm die Freiheit, die für ihn richtige Liebe zu finden.

Manchmal hat man auch dann Schuldgefühle, wenn man selbst das Opfer ist. Man glaubt, mit seinem Partner Mitleid haben zu müssen, während man jedoch traurig sein müßte, weil man selbst verletzt wurde. Eine solche Neigung zu Schuldgefühlen resultiert aus der Unterdrückung der vier heilenden Emotionen.

Es gibt vier Möglichkeiten, wie die Seele emotionale Reaktionen unterdrückt, so daß man unter Schuldgefühlen leidet, weil man einen Partner verlassen hat. Dies sind Verleugnung, Rechtfertigung, Rationalisierung und Selbstvorwürfe. Betrachten wir sie im einzelnen.

116

VERLEUGNUNG
Man redet sich ein, daß man von seinem Partner nicht wirklich schlecht behandelt wurde. Man ignoriert, was geschehen ist. Um sich aus dieser Verleugnung lösen zu können, muß man seinen Zorn spüren. Zorn macht deutlich – was man sonst vielleicht übersehen würde –, daß etwas geschehen ist, was man nicht wollte.

RECHTFERTIGUNG
Man versucht das Vorgefallene zu rechtfertigen, indem man Entschuldigungen für seinen Partner sucht. Man sagt vielleicht:»Nun, er wollte es eigentlich nicht.« Um sich aus solchen Rechtfertigungen lösen zu können, muß man seine Trauer fühlen. Trauer macht deutlich, was hätte geschehen sollen, aber nicht geschehen ist. Trauer erinnert an das, was man nicht bekommt, und lenkt von der Beschäftigung mit den Gründen ab, warum einem der Betreffende keine Unterstützung gegeben hat.

RATIONALISIERUNG
Man redet sich ein, daß das Geschehene aus den verschiedensten Gründen nicht so schlimm ist. Man sagt vielleicht:»Es könnte noch viel schlimmer sein.« Um sich von Rationalisierung lösen zu können, muß man seine Angst spüren, daß man niemals bekommen könnte, was man möchte und braucht. Diese Angst läßt erkennen, was hätte geschehen können, wovon man wollte, daß es nicht geschieht. Sie hilft zu erkennen, was für einen selbst wichtig ist, statt für den Partner.

SELBSTVORWÜRFE
Man macht sich Selbstvorwürfe, weil man unerwünschtes Verhalten provoziert hat. Man sagt vielleicht:»Wenn ich anders mit ihm umgegangen wäre, dann hätte er vielleicht nicht...« oder:»Sie hat zwar dieses getan, aber ich habe jenes getan.« Um sich aus Selbstvorwürfen lösen zu können,

117

muß man sein Bedauern spüren. Bedauern hilft zu erkennen, was man nicht ändern kann. Indem man seine Machtlosigkeit spürt, seinen Partner zu ändern, befreit man sich auch von der Vorstellung, daß man selbst für das Verhalten des Partners verantwortlich sei.

Wenn man von diesen vier Neigungen daran gehindert wird, seine negativen Emotionen zu spüren, dann stellen sie ein Problem dar. Indem man sich die Zeit dafür nimmt, seine negativen Empfindungen zu erkunden, kann man die tatsächliche Situation klar erkennen. Dann kann man ohne Schuldgefühle die Entscheidung treffen, eine Beziehung zu beenden.

Es hat überhaupt nichts mit Liebe zu tun, wenn man es zuläßt, von einem anderen verletzt zu werden. Wenn man nicht bekommt, was man braucht, dann ist es das liebevollste Verhalten, eine Beziehung zu beenden. Entdeckt man, daß der Partner nicht der Richtige ist, dann ist es an der Zeit, seiner Wege zu gehen. Statt die Beziehung deshalb zu beenden, weil der Partner Mängel hat oder weil man von ihm ausgenützt wird, sollte man die Beziehung mit der klaren Erkenntnis beenden, daß er einfach nicht der Richtige für einen ist.

Unsicherheit loslassen

Wenn eine Beziehung endet, klammert man sich manchmal an die Hoffnung auf eine Versöhnung, um so besser mit seinen Ängsten und seiner Verunsicherung fertig zu werden. Dies schützt davor, sich mit seinen Ängsten auseinanderzusetzen und die Schwere des Verlusts fühlen zu müssen. Solange man glaubt, daß es einen Weg zurück gibt, braucht man nicht über einen Neuanfang nachzudenken. Die Hoffnung, daß es doch eine gemeinsame Zukunft geben könnte, ist vielleicht erst mal erleichternd, sie verhindert aber einen Abschluß des Heilungsprozesses. Man versperrt sich damit die Möglichkeit, sich mit seinen Ängsten auseinanderzusetzen und von seiner Unsicherheit zu befreien.

Selbst wenn es tatsächlich eine Hoffnung auf Versöhnung gibt, öffnet sich diese Tür am ehesten dann, wenn man zunächst einmal akzeptiert, daß diese Tür in diesem Augenblick nicht nur verschlossen, sondern fest verriegelt ist. Man muß alle Hoffnung fahren lassen, um seinen Schmerz ganz zu fühlen und ganz loslassen zu können. Dies ist das Beste, was man für sich selbst tun kann, und nur dann läßt sich die Tür zur Wiederversöhnung vielleicht wieder entriegeln.

———◄○►———

Hält man an seiner Verletztheit fest,
kann dies einen Partner leicht davon abhalten,
über eine eventuelle Rückkehr nachzudenken.

———◄○►———

Sobald eine Beziehung beendet ist, kann sie nur auf einer neuen Grundlage des Verständnisses und des Verzeihens wiederaufgebaut werden. Solange man sich nicht von seinem Schmerz lösen kann, hat man seinem Partner noch nicht vollständig verziehen. Wenn man an seinem Verletztsein festhält, kann dies dazu führen, daß der Partner weiterhin Schuldgefühle hat, und dies macht es für ihn nur noch schwieriger, die Möglichkeit einer Rückkehr zu erwägen.

Wenn es zu einer Versöhnung kommen soll, müssen beide Partner sich in irgendeiner Weise ändern. Indem man das Ende einer Beziehung umfassend betrauert, gibt dies schließlich die Möglichkeit, sich aus einer Haltung des Verzeihens, des Verstehens und der Dankbarkeit von seinem Schmerz zu befreien. Dadurch wird man innerlich stärker und erwirbt das Vertrauen, daß man die Liebe bekommen kann, die man braucht.

Mit diesem neuen, befreiten Bewußtsein ist man nicht mehr so extrem anhänglich, verzweifelt, ängstlich oder unsicher. Mit einer solchen gesunden geistigen und seelischen

Verfassung kann man den Partner zurückgewinnen oder endgültig erkennen, daß er nicht der Richtige ist. Indem man das Ende einer Beziehung erfolgreich betrauert, schafft man damit die Voraussetzungen entweder für eine Wiederversöhnung oder aber eine neue und bessere Beziehung.

Hoffnungslosigkeit loslassen

Oft bleiben Menschen, die mißbraucht, vernachlässigt, getäuscht oder betrogen wurden, auch nach dem Ende einer Beziehung in ihrer Opferrolle. Aber wenn eine solche Beziehung zu Ende ist, hat man endlich die Chance zu bekommen, was man braucht. Man ist kein Opfer mehr, sondern man hat jetzt sein Schicksal selbst in Händen.

Oft weiß man verstandesmäßig, daß man kein Opfer mehr ist, aber man fühlt sich immer noch so. Deshalb glaubt man auch nicht daran, daß man jemals bekommen könnte, was man verdient. Wenn man nicht lernt, sich von dieser Hoffnungslosigkeit zu befreien, gelangt man auch niemals zu dem Punkt, an dem man die richtigen Entscheidungen treffen kann, um Liebe zu bekommen.

———◄○►———

Auch wenn man Maßnahmen ergriffen hat,
um sich zu schützen, fühlt man sich manchmal
immer noch als Opfer.

———◄○►———

Diese Tendenz, sich als Opfer zu fühlen, ist verständlich, aber es ist natürlich nicht gesund, und darum muß man sich bei der Heilung seines Schmerzes helfen lassen. Das Gefühl der Hoffnungslosigkeit ist ein deutlicher Hinweis darauf, daß im Innern viele Schichten unaufgelöster Schmerzen liegen. Die Aufgabe lautet jetzt, diesen Schmerz zu heilen und die Fähigkeit wiederzugewinnen, anderen zu vertrauen. Wenn man aber nicht weiß, wie man solchen Schmerz auflöst, kann diese Haltung so stark sein, daß man für den Rest seines Lebens glaubt, immer noch Opfer seiner Vergangenheit zu sein. Nachfolgend einige Beispiele für eine ungesunde Opferhaltung:

Weil dies geschehen ist,
▷ werde ich nie wieder glücklich sein.
▷ ist mein ganzes Leben ruiniert.
▷ habe ich mein Leben vergeudet.
▷ werde ich nie wieder lieben können.
▷ werde ich nie wieder jemandem vertrauen können.
▷ kann ich mich nicht zu einem Neubeginn aufraffen.
▷ habe ich keine Lust mehr, jemanden zu lieben.
▷ bin ich zu verbittert, um jemals wieder lieben zu können.
▷ habe ich nichts mehr, was ich geben könnte.
▷ bin ich heute noch unglücklich.
▷ bin ich jetzt allein und werde nie mehr geliebt werden.
▷ wird der Groll über das Geschehene immer in mir bleiben.
▷ habe ich die besten Jahre meines Lebens vergeudet.

Statt sich aber durch solche Überzeugungen beschränken zu lassen, kann man sie auch als Sprungbrett in das Gewässer der eigenen unaufgelösten Gefühle nutzen. Wenn man zum Beispiel glaubt, daß man nie mehr lieben wird, sollte man dieses Gefühl sorgfältig erkunden und prüfen, ob man schon einmal in seinem Leben ähnliche Befürchtungen hatte.

———◄◦►———

Man kann seine negativen Überzeugungen als
Suchscheinwerfer benutzen, um die nicht
aufgelösten Gefühle in den Tiefen des eigenen
Unbewußten zu entdecken.

———◄◦►———

Es ist durchaus verständlich, daß man während des Heilungsprozesses solche Überzeugungen hat, aber es muß das Ziel
bleiben, sich von falschen Auffassungen zu befreien. Hat man
seine eigenen Opfer-Vorstellungen erst einmal entdeckt, kann
man darangehen, die damit verbundenen negativen Emotionen zu verarbeiten.

Solange man die Vergangenheit für seine Schmerzen verantwortlich macht, hat der Schmerz, den man jetzt fühlt, alles
mit der Vergangenheit und nichts mit der gegenwärtigen
Wirklichkeit zu tun. Durch den unaufgelösten Schmerz der
Vergangenheit wird man daran gehindert, die Möglichkeiten
der Gegenwart ganz zu erfahren. Erst dann, wenn die Seele
geheilt ist, gewinnt man wieder Zugang zu seiner inneren
Fähigkeit, ein neues Leben zu beginnen. Andernfalls wird
man in unterschiedlichem Maße immer die Schmerzen der
Vergangenheit leiden. Solange man sich als Opfer fühlt, kann
man nicht wirklich Herr seines Lebens sein.

Eifersucht und Neid loslassen

Am Ende einer Ehe oder Beziehung, reagiert man manchmal
mit Eifersucht. Eifersucht hindert uns aber daran, am Glück
anderer teilzuhaben. Sie blockiert die Liebesfähigkeit, und
man muß sie klar erkennen, um sie heilen zu können.

Eifersucht und Neid haben viele Gesichter. Nachfolgend
einige Beispiele:

▷ Man stellt fest, daß der ehemalige Partner glücklich ist
oder es sich gutgehen läßt. Man reagiert darauf gereizt
oder verärgert. Dieser Ärger ist das Zeichen für *Eifersucht.*

▷ Wenn die Kinder oder andere Menschen etwas Gutes über
den ehemaligen Partner sagen, hört man dies nicht gern.
Dieses Unbehagen entsteht durch *Neid.*

▷ Wenn man sich vorstellt, daß der ehemalige Partner jemand anderen liebt und mit diesem glücklich ist, fühlt man sich ausgeschlossen und verletzt. Der Grund hierfür ist *Eifersucht.*

▷ Man ärgert sich über das Glück des früheren Partners und freut sich über sein Unglück. Diese Schadenfreude und dieser Ärger haben ihre Wurzeln in *Eifersucht.*

▷ Wenn man ein Liebespaar sieht, denkt man gleich: Das hält nicht. Diese zynische Haltung kommt von *Neid.*

Eifersucht kann einem in vielerlei Weise das Leben schwer machen, man sollte sie also besser loswerden. Spürt man Eifersucht, ist dies ein deutlicher Hinweis darauf, daß man die unterschiedlichsten unerfüllten Sehnsüchte leugnet und seine eigenen nicht aufgelösten Gefühle ignoriert.

----◄◦►----

Wenn man eifersüchtig ist, ärgert man sich über das Glück des früheren Partners und freut sich über sein Unglück.

----◄◦►----

Eifersucht entsteht, wenn ein anderer etwas hat, was man selbst haben möchte. Statt zu sagen:»Ja, das möchte ich auch!« ärgert man sich darüber, daß die anderen es haben und man selbst nicht. Neid entsteht, wenn man sich einredet, daß man mit demjenigen glücklich ist, was man hat, während dies in Wirklichkeit nicht der Fall ist und man mehr will. Er ist ein Wegweiser, der uns zu entdecken hilft, was wir vor uns selbst verbergen. Wenn ich auf den Erfolg eines anderen neidisch bin, dann möchte ich selbst mehr Erfolg. Bin ich neidisch, weil einem anderen Liebe oder Anerkennung zuteil werden, dann möchte ich selbst auch geliebt werden. Eifersucht und Neid enthüllen die eigenen geheimen Wünsche.

Will man etwas haben und ist man davon überzeugt, daß

man es nicht bekommt, kann man den Wunsch herunterspielen oder überhaupt leugnen. Man sagt sich: »Wenn ich es nicht haben kann, dann ist es nicht so wichtig. Ich wollte es sowieso nicht.« Wenn ein verborgener Teil von einem selbst es trotzdem will und jemand anderes es bekommt, dann ist man eifersüchtig.

Die Unfähigkeit, sich über das Glück und den Erfolg anderer Menschen mitzufreuen, schmälert die Chancen, selbst Glück und Erfüllung zu finden. Solange man eifersüchtig oder neidisch ist, hält man gerade das von sich fern, was man am dringendsten haben möchte. Neid ist ein deutliches Anzeichen dafür, daß man nicht glaubt, das bekommen zu können, was man im Leben will.

———◦———

Solange man eifersüchtig ist, hält man gerade das von sich fern, was man am dringendsten haben möchte.

———◦———

Eifersucht ist einer der quälendsten emotionalen Zustände. Wie bei den übrigen sechs negativen Haltungen gilt auch für sie, daß sie um so schmerzlicher ist, je stärker man sie fühlt. Im Gegensatz zu den heilenden Emotionen Zorn, Trauer, Furcht und Bedauern verschwinden die negativen Haltungen nicht einfach deshalb, weil man sie fühlt.

Leiser Neid sagt: »Du hast, was ich auch gerne hätte«, während schmerzliche Eifersucht sagt: »Du hast, was ich möchte, und ich leide, weil ich es nicht habe.« Neid ist letztlich ein sehr guter Führer, der uns zeigt, wo man in sich selbst an seinen Gefühlen arbeiten und wo man seinen Schmerz auflösen muß. Wenn man sich mit diesen tieferen Empfindungen nicht auseinandersetzt und sie nicht heilt, behindert man dadurch gerade jene Liebe, jenes Glück und jenen Erfolg, den man so sehr ersehnt.

Statt Knecht seiner Eifersucht zu sein, kann man die negative Haltung dafür einsetzen, um seine tieferen heilenden Emotionen zu spüren. Nehmen wir einmal an, daß Sie eifersüchtig sind, weil Ihr früherer Partner wieder geheiratet hat. Statt nun eifersüchtig, verärgert oder kritisch zu sein, könnten Sie die nachfolgenden Gefühle erkunden oder aufschreiben.

Eine Erkundung von Gefühlen, die Eifersucht zugrunde liegen

BEFÜRCHTUNGEN
Ich fürchte,
▷ daß ich nicht den Richtigen finden werde.
▷ daß ich nicht das Richtige tue.
▷ daß ich nicht gut genug bin.
▷ daß andere glauben, daß ich das Problem in der Ehe war.
▷ daß ich nicht weiß, wie ich eine neue Liebe finden kann.
▷ daß ich einen großen Fehler mache.
▷ daß mich niemand haben will.

TRAUER
Ich bin traurig,
▷ daß ich nicht wieder heiraten werde.
▷ daß ich in meinem Leben nicht so glücklich bin.
▷ daß meine Ehe gescheitert ist.
▷ daß niemand mich mag.
▷ daß ich jetzt nicht glücklich bin.
▷ daß ich immer noch unverheiratet bin.
▷ daß ich noch niemanden gefunden habe.

ZORN
Ich bin wütend,
▷ daß ich immer noch allein bin.
▷ daß unsere Ehe in die Brüche gegangen ist.
▷ daß sie glücklich sind und ich nicht.

▷ daß ich immer noch auf die Liebe warte.
▷ daß ich von vorn beginnen muß.
▷ daß sie die Aufmerksamkeit haben und nicht ich.
▷ daß er/sie nicht so offen war, solange wir verheiratet waren.

BEDAUERN
Ich bedauere es,
▷ daß ich mich nicht für sie freuen kann.
▷ daß ich der Liebe nicht vertrauen kann.
▷ daß unsere Ehe scheiterte.
▷ daß ich nicht derjenige bin, der wieder heiratet.
▷ daß ich nicht den Richtigen finden kann.
▷ daß ich niemanden finden kann, der mich so liebt.

ABSICHTEN
▷ Ich möchte wieder heiraten.
▷ Ich möchte der Liebe begegnen.
▷ Ich möchte meinem früheren Partner verzeihen.
▷ Ich möchte nicht so kritisch und eifersüchtig sein.
▷ Ich möchte wieder lieben.
▷ Ich möchte Vertrauen in die Liebe haben.
▷ Ich möchte wieder glücklich sein.

POSITIVE EMPFINDUNGEN DER NACHSICHT, DES VERSTÄNDNISSES,
DER DANKBARKEIT UND DES VERTRAUENS.
▷ Ich verzeihe meinem früheren Partner, daß er mir weh tat.
▷ Ich verzeihe ihm, daß er mich betrog.
▷ Ich verzeihe ihm, daß er sich geändert hat und mich nicht mehr liebt.
▷ Ich verzeihe auch all meinen Freunden, daß sie ihn mögen.
▷ Ich sehe ein, daß er es verdient hat, glücklich zu sein.
▷ Ich sehe ein, daß wir einfach nicht füreinander bestimmt waren.
▷ Ich bin dankbar für die Möglichkeit, der Liebe wieder zu begegnen.

▷ Ich bin dankbar für die Liebe, die ich jetzt schon in meinem Leben habe.
▷ Ich bin dankbar für meine Freunde und Verwandten.
▷ Ich bin überzeugt, daß ich der Liebe wieder begegnen werde.
▷ Ich bin überzeugt, daß ich bald alles bekommen werde, was ich brauche.
▷ Ich bin überzeugt, daß ich die Liebe bekomme, die ich möchte.

An diesem Beispiel können Sie nachvollziehen, wie man sich von seinen Empfindungen der Eifersucht löst und etwas mehr in die Tiefe geht, um auch die versteckten Emotionen zu spüren. Nach der Erkundung der negativen Gefühle können auch die tieferliegenden positiven Gefühle wieder an die Oberfläche kommen.

Sich von seiner Vergangenheit heilen

Statt sich durch die sieben negativen Haltungen einschränken zu lassen, kann man sie dazu nutzen, die unaufgelösten Gefühle in seinem Herzen zu entdecken und zu heilen. Solange man sich von einer dieser sieben Haltungen nicht lösen kann, ist man noch nicht bereit für eine neue Beziehung. Um die grenzenlosen Möglichkeiten der Liebe und des Glücks zu erfahren, die man in sich trägt, muß man erst die Wunden der Vergangenheit heilen. Wenn man seine Schmerzen auflösen kann, ist man auch wieder offen, die positiven Möglichkeiten zu erfahren, die konkret bestehen.

Kann man sich schließlich über das Ende einer Beziehung freuen und dankbar für das sein, was man dabei gelernt hat, dann hat man seine Seele wirklich geheilt. Wurde man in einer Beziehung mißhandelt, dann ist man natürlich nicht für die Mißhandlung dankbar, wohl aber für die Kraft und Weisheit, die man durch das Loslassen und durch die aktive Heilung seines Herzens gewonnen hat.

Im nächsten Kapitel wollen wir uns ausführlicher mit der Dynamik des Loslassens von seinen Schmerzen und seiner Gekränktheit befassen.

Verletzungen loslassen

Von allen möglichen Verlusten ist eine Scheidung am schwierigsten zu betrauern, schwieriger noch als der Tod eines Ehepartners. Wenn der Partner stirbt, muß man einfach akzeptieren, daß nichts ihn zurückbringen kann. Dieser Abschied ist endgültig. Man weiß unwiderruflich, daß man auf seine Liebe und Unterstützung nicht mehr zählen kann. Indem man diese Realität akzeptiert, kann man den Verlust umfassend betrauern.

Der geschiedene Partner dagegen lebt noch, und man fühlt sich weiterhin verletzt. Man hegt Groll über die Art, wie er einen behandelt, oder man ist eifersüchtig auf die Liebe und Unterstützung, die er jetzt von jemand anderem bekommt. Man macht ihm Vorwürfe, daß er zuwenig Unterstützung gewährt, oder man ärgert sich darüber, daß man sich immer noch mit ihm auseinandersetzen muß. Hier ist es viel schwieriger, über den Verlust zu trauern.

———◄○►———

Solange man das Gefühl hat, schlecht behandelt zu werden, solange fühlt man sich weiterhin verletzt.

———◄○►———

Sich gekränkt zu fühlen ist ein Zeichen dafür, daß man innerlich noch immer auf die emotionale Unterstützung seines ehemaligen Ehepartners angewiesen ist. Wenn man zum Beispiel von einem Fremden grob behandelt wird, berührt einen dies viel weniger, als wenn der Ehepartner grob war. Denn gegenüber einem Fremden hat man natürlich andere Erwartungen. Nach einer Scheidung dauert es einige Zeit, bis man seine Erwartungen von der Ebene des Ehepartners auf die Ebene des »ehemaligen Partners« verlagert hat. Jahrelang hat man gegeben, und man hat erwartet, dafür Liebe und Unterstützung zurückzubekommen. Wenn man aber nicht erhalten hat, was man verdiente, hat ein Teil von einem selbst immer noch diese Erwartungshaltung. Tief in seinem Innern meint man immer noch, daß der andere einem etwas schuldet. Solange man seine Abhängigkeit von ihm nicht aufgibt, fühlt man sich von ihm auch verletzt.

———◄○►———

Wenn man sich nach einer Trennung verletzt
fühlt, ist dies ein Zeichen dafür, daß man
immer noch von der emotionalen
Unterstützung des ehemaligen Partners
abhängig ist.

———◄○►———

Verletzt zu sein verursacht nicht nur Mißbehagen, sondern ist auch ein deutliches Zeichen dafür, daß man Liebe und Unterstützung in der falschen Richtung sucht. Solange man an einer Kränkung festhält, verpaßt man immer wieder vorhandene Möglichkeiten, die Liebe und Unterstützung zu erhalten, die man braucht.

Eine Kränkung loszulassen macht frei für einen Neubeginn, durch den man die Liebe finden kann, die man braucht und verdient hat. Solange man weiter emotionale Unterstützung durch seinen Partner erwartet, heilt man seine Kränkung nicht, sondern verschärft sie nur. Eine solche Abhängigkeit ist in Ordnung, solange die entsprechende Unterstützung besteht. Wenn aber die Liebe und Unterstützung des Partners wegfallen, muß man sich von seiner Abhängigkeit lösen.

Einen gebrochenen Knochen kann man nur heilen, wenn man überhaupt erst einmal anerkennt, daß er gebrochen ist. Wenn man weiterhin gefühlsmäßig von seinem Partner abhängig bleibt, leugnet man den Bruch. Man verlängert nur seine Empfindungen des Verlustes und leugnet die Trauer darüber, daß man von seinem Partner nicht mehr bekommen kann, was man braucht. Dies schafft vielleicht vorübergehende Erleichterung, aber schließlich beginnt man sich darüber zu ärgern, daß der Partner nicht tut, was man von ihm erwartet. Wenn die eigenen Erwartungen nicht erfüllt werden und man gekränkt ist, fühlt man sich als Opfer. Und so wird man sich fühlen, solange man glaubt, daß der Partner dem eigenen Glück im Wege steht. Indem man sich aber bewußt macht, wie man selbst die Voraussetzungen für sein Gekränktsein schafft, kann man sich von einer solchen Haltung auch wieder befreien. Nachfolgend einige Beispiele für Empfindungen des Gekränktseins und das verborgene Opferdenken, das diese Kränkung fortbestehen läßt.

Empfindungen des Gekränktseins und Opferhaltung

Kränkung	Opferhaltung
Ich bin darüber gekränkt, daß du nicht mehr Anstrengungen unternommen hast, unsere Partnerschaft zu retten.	Wenn du gewollt hättest, könnte ich jetzt glücklich sein.
Ich bin darüber gekränkt, daß du nicht versucht hast, dir helfen zu lassen.	Wenn du dir hättest helfen lassen, könnte ich jetzt glücklich sein.
Ich bin darüber gekränkt, daß du dich nicht um meinetwillen geändert hast.	Wenn du dich geändert hättest, könnte ich jetzt glücklich sein.

Kränkung	Opferhaltung
Ich bin darüber gekränkt, daß ich dir gleichgültig war.	Wenn du dich um meine Bedürfnisse gekümmert hättest, könnte ich jetzt glücklich sein.
Ich bin darüber gekränkt, daß du dich so sehr verändert hast.	Wenn du wieder so wärst wie früher, könnte ich jetzt glücklich sein.
Ich bin darüber gekränkt, daß du mich zurückgewiesen hast.	Wenn du mich wieder lieben würdest, könnte ich jetzt glücklich sein.
Ich bin darüber gekränkt, daß du jemand anderen geliebt hast und nicht mich.	Wenn du mich lieben würdest, könnte ich jetzt glücklich sein.
Ich bin darüber gekränkt, daß du mich ignoriert hast.	Wenn du etwas mehr für mich übrig gehabt hättest, könnte ich jetzt glücklich sein.
Ich bin darüber gekränkt, daß du mich betrogen hast; du hast dein Versprechen nicht gehalten.	Wenn du dein Versprechen gehalten hättest, könnte ich jetzt glücklich sein.
Ich bin darüber gekränkt, daß du mich kritisiert hast.	Wenn du mich unterstützt hättest, könnte ich jetzt glücklich sein.
Ich bin darüber gekränkt, daß du mich zum Narren gehalten hast.	Wenn du mich respektiert hättest, könnte ich jetzt glücklich sein.
Ich bin darüber gekränkt, daß du mich im Stich gelassen hast.	Wenn du geblieben wärst, könnte ich jetzt glücklich sein.

Wer herausfindet, in welcher Weise er sich gekränkt fühlt, kann die damit verbundenen Opferhaltungen entdecken. Diese können es verhindern, daß man jemals seine Gekränktheit losläßt. Statt den Schmerz aufzulösen, verstärkt die Opferhaltung das Bedürfnis, weiter Schmerz zu empfinden.

In der Gegenwart leben

Man kann sein Verletztsein nur auflösen, indem man anerkennt, daß man sich nicht weiter auf seinen Partner verlassen kann. Wenn eine Beziehung zu Ende geht, muß man akzeptieren, daß es vorbei ist. Der ehemalige Partner ist nicht mehr dafür verantwortlich, daß man Schmerzen leidet. Die Verletzung ist geschehen, aber es liegt jetzt an einem selbst und nicht am anderen, dafür zu sorgen, daß es wieder besser wird. Natürlich war er der Auslöser der Kränkung, aber jetzt ist man selbst dafür verantwortlich, seine Gefühle zu heilen. Man selbst muß sein gebrochenes Herz heilen, nicht er.

Indem man anerkennt, daß das eigene Glück oder die eigene Erfüllung nicht vom Partner abhängig ist, kann einem dieser auch nicht mehr weh tun. Wenn man in der Gegenwart nicht mehr von ihm verletzt werden kann, dann ist es auch möglich, sich von der Kränkung zu befreien, die man noch in sich trägt. Dies ist ein ganz einfacher, aber sehr tiefer Gedanke. Gibt es nichts mehr, worüber man sich ärgern muß, dann braucht man sich auch nicht mehr zu ärgern. Gibt es nichts mehr, das einen kränken kann, dann braucht man sich auch nicht mehr gekränkt zu fühlen. Wenn man jetzt, in der Gegenwart, von niemandem mehr verletzt wird, dann kann man auch eine noch verbliebene Kränkung aus der Vergangenheit loslassen.

Sobald man anerkennt, daß das eigene Glück nicht
vom früheren Partner abhängig ist, kann von
diesem auch keine Kränkung mehr ausgehen.

Wenn der frühere Partner weiterhin Dinge tut, über die man sich ärgert, muß man sich darüber im klaren sein, daß er einem damit nicht das Herz brechen kann. Das hat er schon getan. Dies ist ein wichtiger Unterschied. Nehmen wir einmal an, daß man eine Kränkung in Grad messen kann, wie man Temperatur mißt. Auf dieser imaginären Skala liegt ein kleiner Ärger bei fünf Grad, während ein gebrochenes Herz bei hundert Grad liegt.

Ist also das Herz geheilt und ärgert man sich über seinen früheren Partner, dann spürt man vielleicht die fünf Grad einer Kränkung. Wenn aber das Herz noch gebrochen ist und man sich über seinen Partner ärgert, dann spürt man die hundert Grad des Schmerzes durch das gebrochene Herz und zusätzlich noch fünf Grad.

Solange man sich über diesen Unterschied nicht im klaren ist, glaubt man, daß der Partner einem jedesmal das Herz bricht, sooft man sich über ihn ärgert. Man hat das Gefühl, daß der Schmerz jedesmal einhundertfünf Grad beträgt, aber in Wirklichkeit stellt man nur immer wieder die Verbindung zu seiner nicht aufgelösten vergangenen Kränkung her. Wenn man sich nicht die Zeit dafür nimmt, sein gebrochenes Herz zu heilen, scheint alles, womit er einen ärgert oder irritiert, unerträglich zu sein.

Solange man sich nicht von der Vorstellung lösen kann, immer noch Opfer zu sein, wird man den Schmerz spüren. Es ist viel schwieriger, eine Kränkung loszulassen, wenn man ständig neu gekränkt wird. Um sie aufzulösen, muß man in der Gegenwart leben und sich klar machen, daß die Kränkung, von der man sich befreien möchte, in der Vergangenheit geschah.

———◦———

Man kann eine Kränkung loslassen,
indem man sich bewußt macht, daß man Opfer war,
aber nicht mehr ist.

———◦———

Um einen gebrochenen Knochen zu heilen, muß man zuerst anerkennen, daß er gebrochen wurde, und ihn dann vor neuen Verletzungen schützen. Man kann den Knochen nicht einrichten, wenn man ihn dauernd wieder bricht. Ebenso kann man sein Herz nicht wieder mit Nachsicht, Verständnis, Dankbarkeit und Vertrauen erfüllen, wenn man in der Vorstellung lebt, daß man immer noch Opfer ist.

———◦———

Wenn man es dem Partner gestattet, einem das
Herz immer wieder zu brechen, dann kann man
niemals Heilung erlangen.

———◦———

Die folgenden Sätze sind Beispiele für Geisteshaltungen, mit denen man seine Opferhaltung überwindet, indem man sich auf die Gegenwart beruft.

▷ Ja, ich bin enttäuscht und betrogen worden, aber jetzt habe ich die Freiheit, meine Wünsche und Erwartungen zu ändern.
▷ Ja, mir wurde Liebe verweigert, ich wurde zurückgestoßen und im Stich gelassen, aber jetzt bin ich frei, mein Glück woanders zu suchen.
▷ Ja, ich verspüre Schmerz, aber jetzt wird mir kein weiterer Schmerz mehr zugefügt.

▷ Ja, mein Herz ist gebrochen, aber jetzt ist es meine Aufgabe zu heilen, was geschah.

▷ Ja, ich bin am Boden zerstört, aber bald werde ich eine neue Liebe finden.

▷ Ja, ich habe meine Zeit vergeudet, aber ich habe daraus viel gelernt. Jetzt kann ich mein gebrochenes Herz heilen und mich auf eine wahre und dauerhafte Liebe vorbereiten.

Die zwei Seiten der Heilung

Der Heilungsprozeß hat zwei Seiten, die beide für die Genesung des Herzens wichtig sind. Einerseits muß man es sich gestatten zu fühlen, was man fühlt. Andererseits muß man sich von seiner Opferhaltung befreien. Man muß die Opferhaltung in der Gegenwart beenden und zugleich die Opfergefühle der Vergangenheit wahrnehmen.

———◁◇▷———

Um seine Kränkung zu heilen, muß man sie fühlen,
aber auch anerkennen, daß sie jetzt der
Vergangenheit angehört.

———◁◇▷———

Stellen Sie sich eine Mutter vor, die ihr Kind im Arm hat. Das Kind weint und sagt: »Ich bin so traurig, niemand wird mich jemals wirklich lieben.« Die Mutter hört ihm geduldig zu und sagt dann: »Das ist lächerlich. Du wirst geliebt und immer geliebt werden.« Die mitfühlende Mutter hält das Kind einfach und hat Verständnis für sein Leid und seinen Kummer. Dann versichert sie ihm, daß es geliebt wird.

Wenn man sich als Opfer fühlt, muß ein Teil von einem selbst die positive, verantwortungsvolle Mutter sein, der andere ist das Kind, das nur ein Häuflein von Gefühlen ist, die laut ausgesprochen werden müssen, bevor Klarheit kommt. Die Mutter in uns weiß, daß wir kein Opfer sind. Diese Perspektive verleiht die Fähigkeit, immer wieder auftauchende Opfergefühle loszulassen.

———◄o►———

Um Schmerz loslassen zu können, muß man lernen, sich aus seiner Opferhaltung zu lösen, während man zugleich seine Opfergefühle spürt.

———◄o►———

Machen Sie einmal das folgende kleine Experiment, um eine konkrete Vorstellung von diesem zwiespältigen Prozeß zu bekommen. Versuchen Sie einige Minuten lang, zwei Dinge gleichzeitig zu tun: Machen Sie mit der linken Hand eine kreisförmige Bewegung über dem Bauch, während sie mit der rechten Hand gleichzeitig auf ihren Kopf klopfen.

Probieren Sie es jetzt gleich aus. Es ist sehr lustig, und nach einigen Minuten hat man es geschafft. Lesen Sie erst dann weiter. Wenn Sie es zu einfach finden, wechseln Sie die Hände oder versuchen Sie, im Gegenuhrzeigersinn auf dem Bauch zu kreisen.

Es ist nicht wirklich schwierig, aber es geht auch nicht von selbst. Man muß hierfür eine bewußte Willensanstrengung unternehmen. Ebenso ist es nicht wirklich schwierig, sich mit seinen emotionalen Schmerzen auseinanderzusetzen. Es ist lediglich eine klare und bewußte Willensanstrengung notwendig. Wenn man das Bewußtsein hat, daß man nicht mehr in einer Opferrolle ist (auf den Kopf klopfen) und gleichzeitig seine Opfergefühle spüren kann (auf dem Bauch kreisen), dann hat man die richtige heilende Haltung gefunden.

Eine heilende Haltung erzeugen

Die meisten Menschen wissen aber nicht, wie sie eine solche heilende Haltung erzeugen können. Entweder leugnen sie ihre Opfergefühle, oder sie versinken in ihnen und können nicht loslassen. Dies hat zur Folge, daß sie sich einer Fülle unerfreulicher emotionaler Zustände aussetzen. Sie werden immer wieder von Empfindungen des Gekränktseins, der Eifersucht, des Grolls, der Vorwürfe, der Gleichgültigkeit, der Verzweiflung, der Unsicherheit und von Schuldgefühlen heimgesucht. Solange sie ihre Seele nicht heilen, finden sie keinen Zugang zu der Liebe, Weisheit, Empfänglichkeit und Kreativität in ihrem Innern.

Wenn es nicht gelingt, eine heilende Haltung einzunehmen, kann das Reden über die eigenen Gefühle alles schlimmer machen. Wenn der Zuhörer bloß unserem Schmerz zustimmt, wird man sich dadurch nur noch verbitterter, niedergeschlagener, leerer fühlen. Reden genügt nicht, um das Herz zu heilen. Manchmal verschafft es eine vorübergehende Linderung, wenn man »es« einfach einmal »los wird«, aber dies ist keine echte oder dauerhafte Heilung.

Wütend zu werden und sich zu beklagen ist nicht genug, solange man nicht auch danach strebt, verzeihen zu können. Sich verletzt und traurig zu fühlen macht nur Kopfschmerzen, solange man nicht versucht, zu einem tieferen Verständnis des Geschehenen zu gelangen. Die eigenen Ängste, Befürchtungen und Zweifel zu erkunden, verschärft die Unsicherheit nur, wenn man nicht auch für das Gute dankt, das man hat. Über seine Empfindungen der Scham, der Verlegenheit und des Bedauerns zu reden, verschärft das Gefühl der Unzulänglichkeit, Schuld und Wertlosigkeit, wenn man nicht auch lernt, sich selbst zu verzeihen.

Die richtige heilende Haltung erzeugt man, indem man sich

Zeit dafür nimmt, seine alten Gefühle zu erkunden, und indem man den Willen aufbringt, Verzeihung zu gewähren, mehr Verständnis und Dankbarkeit zu entwickeln und wieder zu vertrauen.

Das 90 : 10-Prinzip

Der Schmerz, den man in der Gegenwart spürt, hat praktisch immer mit einem unaufgelösten Schmerz in der Vergangenheit zu tun. Wenn uns etwas in der Gegenwart weh tut, dann aktiviert dies alle ähnlichen Kränkungen aus der Vergangenheit. Die unbewältigten und unterdrückten Gefühle aus der Kindheit oder aus früheren Beziehungen verschärfen die Empfindung des Verletztseins, die man im Zusammenhang mit einem aktuellen Verlust hat. Meist beruhen neunzig Prozent des aktuell gefühlten Schmerzes auf der Vergangenheit und nur zehn Prozent auf dem, was einem im Augenblick Kummer macht. Wenn man sich von seinen schmerzhaften Empfindungen nicht lösen kann, dann liegt dies oft daran, daß man aus einem anderen Grund gekränkt ist als man glaubt.

——◇——

Nur zehn Prozent des aktuell gefühlten Schmerzes
beruhen auf dem, was einem im Augenblick
Kummer macht.

——◇——

Mit diesem 90:10-Prinzip haben wir ständig zu tun. Sie hatten einen schrecklichen Tag, und alle waren unausstehlich zu Ihnen; Sie geraten in einen Verkehrsstau und haben Kopfschmerzen: All diese unverarbeiteten Empfindungen des Tages bringen Sie mit nach Hause. Wenn dann auch noch Ihr Partner etwas an Ihnen auszusetzen hat, dann laden Sie den

Frust des ganzen Tages an ihm ab. Seine Kritik ist der Tropfen, der das Faß zum Überlaufen bringt.

Sie sind also auf Ihren Partner wütend, während der größte Teil des Zorns mit anderen Ereignissen während des Tages zu tun hat. Hatten Sie hingegen einen guten Tag, und der Partner hat etwas an Ihnen auszusetzen, dann kommen Sie damit viel besser zurecht. Man ist viel geduldiger, wenn man nicht diese Last unverarbeiteter Empfindungen aus seinem Arbeitstag mit sich trägt.

Dasselbe Prinzip gilt für verdrängte Empfindungen, die bis in die Kindheit zurückreichen können. Wenn man einen schweren Verlust erleidet, aktiviert dies Gefühle aus der Vergangenheit. Wenn man sich aus negativen Empfindungen wie Groll, Vorwürfen, Apathie, Schuldgefühlen, Unsicherheit, Hoffnungslosigkeit und Eifersucht nicht lösen kann, ist dies ein deutlicher Hinweis darauf, daß neunzig Prozent des Gekränktseins mit der Vergangenheit und nur zehn Prozent mit der Gegenwart zu tun haben.

Lassen sich solche negativen Empfindungen nicht abschütteln, muß man dies zum Anlaß nehmen, eine Verbindung zwischen den gegenwärtigen und vergangenen Empfindungen zu suchen. Der Heilungsprozeß kommt viel eher in Gang, wenn man die unbewältigten Gefühle der Vergangenheit nochmals durchleben kann.

Dabei ist es immer einfacher, sich mit vergangenen als mit gegenwärtigen Ereignissen auseinanderzusetzen. Bei der Betrachtung der Vergangenheit hat man den Vorteil, daß man schon weiß, wie es ausgegangen ist. Man ist objektiver und kann darum mitfühlend aus einer heilenden Haltung zuhören. Ein Teil von uns erleidet den Schmerz, während ein anderer Teil wie ein liebevoller Freund oder Elternteil ist.

Bei der Betrachtung der Vergangenheit hat man den
Vorteil, daß man schon weiß, wie es ausgegangen ist.

————◄○►————

Hat man die Sicherheit und Unterstützung, um sich zu öffnen
und mitteilen zu können, dann können beim Reden über die
aktuellen Probleme automatisch auch die vergangenen Kränkungen identifiziert werden. Indem man eine Verbindung
zwischen dem Schmerz in der Gegenwart und anderen Zeiten herstellt, in denen man ähnliche Gefühle hatte, kann man
viel nachhaltiger loslassen.

Diese Vorgehensweise hat nicht nur Tausenden von Klienten und Teilnehmern an meinen Workshops geholfen, sondern auch mir persönlich, als ich mich vom Scheitern meiner
ersten Ehe heilen mußte.

Die Vergangenheit verarbeiten, um die Gegenwart zu heilen

Als ich meiner Frau Bonnie begegnete, verliebten wir uns
sehr schnell ineinander. Nachdem wir etwa eineinhalb Jahre
zusammen waren, dachte ich daran, sie zu heiraten, aber
irgendwie war ich noch nicht dazu bereit. Ein Teil von mir
zweifelte noch. Ich liebte sie, aber bezüglich einer Heirat war
ich mir nicht sicher. Es war mir damals noch nicht klar, daß
Unsicherheit ein normaler Teil der Phase des Werbens ist. Um
es kurz zu machen: Wir beschlossen, unsere Beziehung zu beenden.

Drei Jahre danach heiratete ich eine andere Frau, mit der
ich schon lange befreundet war. Wir bereiteten uns gemeinsam auf die Doktorprüfung vor. Danach gaben wir zusammen
Beziehungsworkshops. Wir liebten einander und beschlossen

schließlich zu heiraten. Unsere Liebe wuchs, und wir lernten viel bei unserem gemeinsamen Versuch, unsere Beziehung erfolgreich zu gestalten.

Nach zweijähriger Ehe hatten wir uns auseinandergelebt. Die Gefühle der Leidenschaft und Anziehung waren verschwunden, und wir begannen uns zu fragen, ob wir wirklich zusammenpaßten. Schließlich beschlossen wir, uns zu trennen. Indem ich mein Herz heilte, konnte ich diese Ehe in Liebe beenden und zu der Einsicht gelangen, daß doch Bonnie die richtige Frau für mich war.

Der Tag der Trennung

Ich kann mich noch sehr genau an den Tag der Trennung erinnern. Ich wußte, daß diese Entscheidung richtig war, aber ich war dennoch sehr enttäuscht. Es wollte nicht in meinen Kopf, daß es soweit kommen mußte. Wir hatten die Entscheidung zur Trennung gemeinsam getroffen, aber ein Teil von mir begehrte, liebte und brauchte sie immer noch. Wir hingen sehr aneinander. Sie war ebenfalls am Boden zerstört. Wir liebten einander, aber wir mußten einsehen, daß wir nicht zusammenpaßten.

Ich ging allein weg und weinte stundenlang. Ich fuhr ziellos mit dem Auto herum und hörte mir die Lieder an, die wir beide gern gehört hatten. Meine Tränen flossen in Strömen. Ich wußte nicht, wie es weitergehen sollte. Ich hatte das Gefühl, daß mein ganzes Leben um mich herum zusammengebrochen war. Ich hatte das Gefühl, in meiner Ehe und in meinem Beruf gescheitert zu sein. Wie konnte ich andere beraten und Workshops über Beziehungen geben, wenn meine eigene Beziehung zerbrochen war?

In meiner Verzweiflung rief ich meine Mutter an. Normalerweise telefonierte ich nur mit ihr, um mich zu erkundigen, wie es ihr ging, oder um ihr von etwas Erfreulichem in meinem Leben zu berichten. Es war bestimmt zwanzig Jahre her, daß ich zum letzten Mal ihr gegenüber geweint und mit ihr über meine Sorgen geredet hatte.

Ich fragte sie am Telefon, ob sie nicht nach Kalifornien kommen wollte. Ich wohnte in Los Angeles, und sie war in Texas. Sie sagte sofort zu. Sie sagte, daß ihre Koffer ohnehin gepackt seien, weil sie einen ihrer Enkel besuchen wollte, und daß sie gerade auf dem Weg zum Flughafen sei. Sie würde das Flugticket umtauschen und das nächste Flugzeug zu mir nehmen.

Während ich im Flughafen auf sie wartete, begann ich, meine Empfindungen des Verlusts niederzuschreiben. Ich wußte, wie wichtig es war, daß ich jetzt meine Empfindungen an die Oberfläche brachte. Dies würde mir nicht nur langfristig zugute kommen, sondern mir auch eine große Erleichterung verschaffen. Während ich so über meine Trauer schrieb, hörte ich diese Gefühle der Verletztheit tief in mir sagen: »Bitte verlaß mich nicht, bitte geh nicht weg.« Mit diesen Gefühlen tauchte plötzlich eine vergessene Kindheitserinnerung auf.

Die Gegenwart mit der Vergangenheit verbinden

Ich war etwa sechs Jahre alt, als wir mit der ganzen Familie in Los Angeles Ferien machten. Wir saßen zu siebt in unserem Kombi und fuhren über das Land nach Kalifornien. Ich war der Jüngste auf dieser Reise. Wir hatten für einen Monat ein Haus am Strand gemietet und wollten Verwandte besuchen, die in der Nähe wohnten.

Wir alle waren schrecklich aufgeregt, weil ein Besuch in Disneyland auf dem Programm stand. Nach unserer Ankunft kamen unsere Verwandten und luden uns zu sich ein. Einer meiner älteren Brüder flüsterte mir ins Ohr, daß sie ganz in der Nähe von Disneyland wohnten. Natürlich war ich sofort

144

bereit, zu ihnen zu gehen. Ich dachte, daß alle anderen auch mitkommen würden. Als ich bei meinen Verwandten ankam, stellte ich zu meiner Überraschung fest, daß niemand mit einem anderen Auto mitgekommen war. In der Rückschau muß ich sagen, daß ich regelrecht schockiert war. Ich konnte es nicht glauben, daß meine Mutter nicht da war. Ich war allein unter Fremden. Ich blieb eine Woche, aber ins Disneyland gingen wir nicht.

———◄○►———

Kindern ist nicht immer klar,
welche Möglichkeiten es gibt, Liebe zu finden
und das Gefühl der Machtlosigkeit zu beenden.

———◄○►———

Während dieser ganzen sieben Tage kam ich nicht auf den Gedanken, daß ich Tante Innie nur hätte zu bitten brauchen, meine Mutter anzurufen, damit sie mich holen käme. Ich glaubte, daß meine Familie mich vergessen hätte. Ich war überzeugt, daß ich nie mehr nach Hause kommen würde. Irgendwann in dieser Zeit kam eine riesige Wut in mir hoch. Trotzig ging ich, ein sechsjähriges Kerlchen, bis ans Ende der Straße, um dieses Gefängnis zu verlassen und meine Familie zu suchen. Beim letzten Haus wurde mir klar, daß ich nicht wußte, wohin ich hätte gehen sollen. Mit gesenktem Kopf ging ich zurück, jetzt endgültig am Boden zerstört.

Heimkehr

Am siebten Tag weckte mich einer meiner Vettern, und ich begann zu weinen. Meine Tante Innie sah mich an und sagte: »Du brauchst deine Mami.« In diesem Augenblick bekam ich einen hysterischen Weinkrampf. Niemand hatte erkannt, daß ich die Trennung von meiner Familie nicht verkraftet hatte.

Tante Innie sagte Jahre später, daß sie noch nie ein so verstörtes Kind erlebt hätte. Sie brachte mich sofort zu meinen Eltern zurück. Sie erzählte ihnen nicht, was vorgefallen war, weil sie sie nicht beunruhigen wollte. Meine Mutter spürte trotzdem meinen Kummer und nahm sich vor, sich mir am nächsten Tag besonders zu widmen.

Ich erinnere mich, daß ich mich an diesem nächsten Tag am Strand umsah und mich ganz klein fühlte. Die Welt war plötzlich sehr groß, und ich war nur ein kleiner Junge. Ich fragte mich, wer all diese Menschen waren, wohin sie gingen und was sie taten. Ich konnte mir nicht vorstellen, daß ich jemals in dieser Welt zurechtkommen würde.

Die Empfindung dieses Tages blieb mein ganzes Leben bei mir. Ein Teil von mir hatte sich immer schon klein und unsicher gefühlt und sich gefragt, wie ich in diese Welt passen könnte. Ich dachte, wenn ich älter werden würde, würde diese Empfindung einfach verschwinden. Auch noch als ich dreißig war, fühlte sich ein Teil von mir immer noch wie jener kleine, verlassene Bub, der nicht nach Hause durfte.

Als ich im Flughafen auf die Ankunft meiner Mutter wartete und meine Gefühle der Verletztheit aufschrieb, tauchte diese alte Erinnerung wieder auf. Bis dahin konnte ich mich immer nur daran erinnern, daß ich mit meiner Mutter über den Strand lief, während ich die Erinnerung daran, daß ich davor sieben Tage bei meinen Verwandten allein gelassen worden war, völlig aus meinem Bewußtsein verdrängt hatte. Ich hatte vergessen, daß ich mich so sehr im Stich gelassen gefühlt hatte.

Verdrängte Erinnerungen und Emotionen aktivieren

Das Scheitern meiner Ehe hatte diese alten, verdrängten Empfindungen wieder zum Vorschein gebracht. Ich schrieb nun, während ich auf meine Mutter wartete, rasch die Gefühle nieder, die ich vergessen hatte. Ich verknüpfte meine gegenwärtigen mit meinen vergangenen Empfindungen. Ich ging noch weiter, indem ich dem Sechsjährigen in mir die Worte und die Fähigkeit verlieh, seinen Schmerz mit jeder der vier heilenden Emotionen zu artikulieren. Ich verlieh den Gefühlen Ausdruck, die bisher nie Ausdruck gefunden hatten und nie gehört worden waren. Ich saß dort im Flughafen, die Tränen liefen meine Wangen hinab, und ich war wieder der traurige kleine Junge, der seine Mutter verloren hatte. Er war so allein, so im Stich gelassen, so verletzt, so betrogen, so ratlos, so voller Angst, daß er seine Familie nie mehr wieder sehen würde.

In der Rückschau kann man natürlich diese Gefühle leicht für unangemessen erklären, weil der kleine Junge ja nicht wirklich verlassen war. Aber er wußte dies ja nicht. Er hatte das *Gefühl*, daß er auf sich selbst gestellt war und niemand sich um ihn kümmern würde. Er war *zornig*, daß er verlassen worden war, er war *traurig*, daß er allein war, er *befürchtete*, vergessen worden zu sein und nicht mehr geliebt zu werden, und er war voller *Bedauern* darüber, daß er nicht nach Hause gehen konnte. Er fühlte sich hilflos und verloren.

Nachdem ich meine schmerzlichen Empfindungen in dieser Weise niedergeschrieben hatte, ging es mir viel besser. Dann landete auch das Flugzeug meiner Mutter. Ich schloß sie in die Arme und dankte ihr für ihr Kommen. Nachdem ich ihr kurz erklärt hatte, daß ich mich soeben von meiner Frau getrennt hatte, sagte ich: »Ich weiß nicht einmal, wo wir bleiben können.«

Sie antwortete, ohne zu ahnen, was ich soeben niedergeschrieben hatte: »Kein Problem. Wir können zu Tante Innie gehen.« Ich konnte es nicht fassen. Ich hatte nicht nur diese alte Erinnerung zum Vorschein gebracht, so daß ich sie heilen und aktualisieren konnte, sondern ich hatte jetzt sogar die Gelegenheit, wieder zu Tante Innie zu gehen und es noch einmal zu erleben, dort zu sein – aber jetzt mit meiner Mutter.

Die Vergangenheit wiedererleben

Meine Mutter blieb die ganze Woche mit mir bei Tante Innie. Wir gingen zweimal ins Disneyland. Mir ging es noch immer ziemlich schlecht, aber ich konnte mit meiner Mutter über meine Empfindungen des Verlusts sprechen. Es war eine lange Woche. Ich fühlte mich so glücklich, daß ich jemanden an meiner Seite hatte, der mich liebte. Ich konnte nachts nicht schlafen und litt unter Schüttelfrost. Ich war tieftraurig, aber es tat mir gut, in der Nähe meiner Mutter zu sein. Immer wieder fühlte ich die ganze Verletzlichkeit des Sechsjährigen.

Am letzten Abend vor der Abreise meiner Mutter lud mich ein berühmter Klient von mir zu seiner Abschiedsparty ein. Er hatte Krebs im Endstadium und wollte alle seine Freunde noch einmal sehen, um sich von ihnen zu verabschieden und ihre Zuneigung zu feiern (er starb einen Monat später).

Auf der Party wurden mir verschiedene Größen des öffentlichen Lebens vorgestellt. Ich fühlte mich immer etwas unsicher, wenn ich von Berühmtheiten umgeben war. An diesem Abend aber war es anders. Ich hatte gerade eine Woche der Qualen hinter mir, weshalb mir dies als vergleichsweise einfache Übung erschien. Ich erinnere mich daran, daß ich neben meiner Mutter stand, als ich einem dieser Leute vorgestellt wurde. Ich machte ihn mit meiner Mutter bekannt, und als ich mich ihr zuwandte, fiel mir zum ersten Mal in meinem Leben auf, daß ich größer war als sie.

———◄o►———

Nach einer Woche der Heilung fiel mir zum ersten Mal in meinem Leben auf, daß ich größer war als meine Mutter.

———◄o►———

Ich hatte immer geglaubt, daß sie größer sei als ich. Zum ersten Mal in meinem Leben fühlte ich mich erwachsen. Der Sechsjährige in mir hatte endlich die Gelegenheit gefunden, erwachsen zu werden. Ich war vierunddreißig, aber ein Teil von mir war immer der Sechsjährige geblieben, der am Strand an der Hand seiner Mutter lief und sich fragte, wie er je in diese große Welt passen würde.

Wieder ganz werden

Paradoxerweise ließen mich die Emotionen und Gedanken des verletzten Sechsjährigen in mir erwachsen werden. Wenn Kinder ihre Empfindungen nicht äußern können und niemand da ist, gegenüber dem sie ihre traumatischen Erfahrungen ausdrücken können, werden ihre Gefühle verdrängt. Es ist, wie wenn ein Teil von ihnen erstarren würde. Dieser vergessene Teil kann erst erwachsen werden, wenn ein zukünftiges Ereignis die Gelegenheit bietet, diese Ebenen des Schmerzes zu fühlen. Dann wird der alte Schmerz wieder aktiviert, und dann hat man die Gelegenheit, sich von ihm zu heilen und ganz zu werden.

Nach dieser Heilung wurde mir klar, daß mein Hingezogensein zu meiner ersten Frau nicht auf einem Irrtum oder mangelnder Urteilsfähigkeit beruhte, sondern darauf, daß ein

Teil von mir noch verdrängt war und geheilt werden mußte. Nachdem diese Vergangenheit geheilt war, war der Weg frei für die Erkenntnis, daß Bonnie die Richtige für mich war, und wir sind seither ein glückliches Paar.

Im nächsten Kapitel wollen wir uns mit dem Prozeß der Heilung der eigenen Vergangenheit ausführlicher befassen.

Die Wunden der Vergangenheit heilen

Neben der Arbeit mit den vier heilenden Emotionen gibt es eine weitere sehr einfache und äußerst wirksame Möglichkeit, das Herz zu heilen: den gegenwärtigen Kummer mit einem entsprechenden Schmerz in der Vergangenheit verknüpfen. Wenn man seine aktuellen schmerzlichen Empfindungen mit unaufgelösten Gefühlen der Vergangenheit verbindet, kann man diese wunden Stellen in seiner Vergangenheit verarbeiten und sich damit von dem Schmerz befreien, den man in der Gegenwart fühlt.

Dies ist der Grundgedanke therapeutischer Bemühungen in der ganzen Welt. Indem man über seine Vergangenheit redet, kann man sich an seinen Schmerz erinnern, statt das Gefühl zu haben, immer noch verletzt zu sein. Je intensiver man sich an seinen Schmerz zurückerinnern kann, desto weniger kann er einem noch in der Gegenwart anhaben. Es besteht ein großer Unterschied zwischen: »Ich wurde verletzt« und: »Ich fühle mich verletzt«.

Natürlich heißt dies nicht, daß man seinen Schmerz nicht fühlen sollte. Es heißt einfach, daß es nicht sehr hilfreich ist, bei seinem Schmerz zu verweilen. Man sollte vielmehr seine Empfindungen des Verletztseins als Sprungbrett benutzen, von dem aus man in den Teich seiner alten unaufgelösten Empfindungen springt. Man muß seinen Schmerz fühlen, aber sich auch darüber im klaren sein, daß er nur ein Hinweis auf noch nicht bewältigte Empfindungen aus der Vergangenheit ist. Idealerweise sollten aktuelle schmerzliche Gefühle zu dem alten Schmerz hinführen, den man noch heilen muß.

Drei Schritte zur Heilung

Drei Schritte führen zur Heilung.

Beim ersten Schritt muß man seine Empfindungen in der Gegenwart mit denen in der Vergangenheit verbinden. Wenn man sich wegen einer Zurückweisung verletzt fühlt, dann muß man sich an einen Zeitpunkt erinnern, als man in seiner Vergangenheit zurückgewiesen wurde.

Der zweite Schritt besteht darin, das Ereignis nochmals zu erleben. Nach der ersten Erinnerung an das Ereignis stellt man sich vor, daß man sich wieder in dieser Zeit befindet und das Vorgefallene erlebt.

Der dritte Schritt besteht in einer Ausgestaltung des Ereignisses. Während man das Ereignis noch einmal durchlebt, stellt man sich alle Ressourcen zur Verfügung, über die man jetzt – im Gegensatz zu damals – verfügt. Man stellt sich etwa vor, daß man seine Gefühle liebenden Eltern, einem Freund oder einem Engel mitteilen kann, und verarbeitet seine Verletztheit mit Hilfe der »Vier-Emotionen-Übung«.

In der Erinnerung hat man die Möglichkeit, die negative Erfahrung auszugestalten. Beim erneuten Erleben des Ereignisses kann man in jedem Augenblick innehalten und alle seine tieferen Facetten erkunden, die man vielleicht übergangen hat. In jedem Augenblick besteht die Möglichkeit, eine bestimmte Empfindung zu verarbeiten und zu versuchen, Nachsicht, Verständnis, Dankbarkeit und Vertrauen zu erlangen.

Ein Ereignis wiederzuerleben ist wie ein Video zu betrachten: Man kann den Film zu jedem Zeitpunkt anhalten. Wenn man sich an eine bestimmte Situation erinnert, kann man seine Erfahrung in jedem schmerzlichen Augenblick »anhalten« und dann den Schmerz heilen, indem man die vier heilenden Emotionen erkundet. Jetzt kann man sich selbst die Unterstützung gewähren, die man zu dem betreffenden Zeitpunkt nicht bekam.

Seine Verletzung mitteilen

Die drei Schritte zur Heilung bewältigt man am einfachsten, indem man seine Empfindungen einem Freund, einem Berater oder einer Unterstützungsgruppe mitteilt. Wenn man über seine Vergangenheit spricht, dann verbindet man seine jetzigen Gefühle mit dem, was war. Können andere sich mit dem Schmerz identifizieren, den man selbst verspürt, beginnt man automatisch, die Erfahrung nochmals zu durchleben. Man kann seinen Schmerz sehr viel besser heilen, wenn andere einen ähnlichen Schmerz durchgemacht und geheilt haben.

Aber die Anteilnahme anderer kann die Heilung auch blockieren, statt sie zu fördern. Wenn andere ständig Ratschläge erteilen, statt einfach zuzuhören, verliert man den Kontakt zu seinen eigentlichen Empfindungen und kommt nicht mehr weiter. Um seinen Schmerz zu fühlen, muß man sich sicher fühlen. Man darf nicht das Gefühl haben, daß irgend jemand die Gefühle, die man hat, nicht ernstnimmt oder sie gegen einen verwenden könnte. Man muß die Gewißheit haben, daß alles, was man mitteilt, vertraulich bleibt. Nur dann kann der Heilungsprozeß Fortschritte machen.

Die Sicherheit, daß man seine Gefühle mitteilen darf, ist eines der wichtigsten Elemente der Heilung. Als erwachsener Mensch unterdrückt man bestimmte Gefühle, weil man sich als Kind nicht vollständig sicher sein konnte, daß man seine Emotionen ausdrücken durfte. So lernt man schon sehr früh, wie man als Erwachsener mit Gefühlen umgeht. Die Sicherheit, daß man seine Gefühle mitteilen darf, ist eines der wichtigsten Elemente der Heilung.

Als Kind erlebt man es immer wieder, daß Emotionen zu ganz unpassenden Zeiten auftauchen. Eltern, Erzieher und Geschwister hatten entweder nicht die Zeit oder nicht die Fähigkeit, richtig zuzuhören. Doch ohne die Sicherheit, seine

Gefühle gefahrlos ausdrücken und erkunden zu können, können Kinder nicht lernen, wie sie durch negative Emotionen hindurch zu den positiven Empfindungen der Nachsicht, des Verständnisses, der Dankbarkeit und des Vertrauens gelangen. Als Erwachsener hat man die Möglichkeit, sich eine Umgebung zu schaffen, in der man seinen Schmerz heilen kann. Man kann sich Freunde suchen, von denen man nicht verurteilt wird, und zu Unterstützungsgruppen und Beratern gehen, die bei der Erkundung und Entdeckung helfen. Es ist nie zu spät, um zu lernen, negative Emotionen in positive zu verwandeln. Zu wissen, wie man sein gebrochenes Herz heilen kann, hilft nicht nur, einen Verlust zu überwinden, sondern gibt auch die Möglichkeit zu großem Wachstum.

Die vielen Ebenen der Heilung

Oft erlebt man einen Rückschlag gerade dann, wenn man das Gefühl hatte, seinen Verlust überwunden zu haben. Man fühlt sich besser – und plötzlich tauchen wieder die Symptome der Verdrängung auf: Verletztsein, Ärger, Vorwürfe, Gleichgültigkeit, Schuldgefühle, Verunsicherung, Verzweiflung und Eifersucht. Auch wenn man Fortschritte macht, können diese und andere Symptome unverarbeiteter Gefühle immer wieder auftauchen, solange man seine Seele nicht endgültig geheilt hat.

Die Heilung der Seele vollzieht sich auf vielen Ebenen. Man kann dies mit dem Schälen einer Zwiebel vergleichen. Wenn man eine Schicht abgeschält hat, taucht darunter die nächste auf. Für den Heilungsprozeß bedeutet dies, daß man wieder Eifersucht und Groll verspüren kann, auch wenn man einige Zeit voller Liebe und Nachsicht war.

---◄◊►---

Die Heilung der Seele ist ein allmählicher
Prozeß, bei dem eine Schicht nach der anderen
aufgearbeitet wird.

---◄◊►---

Man hatte das Gefühl, wieder geliebt zu werden, doch plötzlich wird man wieder ängstlich oder unsicher, oder man beginnt sogar, seinen Partner zu vermissen. Man fühlte sich
schon wieder richtig gut, und dann tauchen erneut Empfindungen der Schuld und der Unzulänglichkeit auf oder die
Vorstellung, daß man keine Liebe verdient hätte. Plötzlich
und ohne ersichtlichen Grund ist man wieder von seinen war-
men Empfindungen der Liebe getrennt und spürt statt dessen
eine leere Betäubung. Dies sind aber keine wirklichen Rück-
schläge, sondern nur Beispiele für ein Fortschreiten zur nächsten »Schicht« der Heilung.

Ein Verlust kann nicht von heute auf morgen geheilt werden. Wenn man zwei Schritte vorwärts macht, muß man
manchmal wieder einen zurückgehen. Aber dabei gelangt
man auf immer noch tiefere Ebenen der Heilung.

---◄◊►---

Sooft man glaubt, die Heilung abgeschlossen
zu haben, stellt man fest, daß man nur eine
Ebene bewältigt hat.

---◄◊►---

Es ist wichtig zu wissen, daß die Heilung in solchen Stufen
verläuft. Sonst macht man sich leicht Illusionen bezüglich seines Fortschritts, was dazu führen kann, daß man entmutigt
aufgibt. Statt seinen Verlust durch Erkundung und Heilung
der Gefühle zu verarbeiten, strebt man bloß eine vorübergehende Linderung durch Verdrängung an. Dies hat zur Folge,

daß man ein Leben lang unter den Symptomen dieser Verdrängung zu leiden hat.

Die fehlenden Gefühle auffinden

Verdrängungssymptome rühren daher, daß man eine oder mehrere der vier heilenden Emotionen unterdrückt: Zorn, Trauer, Furcht oder Bedauern. Um diese Symptome zu heilen, muß man sich damit auseinandersetzen, daß man sein Leben lang bestimmte Gefühle verdrängt hat, und diese wiederauffinden. Aber wenn man bestimmte Gefühle seit seiner Kindheit verdrängt hat, kann es sehr schwierig sein, diese allein wieder zu entdecken.

Ich habe heute bei der Arbeit an diesem Buch eine Datei geschlossen, ohne sie vorher zu speichern. Dadurch gingen zwei Seiten verloren. Zum Glück habe ich ein Back-up-System, durch das sich verlorene oder gelöschte Dateien wiederherstellen lassen. Ohne dieses Back-up-System wären die ungesicherten Daten vollständig verloren gewesen. In derselben Weise »löscht« man beim Erwachsenwerden bestimmte emotionale Reaktionen. Wenn man diese gelöschten »Dateien« nicht wiederherstellen kann, kann man auch seine Verletzungen nie vollständig heilen.

———◆◦▶———

Jeder Mensch besitzt ein »Back-up-System« mit dessen Hilfe er verlorene Erinnerungen und Empfindungen wiederherstellen kann, die geheilt werden müssen.

———◆◦▶———

Wenn man zum Beispiel seit seiner Kindheit dazu neigt, Zorn zu unterdrücken, dann wird man auch als Erwachsener Schwierigkeiten haben, seinen Zorn zu fühlen und abzureagieren. Dies könnte zur Folge haben, daß man sich sein Leben lang nicht von Furcht, Trauer oder Bedauern lösen kann. Dies könnte wiederum dazu führen, daß man gelegentlich Eifersucht, Schuldgefühle oder sonstige Verdrängungssymptome erlebt. Insoweit man in seiner Vergangenheit Empfindungen des Zorns verdrängt hat, wird es bei einem gegenwärtigen Verlust schwierig sein, angemessenen Zorn zu empfinden. Dies gilt genauso für alle anderen verdrängten Emotionen.

Wenn man sich um Hilfe bemüht, benutzt man gewissermaßen ein Back-up-System, um verlorene oder »gelöschte« Erfahrungen wiederzufinden. Man braucht dazu lediglich etwas, das die Erinnerung auslöst. Gehirnchirurgen haben herausgefunden, daß man durch Stimulation von Gehirnbereichen in beliebiger Weise lebhafte Erinnerungen aktivieren kann, die der Patient längst vergessen hatte. Zum Glück lassen sich unverarbeitete und verborgene Gefühle auch ohne Gehirnchirurgie auslösen.

———◁◦▷———

Verborgene Erinnerungen lassen sich
wiederherstellen, indem man mit anderen
über seine Schmerzen spricht.

———◁◦▷———

Man unterdrückt Gefühle, weil es in der Vergangenheit gefährlich oder zwecklos war, sie zu äußern. Solange man davon überzeugt ist, daß man seine Gedanken, Gefühle oder Wünsche nicht mitteilen darf, verdrängt man sie. Natürlich kann man nicht jedem Beliebigen sein Inneres offenbaren. Es ist nur vernünftig, seine Gedanken, Gefühle, Hoffnungen und Träume nicht jemandem preiszugeben, von dem man keine Unterstützung erwarten kann. Doch eine therapeutische Beziehung zu einem Berater oder einer Gruppe schafft einen sicheren Rahmen, in dem man sich über alles aussprechen kann.

Mit der Vergangenheit arbeiten

Vergangene verdrängte Empfindungen, die einen daran hindern, Schmerz in der Gegenwart zu fühlen und zu verarbeiten, setzt man am wirksamsten dadurch frei, daß man eine Verbindung zwischen gegenwärtigem und vergangenem Schmerz herstellt. Unaufgelöste Ängste aus einer früheren Erfahrung hindern einen zum Beispiel daran, Ängste in der Gegenwart abzureagieren. Ist man in der Gegenwart unfähig, Ängste ganz zu erfahren und freizusetzen, dann behindert dies möglicherweise die Fähigkeit, durch seine negativen Gefühle hindurchzugehen, um schließlich seine positiven Gefühle zu erfahren.

———◄○►———

Unaufgelöste Ängste aus einer früheren Erfahrung
hindern einen daran, Ängste in der Gegenwart
abzureagieren.

———◄○►———

Versuchen Sie es einmal mit den nachfolgenden Übungen, um die Macht der Erinnerung zu nutzen und gegenwärtige Gefühle mit vergangenen in Verbindung zu bringen. Lassen Sie beruhigende Hintergrundmusik laufen und stellen Sie sich die ab Seite 166 aufgelisteten Erinnerungsfragen. Hören Sie auf die Antworten, die aus Ihrem Innern kommen. Erkunden Sie auftauchende Erinnerungen, auch wenn diese nicht die richtige Antwort auf die Fragen sind. Wenn die Erinnerungsfrage lautet: »Erinnern Sie sich daran, wie Sie von jemandem geliebt wurden«, dann erinnert man sich vielleicht an eine Zeit, zu der man gerade nicht geliebt wurde. Dies ist ganz normal. Wenn eine schmerzliche Erinnerung auftaucht, setzen Sie sich mit ihr auseinander.

Durchleben Sie diese Erinnerung bewußt und gestalten Sie sie mit der »Vier-Emotionen-Übung« aus. Es kommt nicht darauf an, daß Sie sich ganz klar erinnern, und versuchen Sie nicht zu visualisieren. Auch vage Erinnerungen sind wertvoll. Sobald Sie eine Vorstellung von der Situation haben, versuchen Sie wahrzunehmen, was Sie vielleicht gefühlt haben. Stellen Sie sich vor, daß Sie dieselben Gefühle hatten, die Sie jetzt haben. Wenn Ihnen das gelingt, werden Sie keine Angst mehr davor haben, sich an die Vergangenheit zu erinnern, sondern sie wird vielmehr Ihre hilfreiche Freundin werden.

———◦———

Auch eine schwache oder vage Erinnerung genügt
zur Verarbeitung der Vergangenheit.

———◦———

Glauben Sie nicht, daß Sie ein Ereignis nicht nachträglich durcharbeiten könnten. Man kann auch dieselbe Erinnerung immer wieder heranziehen. Sooft man ein bestimmtes Ereignis verarbeitet, reißt man nicht einfach alte Wunden auf, sondern man verbessert seine Fähigkeit, Schmerzen durch Nachsicht, Verständnis, Dankbarkeit und Vertrauen abzureagieren.

Beispielsweise erinnern Sie sich an eine Situation, in der Sie etwas schwer verzeihen konnten. Gelingt es Ihnen, jetzt zu verzeihen, stärken Sie Ihre Fähigkeit zur Nachsicht. Wenn Sie sich das nächste Mal rückbesinnen, gehen Sie auch dann, wenn Sie inzwischen schon verzeihen konnten, wieder in die Situation hinein, und durchlaufen Sie den Prozeß noch einmal. Sooft man das Verzeihen wiederholt, löst man den Schmerz mit positiven Empfindungen auf.

———◦———

Die Heilung vergangener Gefühle kräftigt die
Fähigkeit zu verzeihen, zu danken und Vertrauen
in die Gegenwart zu haben.

———◦———

Sie sollten sich für immer neue Erinnerungen öffnen. Heilt man eine alte Erinnerung, wird vielleicht ein anderer Schmerz aktiviert, der geheilt werden muß. Wenn man sich nicht an die Kindheit erinnern kann, beginnt man mit etwas anderem, das vielleicht nur wenige Jahre zurückliegt. Mit der Zeit wird auch die Erinnerung an frühere Dinge zurückkehren.

Um Erinnerungen zu aktivieren, kann es hilfreich sein, ein altes Photoalbum hervorzuholen und die Bilder zu betrachten. Es kommt dabei nicht darauf an, wie genau die Erinnerung ist. Sie müssen sich nur vorstellen, woran Sie sich erinnern würden, wenn Sie es könnten. Dann ist diese Erinnerung vielleicht nicht ganz genau, aber sie erfüllt ebenfalls ihren Zweck. Was Sie sich vorstellen, wird Sie mit Ihren vergangenen Empfindungen verbinden.

Nach positiven Erinnerungen Ausschau halten

Bei den meisten Erinnerungsfragen (siehe S. 166 ff.) geht es darum, positive Erfahrungen wachzurufen. Indem man versucht, sich an angenehme Erfahrungen zu erinnern, bekommt man Unterstützung aus seiner eigenen Vergangenheit. Doch gleichzeitig erinnert man sich dabei zwangsläufig auch an schmerzliche Erfahrungen, die geheilt werden müssen.

Als Kevin gebeten wurde, sich an eine liebevolle Szene mit seiner Mutter zu erinnern, kam ihm zuerst in den Sinn, wie er mit ihr mit dem Auto zum Mittagessen fuhr. Er genoß es, mit ihr zusammenzusein. Als er sich dieser Frage erneut zuwandte, wurde in ihm die Erinnerung daran wach, wie er in der Volksschule einmal stundenlang warten mußte, bis ihn jemand abholte. Diesmal kam eine Flut trauriger und verletzter Empfindungen an die Oberfläche. Nun konnte er seine aktuelle Empfindung, im Stich gelassen worden zu sein, mit der Traurigkeit verbinden, die er fühlte, als seine Mutter ihn nicht abholte.

160

Der Zweck einer Auseinandersetzung mit unverarbeiteten Empfindungen aus der Vergangenheit ist die Schärfung der Erinnerung an die positiven Gefühle, die zugleich mit den negativen Empfindungen verdrängt wurden.

————◄○►————

Je besser es gelingt, die negativen Erinnerungen aufzudecken, desto kräftiger und deutlicher werden auch die positiven Erinnerungen.

————◄○►————

Nachdem Kevin seine Trauer darüber geheilt hatte, daß er vergessen worden war, indem er Furcht, Kummer und Zorn fühlte, konnte er auch die besondere Liebe spüren, die er damals seiner Mutter gegenüber empfand. Die Erinnerung an die Zeit, als er seine Eltern uneingeschränkt liebte und brauchte, gab ihm die Freiheit, sich auch in der Gegenwart geliebt und unterstützt zu fühlen. Zwar war immer noch das Gefühl da, von seiner Partnerin zurückgewiesen worden zu sein, aber er konnte jetzt auch die Unterstützung seiner Freunde und Verwandten fühlen.

Durch die Erinnerung an positive Erfahrungen und die Verarbeitung von Traumen kann man wieder Anschluß an alle positiven Gefühle finden, die möglicherweise unterdrückt wurden. Man kann sich daran erinnern, wie man ganz lebendig und gegenwärtig, voller Liebe und Freude war. Es geht nicht darum, wieder Kind sein zu wollen, sondern »wie die Kinder«: ein verantwortungsvoller Erwachsener im Kontakt mit seiner Fähigkeit zu lieben, seiner Freude und seiner Kreativität.

Wenn man all die positiven Gefühle der Unschuld wiedergewinnen und ein erfahrener und kluger Erwachsener sein kann, ist man wieder ganz geworden. Man braucht nicht neue positive Aspekte seines Charakters zu entwickeln, sondern nur die positiven Merkmale des Menschen wiederzuentdecken und aufzudecken, der man schon war. Indem man den Schmerz seiner Vergangenheit heilt, hat man mehr Liebe verfügbar, um den Schmerz der Gegenwart zu heilen.

Annehmen, was zum Vorschein kommt

Stellen Sie eine Erinnerungsfrage, und arbeiten Sie dann mit allem, was in Ihrem Bewußtsein auftaucht. Wenn etwas erscheint, mit dem Sie sich nicht auseinandersetzen wollen, dann lassen Sie es fallen. Gehen Sie einfach zu einer anderen Frage über. Es ist nicht nötig, sich sofort mit allem zu befassen. Wenn das Herz einmal geheilt ist, bereitet es später keine Schwierigkeiten mehr, alles zu heilen, was zum Vorschein kommt.

Das Ziel der nachfolgenden Erinnerungsfragen (siehe S. 166 ff.) ist es nicht, schmerzliche Erinnerungen auszugraben. Wenn man in guter Stimmung ist oder sich glücklich fühlt, dann sollte man sich nicht mit Rückblicken in die Vergangenheit aufhalten. Die Verarbeitung soll dabei helfen, gegenwärtigen Schmerz loszulassen, indem man ihn mit vergangenen Erfahrungen verknüpft. Wenn man sich an positive Augenblicke erinnert, in denen man in der Vergangenheit Herausforderungen bestand, gelingt es auch in der Gegenwart, Schmerz loszulassen und Herausforderungen anzunehmen.

———◄○►———

Das Ziel der Erinnerungsfragen ist es nicht,
schmerzliche Erinnerungen auszugraben, sondern sich
mit Hilfe von vergangenen Erfolgen aufzubauen.

———◄○►———

In gewissem Sinne schlägt man hier zwei Fliegen mit einer Klappe. Man heilt sich von vergangenen Problemen, die das Befinden in der Gegenwart beeinträchtigen, und indem man die Verbindung zu den positiven Empfindungen der eigenen Vergangenheit wiederherstellt, gewinnt man auch die Kraft, Probleme in der Gegenwart zu lösen.

Die Liste der Erinnerungsfragen kann auch bei Beratungsgesprächen oder in Workshops eingesetzt werden. In Workshops oder in einer Unterstützungsgruppe könnte man etwa mit einem Partner ein Paar bilden und abwechselnd einander Fragen aus der Liste stellen; dann spricht man über die auftauchenden Erinnerungen. Wenn man auf ein Trauma stößt, eine emotionell belastete Erinnerung, kann man abbrechen und diese mit Hilfe der »Vier-Emotionen-Übung« verarbeiten.

In der Beratung oder in einem Workshop kann man bei der Aufdeckung eines alten Traumas diese Erfahrung ausbauen, indem man die vier heilenden Emotionen erkundet und äußert. Der Partner oder Therapeut kann Fragen aus der »Vier-Emotionen-Übung« stellen (siehe Kapitel 7). Durch die Einhaltung der Vorlagen vermeidet man unnötige Abweichungen und Diskussionen. Diskussionen sind erst nach der Verarbeitung sinnvoll.

————◦————

In der Beratung oder in einem Workshop kann man
bei der Aufdeckung eines alten Traumas diese
Erfahrung ausbauen, indem man die vier heilenden
Emotionen erkundet und äußert.

————◦————

Eine weitere Möglichkeit, mit der Liste zu arbeiten, ist, sich mit geschlossenen Augen vorzustellen, selbst in der Vergangenheit zu sein, und so die gestellten Fragen zu beantworten. In einem zweiten Schritt kann man sich im Rollenspiel dann selbst die Antwort geben, die man hätte hören wollen. Wenn Sie die Antwort ausgesprochen haben, die Sie in der Vergangenheit hätten hören wollen, dann gibt der Partner eine andere Version Ihrer positiven Antwort, während Sie selbst die Augen geschlossen halten.

Stellen Sie sich dabei vor, wie Sie sich gefühlt hätten. Tun Sie so, als ob es wirklich geschehen würde. Erlauben Sie es sich, die Reaktion auf die Liebe zu spüren, die Sie verdient hätten. Lassen Sie diese Liebe in sich herein, und Sie werden automatisch Ihre positiven Gefühle entdecken, die Sie verdrängt hatten.

Man kann zwar die Vergangenheit nicht ändern, aber man kann die konkrete Erfahrung durchleben, wie man sich gefühlt hätte, wenn jemand zugehört und für einen dagewesen wäre. Um das Herz zu heilen, braucht man nicht die Vergangenheit zu verändern; man kann sich selbst einfach die Liebe und Unterstützung geben, die man nicht hatte, und dadurch die positiven Empfindungen der Liebe, des Vertrauens, der Freude, der Wertschätzung, der Begeisterung und so weiter freilegen, die zugleich mit den negativen Gefühlen verdrängt wurden.

Wichtige Fertigkeiten entwickeln

Die Verarbeitung von Traumen hilft nicht nur, die positiven Gefühle freizulegen, sondern verleiht auch die Fähigkeit, nachträglich wichtige Fertigkeiten zu entwickeln. Dies sind unter anderem:

▷ Nachsicht.
▷ Nachsicht gegenüber sich selbst.
▷ Achtung vor anderen.
▷ Achtung vor sich selbst.
▷ Hilfe anbieten.
▷ Um Hilfe bitten.
▷ Seine Gefühle angemessen mitteilen.
▷ Seine Gedanken, Gefühle und Wünsche klar aussprechen.

▷ Anderen mitfühlend zuhören.
▷ Geduld.
▷ Fähigkeit zur Selbstkorrektur.
▷ Die Erfüllung von Wünschen aufschieben können.
▷ Mit anderen zusammenarbeiten.
▷ Vertrauen haben.
▷ Erfolg mit anderen teilen.
▷ Anerkennung und Lob entgegennehmen.
▷ Anerkennung und Lob spenden.
▷ Kalkulierte Risiken eingehen.
▷ Gewissenhaftigkeit; wissen, was gut und schlecht ist.
▷ Aufrichtigkeit.
▷ Den eigenen Wert erkennen und den Wert anderer schätzen.
▷ Fähigkeit zu kreativen Problemlösungen.
▷ Akzeptieren, was man nicht ändern kann.
▷ Eigenständiges Denken und Denken aus dem Herzen.
▷ Verantwortung für sein Handeln und seine Gefühle übernehmen.
▷ Selbstloses Geben und gesunde Grenzen ziehen.

Wenn man diese Liste durchliest, wird man sagen müssen, daß nur wenige Erwachsene all diese Fähigkeiten besitzen. Aber es ist nie zu spät. Nimmt man sich Zeit dafür, seine Seele zu heilen, wird man diese wichtigen Fähigkeiten für das alltägliche Leben entwickeln. Heilt man Vergangenes zugleich mit seinem gegenwärtigen Verlust, schafft man sich Zugang zu seinem Potential. Übung macht auch hier den Meister!

So stärken Sie Ihre Erinnerung

Lesen Sie die nachfolgenden Erinnerungsfragen und halten Sie fest, was Ihnen dazu einfällt. Wenn Sie sich an ein Ereignis erinnert haben, denken Sie an den Anfang, die Mitte und das Ende einer jeden Erfahrung. Gehen Sie dann in der Zeit weiter zurück und erinnern Sie sich an ein früheres Ereignis. Wiederholen Sie jede Frage zwei- bis dreimal. Wenn keine weiteren Erinnerungen mehr auftauchen, gehen Sie zur nächsten Frage. Sich in dieser Weise an positive Erlebnisse zu erinnern ist sehr tröstlich.

Wenn schmerzliche oder negative Erinnerungen auftauchen, heißen Sie auch diese willkommen. Verbindet man den Schmerz, den man in der Gegenwart spürt, mit einer alten Erinnerung, kann man ihn dadurch wirksam heilen. Wenn man dieses Trauma, diese schmerzliche Erinnerung identifiziert hat, kann man sie mit Hilfe der »Vier-Emotionen-Übung« verarbeiten.

Bei jeder Wiederholung einer Frage geht man ein Stück weiter in die Vergangenheit zurück. Versuchen Sie in dieser Weise, die allerältesten Erinnerungen wachzurufen. Wenn die Frage lautet: »Erinnern Sie sich daran, wie Sie zur Schule gingen«, dann sollten Sie sich schließlich an Ihren allerersten Schultag erinnern. Sie brauchen sich im übrigen nicht an die Reihenfolge der Liste zu halten. Sie können am Anfang beginnen oder an einer beliebigen Stelle. Sie können auch bestimmte Fragen immer wieder beantworten.

Erinnerungsfragen

Erinnern Sie sich daran,
▷ wie Sie endlich Erfolg hatten.
▷ wie Sie Vertrauen hatten.
▷ wie Sie ängstlich waren, aber wieder Sicherheit gewannen.
▷ wie Sie jemandem vertrauten.
▷ wie Sie nicht enttäuscht wurden.
▷ wie Sie sich auf jemanden verließen.
▷ wie jemand Sie vergaß, sich aber dann wieder an Sie erinnerte.

▷ wie Sie etwas brauchten und es bekamen.
▷ wie Sie nicht bekamen, was Sie zu brauchen glaubten, aber es anderswo bekamen.
▷ wie Sie etwas besaßen, was ein anderer gern gehabt hätte.
▷ wie ein anderer hatte, was Sie gerne gehabt hätten, und Sie dies zum Handeln motivierte.
▷ wie Sie bekamen, was Sie wollten.
▷ wie Sie nicht bekamen, was Sie wollten, aber es noch einmal versuchten.
▷ wie jemand anderer bekam, was Sie selbst wollten, und Sie sich für den Betreffenden freuten.
▷ wie Sie um etwas baten und bekamen, was Sie wollten.
▷ wie Sie noch einmal in einer anderen Weise um etwas baten, was Sie zunächst nicht bekommen hatten.
▷ wie Sie für alle ein gutes Geschäft aushandelten.
▷ wie jemand Sie körperlich trug.
▷ wie Sie eine körperliche Einengung überwanden.
▷ wie jemand Sie ermutigte.
▷ wie jemand Ihnen Vertrauen schenkte.
▷ wie jemand Sie begehrte.
▷ wie jemand Sie gern hatte.
▷ wie jemand mit Ihnen Freundschaft schloß.
▷ wie Sie sich mit jemandem versöhnten.
▷ wie Ihnen ein Fehler verziehen wurde.
▷ wie Sie einer Versuchung widerstanden.
▷ wie Sie krank waren und es Ihnen wieder besserging.
▷ wie sich jemand freute, Sie zu sehen.
▷ wie Sie mit sich selbst sehr zufrieden waren.
▷ wie Sie in einer Verlegenheit waren, aber schließlich wußten, was Sie zu tun hatten.
▷ wie letztlich alles gutging.
▷ wie Sie an einen neuen Ort gingen.
▷ wie Sie einkaufen gingen und sich über Ihren Einkauf freuten.

▷ wie Ihnen jemand bei der Lösung eines Problems half.
▷ wie Sie weinten und es Ihnen danach besser ging.
▷ wie Sie einen Fehler begingen und etwas dazulernten.
▷ wie Sie sich von einem Minderwertigkeitsgefühl befreien konnten.
▷ wie Sie entmutigt waren, aber trotzdem weitermachten.
▷ wie andere zu spät kamen und es nicht schlimm war.
▷ wie Sie irgendwo rechtzeitig ankamen.
▷ wie Sie sich auf die Hinterbeine stellten.
▷ wie jemand für Sie Partei ergriff.
▷ wie Sie Anerkennung fanden.
▷ wie jemand Sie brauchte und Sie ihm halfen.
▷ wie Sie enttäuscht wurden und etwas dazulernten.
▷ wie jemand sein Versprechen nicht hielt und Sie schließlich doch bekamen, was Sie brauchten.
▷ wie Sie sich in einer Gruppe amüsierten.
▷ wie Sie Autofahren lernten.
▷ wie Sie die Fahrprüfung bestanden.
▷ wie Sie ein Buch zu Ende lasen.
▷ wie Sie in die Bibliothek gingen.
▷ wie Sie im Fernsehen das Nachtprogramm ansahen.
▷ wie Sie einmal sehr früh aufstanden.
▷ wie Sie einen Termin einhalten konnten.
▷ wie Sie an einer Versammlung teilnahmen.
▷ wie Sie ein Geschenk bekamen.
▷ wie für Sie eine Party gegeben wurde.
▷ wie Sie stürzten, aber wieder auf die Beine kamen.
▷ wie Sie ein Schnäppchen machten.
▷ wie Sie etwas Neues über Sex erfuhren.
▷ wie etwas oder jemand Sie anmachte.
▷ wie Sie jemanden küßten.
▷ wie Sie etwas Neues begannen.
▷ an einen Verlust, den Sie schließlich akzeptierten.
▷ wie jemand starb und Sie dankbar für die Zeit waren, die Sie mit dem Betreffenden verbringen durften.

▷ wie Sie mit anderen schwammen.

▷ wie Sie einen Sprung wagten.

▷ an eine Verletzung, und wie sich jemand um Sie kümmerte.

▷ wie Sie im Krankenhaus waren.

▷ wie jemand Sie mit dem Auto irgendwohin fuhr.

▷ wie jemand Ihnen zu essen gab.

▷ wie Sie auf einem fröhlichen Fest waren.

▷ wie Sie sich einen neuen Look zulegten.

▷ wie Sie an einen unbekannten Ort reisten.

▷ wie Sie ein Projekt abschlossen.

▷ wie Sie eine Belohnung bekamen.

▷ wie Sie einen Kampf beendeten.

▷ wie jemand auf Sie Rücksicht nahm.

▷ wie Sie für jemanden ein Opfer brachten.

▷ wie Sie Ihrem Herzen folgten.

▷ wie Sie sich von einer Sucht befreiten.

▷ wie Sie einer Versuchung auswichen.

▷ wie Sie sich selbst einen Fehler verziehen.

▷ wie Sie aßen, was Sie wollten.

▷ wie Sie schließlich Ihren Weg fanden.

▷ wie Sie einmal hart bleiben mußten.

▷ wie Sie über sich selbst hinauswuchsen und stolz waren.

▷ wie Sie stundenlang fuhren und sich schließlich ausruhten.

▷ wie Sie einmal die ganze Nacht aufblieben.

▷ wie Sie einmal aufwachten und sich großartig fühlten.

▷ wie Ihnen jemand in einer Notlage half.

▷ wie jemand Sie am Krankenbett besuchte.

▷ wie Sie jemandem Blumen brachten.

▷ wie Sie zu spät kamen und niemand Ihnen Vorwürfe machte.

▷ wie Sie einmal feststellten, daß alles nicht so schlimm war, wie Sie glaubten.

▷ wie Sie einen Fehler machten und doch noch alles gutging.

▷ wie Ihnen jemand Hilfe anbot.

▷ wie Sie glaubten, recht zu haben, sich aber geirrt hatten.

▷ wie Sie eine wichtige Erfahrung machten.

▷ wie Sie sich auf eine Belohnung freuten.

▷ wie Sie entdeckten, daß man Sie doch nicht hereingelegt hatte.

▷ wie Sie sich darauf freuten, daß Ihnen jemand einen Gefallen vergelten würde.

▷ wie Sie sich wirklich sehr auf etwas freuten.

▷ wie Sie einen Herzenswunsch aussprachen.

▷ wie Sie jemandem etwas vergalten.

▷ wie Sie ein Geschenk machten, ohne etwas dafür zu erwarten.

▷ wie Sie etwas unentgeltlich bekamen.

▷ wie Sie sich etwas von Ihrem eigenen Geld kauften.

▷ wie jemand Sie bat, sich auszusprechen.

▷ wie Sie jemanden baten, sich zu gedulden.

▷ wie Sie jemanden zur Vorsicht mahnten.

▷ wie Sie sich verteidigten.

▷ wie Sie die besseren Argumente hatten.

▷ wie Sie jemanden etwas lehrten.

▷ wie Sie etwas Neues lernten.

▷ wie Sie einer Gefahr entrannen.

▷ wie Sie Unterricht nahmen.

▷ wie Sie anderen voraus waren.

▷ wie Sie andere zum Lachen brachten.

▷ wie Sie vor einer Gruppe sprachen.

▷ wie Sie in einer Gruppe eine Frage beantworteten.

▷ wie Sie die richtige Antwort hatten.

▷ wie jemand sich für Sie entschied.

▷ wie Sie ein Spiel gewannen.

▷ wie Sie in einem siegreichen Team dabei waren.

▷ wie Sie Punkte sammelten.

▷ wie Sie einen Preis gewannen.

▷ wie Sie sich aus ganzem Herzen für jemand anderen freuten.

▷ wie Sie etwas teilten.

▷ wie Sie einmal früh aufstanden, um etwas Bestimmtes zu tun.

▷ wie Sie stolz auf sich selbst waren.

▷ wie jemand anderer auf Sie stolz war.

▷ wie Sie Aufmerksamkeit erregen wollten.

▷ wie etwas genau paßte.

▷ wie Sie in einer Zwangslage waren und Ihnen jemand half.

▷ wie Sie sich in Sicherheit brachten.

▷ wie Sie unbemerkt bleiben wollten.

▷ wie Sie einen Fehler wiedergutmachten.

▷ wie jemand an Sie dachte.

▷ wie Sie sich irgendwo vorstellten.

▷ wie Sie allein spielten.

▷ wie Sie mit einem Freund/einer Freundin spielten.

▷ wie Sie sich um ein krankes Tier kümmerten.

▷ wie es Sie glücklich machte, helfen zu können.

▷ wie Sie eine Erklärung dafür fanden, warum jemand gemein zu Ihnen war.

▷ wie Sie lange warten mußten, aber am Ende doch bekamen, was Sie brauchten.

▷ wie Sie eine Autopanne hatten oder Ihnen das Benzin ausging.

▷ wie sich jemand bei Ihnen entschuldigte.

▷ wie Sie jemandem ein Geheimnis anvertrauten.

▷ wie Ihnen jemand ein Geheimnis anvertraute.

▷ wie Sie ein Geheimnis für sich behielten.

▷ wie Sie eine brenzlige Situation überstanden.

▷ wie Sie lügen mußten, um jemanden zu schützen.

▷ wie Sie sich endlich frei fühlten.

▷ wie Sie am Ende doch Erfolg hatten.

▷ wie Ihre Gebete schließlich erhört wurden.

▷ wie Sie glaubten, daß die Welt ein magischer Ort sei.

▷ wie Ihnen ein Fremder begegnete, der Ihnen auf Anhieb sympathisch war.

▷ wie Sie stärker wurden.
▷ wie Sie irgend etwas besser beherrschten.
▷ wie Sie Mut zum Risiko hatten und dafür die Anerkennung anderer fanden.
▷ wie Sie zur Schule gingen.
▷ wie Sie die richtige Entscheidung trafen.
▷ wie Sie überrascht waren.
▷ wie Ihnen jemand Mut machte.
▷ wie jemand an Sie glaubte.
▷ wie Sie einer Strafe entgingen.
▷ wie jemand Sie nicht unterbrach.
▷ wie Sie Ihrem Herzen Luft machten.
▷ wie Ihnen jemand Verständnis entgegenbrachte.
▷ wie Sie für ein Photo lächelten.
▷ wie etwas Sie in große Begeisterung versetzte.
▷ wie ein Unrecht beseitigt wurde.
▷ wie jemand seine schützende Hand über Sie hielt.
▷ wie Sie jemanden umstimmen konnten.
▷ wie Sie sich umstimmen ließen.
▷ wie Sie Ihre Meinung über einen anderen Menschen änderten.
▷ wie Sie über etwas hinwegkamen.
▷ wie Sie eine einseitige Beziehung beendeten.
▷ wie Sie nein sagten und trotzdem geliebt wurden.
▷ wie Sie eine andere Meinung hatten und trotzdem akzeptiert wurden.
▷ wie Sie für jemanden eine Überraschung planten.
▷ wie Sie eine Party planten.
▷ wie Sie sich auf einem Foto sahen.
▷ wie Sie für ein Bild posierten.
▷ wie jemand Sie zu Ihrem Glück zwang.
▷ wie Sie über ein Unrecht empört waren.
▷ wie Sie jemanden einen Auftrag für Sie erledigen ließen.
▷ wie Sie Verantwortung delegierten.
▷ wie Sie etwas taten, was von Ihnen erwartet wurde.

▷ wie Sie anderer Meinung waren als jemand, den Sie gerne hatten.
▷ wie Sie von jemandem geliebt wurden.
▷ wie Sie die Liebe Ihres Vaters spürten.
▷ wie Sie die Liebe Ihrer Mutter spürten.
▷ wie Sie ein intimes Zusammensein mit Ihrer Mutter hatten.
▷ wie Sie ein intimes Zusammensein mit Ihrem Vater hatten.
▷ wie Ihre Mutter Sie tröstete.
▷ wie Ihr Vater Sie tröstete.
▷ wie Ihr Vater Ihnen half.
▷ wie Ihre Mutter Ihnen half.
▷ wie Ihr Vater Sie trug.
▷ wie Ihre Mutter Sie hielt.
▷ wie Ihnen jemand eine Geschichte erzählte.
▷ wie Sie Ihrer Mutter eine Freude machen wollten.
▷ wie Sie Ihrem Vater eine Freude machen wollten.
▷ wie Ihre Mutter Sie lobte.
▷ wie Ihr Vater Sie lobte.
▷ wie Sie sich frei fühlten.
▷ wie Sie ein geheimes Versteck hatten.
▷ wie Sie im Mittelpunkt der Aufmerksamkeit standen.
▷ wie Sie einen Kampf gewannen.
▷ wie Sie mit einer Gruppe reisten.
▷ wie Sie etwas in Ordnung brachten.
▷ wie Sie ein Projekt zu Ende brachten.
▷ wie Ihr Vater Ihnen verzieh.
▷ wie Ihre Mutter Ihnen verzieh.
▷ wie Ihr Vater Sie schützte.
▷ wie Ihre Mutter Sie schützte.
▷ wie Ihnen Ihr Vater etwas beibrachte.
▷ wie Ihnen Ihre Mutter etwas beibrachte.
▷ was Ihr Lieblingsfrühstück war.
▷ wie Ihr Vater sich um Sie kümmerte.
▷ wie Ihre Mutter sich um Sie kümmerte.

- ▷ wie eines Ihrer Geschwister sich um Sie kümmerte.
- ▷ wie Sie sich freuten, jemanden zu sehen.
- ▷ wie Sie zu etwas eingeladen wurden.
- ▷ wie Sie sich gut fühlten.
- ▷ wie Sie das Gefühl hatten, in einer positiven Weise anders zu sein.
- ▷ wie Sie nein sagten.
- ▷ wie Sie zornig und stark waren.
- ▷ wie Sie traurig, aber nicht unglücklich waren.
- ▷ wie Sie ängstlich, aber auch voller Vertrauen waren.
- ▷ wie Sie sich betrübt, aber nicht schlecht fühlten.
- ▷ wie Sie sich machtlos fühlten und trotzdem Vertrauen hatten.
- ▷ wie Sie einen Unfall überlebten.
- ▷ wie Sie eine gute Nachricht hörten.
- ▷ wie Sie sich in Liebe von jemandem trennten.
- ▷ wie Sie einen Neuanfang machten und eine neue Liebe fanden.

Zögern Sie nicht, diese Liste so oft zu benutzen, wie Sie sie brauchen.

Sich immer
an die Liebe erinnern

Das Wichtigste für einen Neuanfang ist, sich immer an die vergangene Liebe zu erinnern. Wenn man ganz bewußt an die schönen gemeinsamen Augenblicke mit einem Partner denkt, ist dies das beste Mittel zur Heilung des Herzens. Am Ende wird es gelingen, beim Gedanken an diese Liebe keinen Schmerz mehr zu fühlen. Wenn man sich weigert, an diese Liebe zu denken, dann bleibt ein großer Teil des Herzens für den Rest des Lebens verschlossen.

Oft bringt dieser Prozeß der Rückerinnerung an die Liebe zum Weinen, aber diese Tränen sind heilsam und verschaffen schließlich Erleichterung.

Meist ist es einfacher, an die Liebe zu denken, wenn der Partner verstorben ist oder man die Hoffnung hat, daß man wieder zusammenkommt. Aber nach einer schmerzlichen Trennung oder Scheidung ist man oft so wütend auf den ehemaligen Partner, daß man nicht mehr an die gemeinsame Liebe denken will. Es gibt aber eine Möglichkeit, diese Schwierigkeit zu überwinden.

―――◁○▷―――

Nach einer schmerzlichen Trennung ist man oft
so wütend auf den ehemaligen Partner, daß man nicht
mehr an die gemeinsame Liebe denken will.

―――◁○▷―――

Wenn Sie auf Ihren ehemaligen Partner wütend sind oder wenn Sie froh sind, ihn losgeworden zu sein, stellen Sie sich einfach vor, daß er gestorben ist. Führen Sie sich vor Augen, daß dieser Mensch, mit dem Sie zusammen waren, tot ist. So können Sie wieder den Teil in sich spüren, der Liebe fühlen kann.

Haben Sie allerdings die Hoffnung auf eine Aussöhnung, kann dies die Empfehlung des Verlusts hemmen. In einem solchen Fall muß man diese Hoffnung vorübergehend aufgeben. Findet dann wirklich eine Aussöhnung statt, ist man hierauf besser vorbereitet, wenn man seine Seele schon geheilt hat.

———◄◦►———

Man kann einen Verlust nicht betrauern, solange man die Hoffnung hat, daß man wieder zusammenkommt.

———◄◦►———

Wenn es Ihnen gelungen ist, den Verlust des Partners zu akzeptieren, sind Sie für die nachfolgenden heilenden Visualisierungen bereit. Eine Übung dauert etwa zwanzig Minuten. In dieser Zeit sollten Sie nicht gestört werden und sich völlig entspannen können. Während der ersten zwölf Wochen der Heilung gibt es eine Visualisierung für jede Woche. Wiederholen Sie diese Visualisierung täglich.

Lesen Sie die Visualisierung langsam. Nehmen Sie sich nach jeder Frage mindestens zehn Sekunden Zeit, über Ihre inneren Reaktionen nachzudenken, bevor Sie zur nächsten Frage übergehen. Man kann eine Übung zwar in wenigen Augenblicken lesen, aber es dauert mindestens zehn Minuten, um sie wirklich durchzuführen. Wenn Sie nach zwölf Wochen alle zwölf Übungen durchgeführt haben, können Sie diejenigen, die Ihnen am meisten zugesagt haben, wiederholen. Wenn Sie möchten, können Sie während des Lesens Hintergrundmusik laufen lassen, oder aber den Text mit Musik auf ein Band sprechen und diesem entspannt zuhören. Dies eignet sich auch sehr gut zum Einschlafen.

Visualisierung zur Erinnerung an die Liebe

Sorgen Sie vor der Visualisierung dafür, daß Sie körperlich völlig entspannt sind. Konzentrieren Sie sich auf Ihre verschiedenen Körperteile und lassen Sie einfach los. Stellen Sie sich vor, daß Sie in jedes Körperteil einatmen und dieses beim Ausatmen entspannen können. Sobald Sie ganz entspannt sind, erkunden Sie die Reaktionen auf die nachfolgenden Fragen.

Wenn Sie die Visualisierung beendet haben, versetzen Sie sich wieder in die Gegenwart, indem Sie wiederum den obigen Entspannungsprozeß durchführen. Um sich in der Gegenwart zu verankern, können Sie den nachfolgenden Satz etwa zehnmal mit der entsprechenden Ergänzung wiederholen: »Zu diesem Zeitpunkt in meinem Leben bin ich dabei, ...« Sie könnten zum Beispiel sagen:

▷ »Ich bin jetzt dabei, meine Seele zu heilen.«
▷ »Ich bin jetzt dabei, ein besseres Gefühl bezüglich meiner selbst zu haben.«
▷ »Ich bin jetzt dabei, wieder eine Liebesbeziehung einzugehen.«
▷ »Ich bin jetzt dabei, meinem ehemaligen Partner zu verzeihen.«
▷ »Ich bin jetzt dabei, das Heft wieder in die Hand zu nehmen.«

Erste Woche: Wie Sie einander begegneten

Erinnern Sie sich daran, wie Sie sich zum ersten Mal begegneten. Wie lief dies ab? Wohin gingen Sie? Wann fühlten Sie die erste Verliebtheit? Was wollten Sie sagen, aber sagten es nicht? Was sagten Sie? Was sagte er/sie? Was taten Sie? Was tat er/sie? Was war das Besondere oder Einmalige an ihm? Stellen Sie sich vor, daß Sie sich in diese Zeit zurückversetzen und ihm/ihr in die Augen sehen können. Spüren Sie die Liebe in Ihrem Herzen zu ihm/ihr. Wie fühlten Sie sich in seiner/ihrer Nähe? Welche sonstigen Empfindungen weckte er/sie in Ihnen? Konzentrieren Sie sich bei der Erkundung Ihrer Gefühle auf die Liebe. Blicken Sie ihm/ihr in die Augen und spüren Sie dabei auch den Schmerz darüber, daß Sie ihn/sie verloren haben. Spüren Sie, wie sehr Sie ihn/sie vermissen.

Konzentrieren Sie sich beim Aufwallen dieses Schmerzes auch auf die Liebe, die Sie für ihn/sie empfinden. Liebe ist ein schönes Gefühl. Liebe ist offen und verständnisvoll. Diese Liebe, die Sie jetzt spüren, heilt den Schmerz Ihres Verlustes. Eines nicht mehr fernen Tages wird der Schmerz aufhören und nur noch die Liebe bleiben.

Zweite Woche: Ihre erste Verabredung
Erinnern Sie sich an Ihre erste Verabredung. Was taten Sie miteinander? Denken Sie an Ihre erste Berührung, an Ihren ersten Kuß. Denken Sie daran, wie Ihnen klarwurde, daß Sie ihn/sie liebten und daß Sie Ihr ganzes Leben mit ihm/ihr verbringen wollten. Versetzen Sie sich in diese Zeit zurück und erinnern Sie sich daran, wie es war, als Sie einander in den Armen hielten.

Betrauern Sie den Verlust seiner/ihrer Gegenwart, während Sie daran denken, wie Sie aneinandergekuschelt lagen. Spüren Sie die Unschuld Ihres Zusammenseins. Spüren Sie Ihre Hoffnungen und Wünsche. Spüren Sie, wie Sie den Impuls fühlten, Ihr Bestes zu geben. Spüren Sie, wie Sie ihn/sie glücklich machen wollten. Denken Sie daran, wie Sie davon überzeugt waren, daß sie immer miteinander glücklich sein würden.

Spüren Sie die Wärme ihres körperlichen Zusammenseins. Wenn der Schmerz über den Verlust wach wird, konzentrieren Sie sich weiterhin auf ihre Liebe und Nähe. Liebe gibt Ihnen das Gefühl der Sicherheit und Trost. Liebe ist warm und beruhigend. Liebe schenkt die Freiheit, man selbst zu sein und das Beste in sich zu verwirklichen. Eines nicht mehr fernen Tages wird Ihr Schmerz aufhören, und es wird nur die Liebe bleiben.

Dritte Woche: Ein leidenschaftlicher Augenblick
Erinnern Sie sich an einen leidenschaftlichen intimen Augenblick, der von Ihrer gemeinsamen Liebe erfüllt war. Erinnern Sie sich an Ihre wachsende Vorfreude. Was war der Anlaß für diese besondere Begegnung? Erinnern Sie sich, wie Ihre Erregung wuchs, was alles geschah und wo Sie waren. Denken Sie daran, wie warm es war. Denken Sie an die Düfte in der Luft.

Atmen Sie ein und stellen Sie sich vor, daß Sie dort sind. Spüren Sie die Leidenschaft in Ihrem Herzen und Ihrem Körper. Fühlen Sie Ihr brennendes Verlangen. Spüren Sie das Verlangen des Partners nach Ihnen und wie er sie umarmte. Spüren Sie das Verlangen, miteinander zu verschmelzen. Spüren Sie die Leidenschaft Ihrer Hingabe, als Sie beide den höchsten Gipfeln der Lust entgegengingen. In einem köstlichen Augenblick des Einsseins liegen Sie einander in den Armen und fühlen Frieden und Befriedigung.

Spüren Sie jetzt die gegenwärtige Leere in Ihrem Herzen, die verzweifelte Sehnsucht, diese einmalige Verbindung mit seinem/ihrem Körper und seiner/ihrer Seele noch einmal zu spüren. Erinnern Sie sich an die Ekstase Ihrer besonderen Liebe zueinander, und spüren Sie dabei den Schmerz des Getrenntseins. Lassen Sie es zu, daß der Schmerz, den Sie fühlen, sich mit der Ekstase Ihrer gemeinsamen Liebe vermischt. Spüren Sie diese Liebe und lassen Sie diese Ihre Seele heilen. Liebe ist Frieden, Liebe ist Zufriedenheit. Finden Sie Frieden in der Erinnerung an Ihre Liebe. Eines nicht mehr fernen Tages wird der Schmerz verschwunden sein, und es wird nur noch der heitere Frieden Ihrer Liebe in Ihnen sein.

Vierte Woche: Sich unterstützt fühlen

Erinnern Sie sich daran, wie Ihr Partner einmal ganz für Sie da war. Sie brauchten ihn/sie, und er/sie half Ihnen sofort. Erinnern Sie sich daran, was geschah. Was brauchten Sie? Was sagten Sie? Was sagte er/sie? Was tat er/sie? Was tat er/sie sonst noch für Sie? Atmen Sie tief ein und versetzen Sie sich in diese Zeit zurück. Stellen Sie sich vor, daß Sie wieder dasselbe brauchen. Spüren Sie Ihr Verlangen nach Liebe, Nähe, Verständnis, Vertrauen und Zuwendung. Spüren Sie, wie schön es war, eine liebevolle Beziehung zu haben. Spüren Sie Ihre Dankbarkeit für seine/ihre Unterstützung. Spüren Sie die Freude darüber, Ihr Leben mit einem anderen Menschen teilen zu können. Spüren Sie die Erleichterung darüber, daß Sie die Bürde Ihres Lebens nicht allein tragen mußten.

Lassen Sie Ihr Herz von Dankbarkeit erfüllt sein. Spüren Sie die Last, jetzt allein zu sein, und konzentrieren Sie sich dabei weiter auf Ihre Dankbarkeit. Danken Sie ihm/ihr wiederum dafür, was er/sie für Sie tat. Akzeptieren Sie in Ihrem Herzen das, wofür Sie dankbar sind. Spüren Sie den Schmerz des Verlustes, aber auch die Dankbarkeit für alles, was er/sie Ihnen gab. Eines nicht mehr fernen Tages wird Ihr Schmerz verschwunden sein. Ihr Leben wird wieder voller Liebe und Unterstützung sein.

Fünfte Woche: Die einfachen Dinge

Erinnern Sie sich an die einfachen Dinge, die Sie und Ihr Partner miteinander taten, Dinge wie gemeinsames Planen, Organisieren, Einkaufen, Kochen, Autofahren, einen Karton tragen, eine Rechnung bezahlen oder einen Brief zur Post bringen. Welche kleinen Dinge tat er/sie für Sie? Was noch? Welche besonderen oder eigentümlichen Angewohnheiten hatte er/sie? Dinge, die nur er/sie tat und niemand sonst? Vielleicht war es einfach seine/ihre Art, sich zu schneuzen oder ein bestimmtes Wort auszusprechen. Erinnern Sie sich daran, wie er/sie aussah. Stellen Sie sich vor, wie er/sie Sie ansah.

Atmen Sie tief ein und stellen Sie sich vor, daß Sie in einem glücklichen Augenblick wieder bei ihm/ihr sind. Spüren Sie Ihre warme Zuneigung zu ihm/ihr und Ihre Dankbarkeit für seine/ihre Zuwendung. Es ist so schön, wenn einem jemand seine Zuneigung zeigt. Wenn man nicht allein ist. Daß man jemandem etwas bedeutet. Spüren Sie Ihre besondere Liebe zugleich mit dem Schmerz darüber, daß Sie jetzt allein sind. Lassen Sie sich von den Erinnerungen an Ihre besondere Liebe trösten. Fühlen Sie, wie die Liebe Ihres Partners Sie umgibt. Stellen Sie sich vor, wie Sie von seiner/ihrer wohltuenden Liebe umhüllt sind. Liebe ist grenzenlos und ewig. Lassen Sie ihn/sie wissen, daß Sie ihn/sie nicht vergessen haben und daß Sie ihn/sie immer lieben werden. Eines nicht mehr fernen Tages wird Ihr Schmerz vergangen sein, und Sie werden wieder Ihre besondere Liebe fühlen.

Sechste Woche: Das Glück miteinander teilen
Erinnern Sie sich daran, wie Sie sich über das Glück Ihres Partners freuten. Was war es, das ihn/sie glücklich machte? Was hatten Sie für ihn/sie getan? Erinnern Sie sich an die Freude darüber, an seinem/ihrem Glück teilhaben zu dürfen. Erinnern Sie sich daran, wie Sie ihm/ihr zum ersten Mal eine Freude machen konnten. Erinnern Sie sich an die Freude darüber, daß Sie in seinem/ihrem Leben eine Rolle spielten, wie erfüllend es für Sie war, so viel für einen anderen Menschen zu empfinden.

Erinnern Sie sich daran, wie Sie einmal erfolgreich waren und er/sie stolz auf Sie war. Er/sie freute sich wirklich für Sie. Er/sie wünschte Ihnen diesen Erfolg. Ihr Glück machte ihn/sie glücklich. Welches Gefühl war es, seinen Erfolg so uneingeschränkt mit jemandem teilen zu können, den Sie liebten? Erinnern Sie sich an andere Zeiten, zu denen Sie miteinander glücklich waren. Was war die Ursache für Ihr gemeinsames Glück?

Lassen Sie die Erinnerung an seine/ihre liebevolle Unterstützung und Ihre Dankbarkeit dafür den Schmerz Ihres Alleinseins lindern. Lassen Sie sich von seiner/ihrer Liebe trösten und sich helfen, wieder nach neuer Liebe und Unterstützung Ausschau zu halten. Danken Sie ihm/ihr für die Bekräftigung, daß Sie Liebe verdient haben, und fassen Sie mit dieser Unterstützung den Entschluß, sich um die Zuwendung zu bemühen, die Sie in dieser schwierigen Phase Ihres Lebens brauchen. Eines nicht mehr fernen Tages wird Ihr Schmerz verschwunden sein, und Sie werden Ihr Herz wieder jemandem schenken können.

Siebte Woche: Die Macht der Liebe
Erinnern Sie sich daran, wie Sie einmal traurig oder enttäuscht waren. Was war geschehen? Was war nicht eingetreten, worauf Sie gehofft hatten? Erinnern Sie sich daran, wie seine/ihre Liebe und Unterstützung Ihren Schmerz erträglich machten. Erinnern Sie sich an die Erleichterung darüber, daß Sie Ihre Verletzlichkeit zeigen konnten. Erinnern Sie sich daran, wie seine/ihre Liebe Sie tröstete.

Atmen Sie tief ein und versetzen Sie sich in diese Zeit zurück. Stellen Sie sich vor, daß er/sie auf Sie zukommt und Sie in die Arme nimmt. Spüren Sie, wie Ihr Partner Sie so akzeptiert, wie Sie sind. Spüren Sie die Erleichterung darüber, daß Sie Ihre Last nicht allein tragen müssen.

Spüren Sie nach der Tröstung durch seine/ihre liebevolle Unterstützung Ihre aktuelle Trauer über Ihren Verlust. Spüren Sie die Sehnsucht in Ihrem Herzen, bei ihm/ihr zu sein und daß seine/ihre Liebe Sie in Ihrer Trauer trösten möge, wie dies früher der Fall war. Spüren Sie das Verständnis Ihres Partners und lassen Sie es geschehen, daß diese Liebe Sie wieder ganz macht. Laufen Sie nicht vor der Liebe davon. Nehmen Sie sich die Zeit, die Sie brauchen, und verschaffen Sie sich die Unterstützung, die Sie verdient haben. Eines nicht mehr fernen Tages wird Ihr Schmerz verschwunden sein, und Sie werden die ganze Kraft der Liebe wieder in Ihrem Leben spüren.

Achte Woche: Verletzlich sein
Erinnern Sie sich daran, wie Sie einmal verunsichert oder ängstlich waren und Ihr Partner an Sie glaubte. Was machte Sie ängstlich? Wovor fürchteten Sie sich? Wie fühlten Sie sich damals? Erinnern Sie sich an seine/ihre Unterstützung zu diesem Zeitpunkt, als Sie sehr verletzlich waren, und wie er/sie für Sie da war. Erinnern Sie sich daran, wie er/sie sagte: »Ich weiß, daß du es schaffen wirst. Ich glaube an dich.« Oder: »Das kommt schon in Ordnung.«

Atmen Sie tief ein und versetzen Sie sich in diese Zeit zurück. Spüren Sie, welche Kraft seine/ihre Liebe Ihnen in Ihrem verletzlichsten Augenblick gab. Spüren Sie den Teil in Ihnen, der jemanden brauchte, der Ihnen Aufmunterung und Unterstützung gab. Spüren Sie die tiefe Dankbarkeit für seine/ihre liebevolle Unterstützung.

Fühlen Sie in der Erinnerung an seine/ihre Unterstützung die Verletzlichkeit, die Sie ohne seine/ihre Unterstützung empfinden. Spüren Sie Ihre Befürchtung, daß niemand Sie lieben wird oder daß Sie nie mehr werden lieben können. Spüren Sie die Furcht, daß in Ihrem Leben die Sonne nicht mehr scheinen wird. Spüren Sie Ihre Ängste und erinnern Sie sich an die Kraft, die Ihnen seine/ihre Unterstützung einmal gab.

Fassen Sie aus dieser Kraft jetzt den Entschluß, sich Zeit dafür zu nehmen, diesen Verlust zu heilen. Verstecken Sie Ihre Liebe nicht, sondern lassen Sie sie zum Vorschein kommen. Lassen Sie es zu, daß andere für Sie da sind, wenn Sie jemanden brauchen. Versprechen Sie sich, an diese Kraft zu denken und diese Unterstützung zu spüren, während Sie ein neues Kapitel in Ihrem Leben aufschlagen. Eines nicht mehr fernen Tages wird Ihr Schmerz vergangen sein, und Sie werden Ihre Kraft und Großartigkeit wieder spüren.

Neunte Woche: Die Magie des Verzeihens

Denken Sie daran, wie Sie einmal einen Fehler begingen und Ihr Partner Ihnen verzieh. Was geschah damals? Worin lag Ihr Fehler? Wie verletzten oder enttäuschten Sie ihn/sie? Welches Gefühl gab Ihnen seine/ihre unbedingte Liebe und sein/ihr Verständnis?

Atmen Sie jetzt tief ein, und versetzen Sie sich wieder in diese Zeit zurück.

Spüren Sie Ihr aufrichtiges Bedauern darüber, daß Sie ihm/ihr weh taten. Was sagten Sie nicht, was Sie jetzt gerne sagen würden? Spüren Sie Ihre liebevolle Reue, die sagt: »Ich liebe dich, es tut mir leid, was geschehen ist.« Spüren Sie die heilende Kraft seiner/ihrer bedingungslosen Liebe zu Ihnen.

Spüren Sie mit seiner/ihrer liebenden Unterstützung auch den Schmerz Ihrer Trauer darüber, daß nichts Ihren Partner zurückbringen wird. Spüren Sie mit dem Schmerz des Kummers auch den tröstenden Einfluß seiner/ihrer Liebe und Nachsicht. Spüren Sie, wie er/sie Ihnen vergibt. Spüren Sie, wie er/sie sagt: »Ich weiß, daß du mich geliebt hast. Du hast dein Bestes getan, und mehr kann niemand verlangen.« Spüren Sie das Geschenk seiner/ihrer Liebe.

Stellen Sie sich vor, wie Ihre Seele in dem Licht seiner/ihrer Liebe und Nachsicht badet. Spüren Sie mit dieser Erneuerung Dankbarkeit für die heilende Kraft der Liebe. Erkennen Sie, daß Ihr Schmerz vergehen wird und daß Sie in Freiheit wieder lieben werden.

Zehnte Woche: Verstanden werden

Denken Sie an einen Zeitpunkt, zu dem Sie sich wirklich verstanden fühlten. Was geschah? Was sagte oder tat Ihr Partner? Denken Sie an einen anderen Zeitpunkt zurück, als andere Ihnen das Leben schwermachten, aber Ihr Partner an Ihrer

Seite war. Erinnern Sie sich daran, wie es war, unterstützt zu werden. Denken Sie daran, wie es war zu wissen, daß Ihr Partner verstand, welchen Kampf Sie durchzustehen hatten. Atmen Sie tief ein und versetzen Sie sich in diese Zeit zurück. Denken Sie daran, wie es sich anfühlte, daß er/sie wirklich verstand, was Sie durchzumachen hatten. Er/sie wußte um Ihre Anstrengungen, das Richtige zu tun. Er/sie kannte den ganzen Hintergrund und fühlte mit Ihnen. Denken Sie mit einem Seufzer der Erleichterung an seine mitfühlende und verständnisvolle Unterstützung.

Ein Teil des Schmerzes über den Verlust eines Menschen hängt mit dem Gefühl zusammen, daß niemand zu verstehen scheint, was man durchmacht. Spüren Sie diesen Schmerz und denken Sie an die Unterstützung, die Sie hatten, als Ihr Partner noch da war. Fühlen Sie den Trost und die Erleichterung, die sich einstellen, wenn man jemanden hat, der einen kennt, der einen wahrnimmt und die eigenen Anstrengungen und Leistungen würdigt.

Erinnern Sie sich an das gute Gefühl, von Ihrem Partner verstanden zu werden, was nur möglich ist, wenn zwei Seelen in Liebe zueinander finden und viele Erfahrungen und Träume miteinander teilen. Spüren Sie den brennenden Schmerz des Alleinseins, und empfangen Sie in Ihrer Seele die tröstende Erinnerung daran, wie Sie mit Ihrem Partner Ihr Leben und viele Erfahrungen teilten. Denken Sie an andere Menschen, die leiden müssen, und bringen Sie Ihnen Ihr Verständnis entgegen. Machen Sie sich klar, daß diese die Tiefen des Kummers ermessen können, den Sie erleben. Eines nicht mehr fernen Tages wird Ihr Schmerz vergangen sein, und Sie werden nicht mehr allein sein.

Elfte Woche: Jemandem eine Stütze sein
Denken Sie an eine Zeit zurück, zu der Sie das Gefühl hatten, für jemanden wirklich eine Stütze zu sein. Sie waren Teil des Lebens eines anderen Menschen, und er war Teil des

Ihren. Erinnern Sie sich daran, wie er/sie Ihre Unterstützung in Anspruch nahm und Sie in irgendeiner Weise für ihn/sie da sein konnten. Atmen Sie tief ein, und versetzen Sie sich in diese Zeit zurück. Erinnern Sie sich daran, welches Gefühl Ihnen seine/ihre Liebe gab. Spüren Sie, wie er/sie sich darüber freute, wie Sie sein/ihr Leben bereicherten. Spüren Sie, wie er/sie Ihrem Leben einen Sinn gab. Spüren Sie Ihre Verbundenheit mit ihm/ihr. Daß ihn/sie zu verlieren so ist, wie wenn man einen Arm oder ein Bein einbüßen würde. Er/sie war ein Teil von Ihnen, von Ihrem Leben, ein spezieller und lieber Teil, den man niemals loslassen kann.

Spüren Sie, während Sie diesen Verlust betrauern, Ihre Trauer und Ihren Kummer, aber auch die Dankbarkeit für das, was er/sie Ihnen gab, für all die besonderen Erinnerungen. Denken Sie daran, wie er/sie Ihre Liebe brauchte und von ihr abhing. Lassen Sie ihn/sie sich erinnern und seine/ihre Liebe fühlen. Machen Sie sich klar, daß die Erinnerung im Laufe der Zeit weniger schmerzhaft sein wird. Die Liebe in Ihrem Herzen zu ihm/ihr wird Ihre Wunden heilen. Durch diese Liebe werden Sie erneuert werden, und Ihr Leben wird von Liebe erfüllt sein.

Zwölfte Woche: Die Gaben der Liebe
Denken Sie an die Gaben der Liebe, mit denen Ihr Partner Ihr Leben bereicherte. Erinnern Sie sich daran, wie sich dies auf Sie auswirkte. Rufen Sie sich ins Gedächtnis zurück, wie Ihr Leben durch sie schöner wurde. Stellen Sie sich vor, wie Ihr Leben war, bevor Sie ihn/sie kennenlernten. Wie hat er/sie Ihr Leben heller gemacht? Wie hat er/sie Ihnen Kraft gegeben, wenn Sie es brauchten? Erinnern Sie sich daran, wie Sie mit ihm/ihr glücklich waren. Denken Sie daran, wie Sie miteinander Spaß hatten. Erinnern Sie sich daran, wie Ihnen Ihr Partner genau das gab, was Sie brauchten. Erinnern Sie sich daran, wie Sie Gott für das Geschenk der Liebe Ihres Partners dankten.

Atmen Sie tief ein, und versetzen Sie sich wieder zurück in die Freude seiner/ihrer Gegenwart. Sonnen Sie sich im Licht seiner/ihrer Liebe. Spüren Sie die Süße Ihrer Liebe zu ihm/ihr. Spüren Sie, wie glücklich Sie darüber sind, sich für einige kurze Augenblicke wieder in das Leben vor seinem/ihrem Weggang zurückversetzen zu können.

Lassen Sie sich, während Sie den Schmerz Ihres Verlustes spüren, von dem Gedanken an die Freude trösten, die Ihr Partner Ihnen schenkte. Lassen Sie die liebevolle Erinnerung an Ihren Partner Ihren Schmerz wegwaschen. Ihr Partner war eine Erhörung Ihrer Gebete, nicht einfach ein Zufall. Gott liebt Sie und läßt Sie nicht im Stich.

Auch wenn Sie sich dies jetzt nicht vorstellen können, werden Sie durch diese Erfahrung stärker werden und mehr Liebe geben und empfangen können als je zuvor. Sie sind nicht vergessen. Sie werden geliebt und werden ihrerseits wieder lieben. Eines nicht mehr fernen Tages wird der Schmerz aufhören, und Sie werden Gottes Liebe und Gnade wieder ganz erleben können.

101 Wege
zur Heilung der Seele

Es gibt viele verschiedene Möglichkeiten, sich liebevoll an den verlorenen Partner zu erinnern. All diese Verfahren tragen zur Heilung der Seele bei. Denn alles, was dabei hilft, die schmerzlichen Gefühle bewußt zu erleben, ist für den Heilungsprozeß nützlich. Dabei sind alle Wege gleich gut, solange sie nur zu Liebe, Verständnis, Nachsicht, Dankbarkeit und Vertrauen zurückführen.

Statt zu glauben, daß Sie ohnehin nichts tun könnten, damit es Ihnen wieder bessergeht, sollten Sie die nachfolgenden Vorschläge annehmen und damit jeden Tag etwas für den natürlichen Heilungsprozeß tun. Benutzen Sie diese Anregungen, um liebevoll an Ihren Partner zu denken und den Kontakt mit Ihren Gefühlen zu behalten.

Die Liste wurde entwickelt, um den Tod eines Partners zu bewältigen. Sie eignet sich jedoch ebensogut dafür, eine Beziehung zu bewältigen, die durch Scheidung oder Trennung endete. Wenn man ein gebrochenes Herz hat und der Partner noch am Leben ist, dann muß man akzeptieren lernen, daß es den Menschen, der er war oder für den wir ihn hielten, nicht mehr gibt. Es ist, wie wenn er gestorben wäre. Aus dieser Perspektive kann man seinen Verlust in der richtigen Weise betrauern.

1. Hören Sie immer wieder Musik, die Ihnen nahegeht.
2. Gehen Sie in Filme oder sehen Sie sich Videos an, die Sie zum Weinen bringen.
3. Lesen Sie ein Buch Ihres bevorzugten Genres, oder

schließen Sie sich einem literarischen Zirkel an, um über Bücher zu diskutieren.

4. Unternehmen Sie etwas, das Ihren Mut herausfordert, und wenn es nur für einen Tag ist. Verschaffen Sie sich neue Selbsterfahrungen.

5. Gehen Sie tanzen oder unternehmen Sie etwas, was Ihnen Spaß macht. Zu trauern heißt nicht, unaufhörlich Trübsal zu blasen. Man muß auch etwas tun, um sich aufzumuntern, indem man die Gesellschaft anderer Menschen sucht, die sich amüsieren. Es ist ganz in Ordnung, wenn dies die Trauer verstärkt.

6. Fahren Sie an Orte, wo Sie mit Ihrem Partner etwas Schönes erlebt haben, oder gehen Sie dorthin, wo Sie einander zum ersten Mal begegneten.

7. Lesen Sie alte Briefwechsel mit Ihrem Partner.

8. Stellen Sie sich vor, daß Ihr Partner vor Ihnen steht und Sie hören und Ihnen antworten kann, und lassen Sie Ihren Gefühlen freien Lauf. Sie können hierzu auch jemanden bitten, sich Ihnen gegenüberzusetzen und die Rolle des Partners zu übernehmen. Der Betreffende braucht dabei nur Ihre Hand zu halten und zuzuhören.

9. Sehen Sie sich Videos an, die Sie mit Ihrem Partner aufnahmen.

10. Entzünden Sie regelmäßig eine große Kerze oder Räucherstäbchen zur Erinnerung an Ihren Partner und Ihre gemeinsame Liebe.

11. Blättern Sie in einem Photoalbum, zuerst allein und dann mit Freunden. Schauen Sie die Bilder mit verschiedenen Freunden an, um die Erfahrung zu vertiefen. Reden Sie zusammen über die alten Zeiten.

12. Schreiben Sie für Freunde und Verwandte ein Buch über Ihr gemeinsames Leben.

13. Umgeben Sie sich mit den persönlichen Dingen Ihres Partners.

14. Stellen Sie an Ihrem Bett ein Bild von ihm auf. Wün-

schen Sie diesem Bild eine gute Nacht und einen guten Morgen.

15. Erzählen Sie nacheinander allen Ihren Freunden die Geschichte Ihres Verlustes oder der Trennung. Sooft Sie sie erzählen, werden Sie eine neue Schicht des Schmerzes heilen und sich für mehr Liebe öffnen.

16. Schließen Sie sich einer Unterstützungsgruppe an, in der Sie Ihre Geschichte erzählen können. Hören Sie die Berichte anderer über ihre verlorene Liebe. Wenn Sie deren Leid hören, können Sie Ihr eigenes besser fühlen. Berichten Sie jede Woche davon, wie es Ihnen allmählich bessergeht.

17. Verbringen Sie Zeit mit Ihrer Familie und Verwandtschaft. In einer Zeit der Trauer braucht man Menschen, bei denen man sich sicher und aufgehoben fühlt.

18. Schließen Sie sich Gruppenaktivitäten an, oder machen Sie gemeinsam mit anderen Urlaub. Erfahrungen mit anderen Menschen zu machen, hilft Ihnen, der neue Mensch zu werden, der Sie jetzt werden müssen.

19. Schreiben Sie alle guten Eigenschaften Ihres Partners auf, und reden Sie mit allen Ihren Freunden darüber.

20. Schließen Sie sich einer Chat-Gruppe im Internet an. Anonymität kann sehr befreiend sein. Sie können hier Ihre »neuen Flügel« ausprobieren. Seien Sie ganz aufrichtig, und erleben Sie eine neue Freiheit.

21. Lernen Sie Ihrem Partner zu Ehren etwas Neues. Nehmen Sie Unterricht in einem neuen Wissensgebiet, für das sich auch Ihr Partner interessierte.

22. Kaufen Sie sich ein Geschenk für sich selbst und stellen Sie sich vor, daß es von Ihrem Partner ist. Überlegen Sie sich, was er Ihnen geben würde, um Sie in Ihrem Kummer zu trösten, und kaufen Sie es sich.

23. Suchen Sie sich etwas, das Sie einfach deshalb tun, weil Ihr Partner es gerne hatte, und tun Sie es weiterhin zu seinem Andenken.

24. Stellen Sie eine Woche lang täglich, drei Monate lang wöchentlich und ein Jahr lang einmal im Monat Blumen auf sein Grab oder neben sein Bild. Tun Sie dies dann weiterhin einmal im Jahr an seinem Geburtstag.
25. Überlegen Sie sich, was er in Ihrem Leben und im Leben anderer Menschen bewirkt hat, und schreiben Sie es auf. Stellen Sie auch anderen diese Frage.
26. Drücken Sie ihm Ihre Dankbarkeit in einem Brief aus.
27. Schreiben Sie einen Brief, in dem er Ihnen Mut macht, und schicken Sie ihn an sich selbst.
28. Widmen Sie ihm eine besondere Ecke in Ihrem Garten.
29. Kaufen Sie etwas Schönes für den Kaminsims, das Sie an ihn erinnert.
30. Schreiben Sie einen Brief, in dem Sie ihm alle Fehler verzeihen, an die Sie sich erinnern können. Bitten Sie einen Freund oder Therapeuten, die Rolle des Partners zu übernehmen, während Sie Ihren Brief vorlesen. Stellen Sie sich vor, wie Ihr Partner Ihnen beim Vorlesen zuhört.
31. Schreiben Sie einen Entschuldigungsbrief, in dem Sie alle Fehler eingestehen, die Sie gemacht haben. Machen Sie ein Rollenspiel mit einem Therapeuten oder Freund.
32. Schreiben Sie einen Brief, in dem er Ihnen Ihre Fehler verzeiht, und schicken Sie ihn an sich selbst. Im Rollenspiel mit einem Therapeuten oder Freund lassen Sie sich den Brief vorlesen, während Sie sich mit geschlossenen Augen vorstellen, daß Ihr Partner spricht.
33. Schreiben Sie in seinem Namen einen Entschuldigungsbrief an sich selbst, und schicken Sie ihn an sich selbst ab. Lassen Sie auch hierfür im Rollenspiel den Therapeuten die Entschuldigungen vorlesen. Drücken Sie mit geschlossenen Augen Ihre Vergebung und andere auftauchende Empfindungen aus.
34. Spenden Sie in seinem Namen einer gemeinnützigen Einrichtung, für die sich Ihr Partner engagierte; vor

allem, wenn es hierfür eine öffentliche Anerkennung in irgendeiner Form gibt.

35. Nehmen Sie sich jeden Tag eine Stunde für »Heilungsübungen« Zeit, und führen Sie Visualisierungsübungen durch. Wählen Sie ein bestimmtes Musikstück aus, das Sie laufen lassen, sooft Sie Ihren Verlust betrachten.

36. Sagen Sie Ihren Freunden, daß es Ihnen guttut, wenn Sie trauern können, daß es Ihnen hilft, wenn Sie die Liebe zu Ihrem Partner spüren können. Andernfalls könnten sie darüber ungeduldig werden, daß Sie sich soviel Zeit für Ihre Trauerarbeit nehmen. Wenn Ihre Freunde dies selbst noch nicht erlebt haben, können sie es einfach nicht verstehen.

37. Hören Sie den Berichten anderer Menschen zu, die einen geliebten Menschen verloren haben, so erfahren Sie, daß Sie nicht allein sind. Ihre Einsamkeit wird geringer.

38. Gehen Sie an einen Ort, an dem Sie noch nie waren, und begegnen Sie neuen Menschen. Neue Erfahrungen bringen immer etwas Neues in einem selbst zum Vorschein.

39. Besorgen Sie sich ein Haustier. Sich um ein Tier zu kümmern, ist wohltuend für die Seele. Man fühlt sich dadurch auch jünger.

40. Bitten Sie Ihre Freunde um ihre Unterstützung. Sie werden sie Ihnen gerne gewähren. Lassen Sie sich von ihnen zum Beispiel zum Essen einladen. Wenn sie Ihnen gegenüber zurückhaltend sind, dann deshalb, weil sie nicht wissen, was sie sagen oder wie sie sich verhalten sollen. Es ist für sie wichtig zu wissen, was sie für Sie tun können.

41. Versuchen Sie nicht, den Heilungsprozeß zu beschleunigen. Nehmen Sie sich hierfür bewußt drei bis neun Monate Zeit. Wenn Sie dies nicht tun, versäumen Sie

die Gelegenheit, Ihre Seele zu heilen. Dies wird immer eine besondere Erfahrung in Ihrem Leben bleiben.

42. Zentrieren Sie sich jeden Morgen beim Aufstehen mit dem nachfolgenden Ritual in der Gegenwart: Blicken Sie in den Spiegel und sagen Sie laut: »Eben jetzt zu diesem Zeitpunkt meines Lebens bin ich dabei...« Führen Sie den Satz jeweils mit dem nächsten Gedanken zu Ende, der Ihnen in den Sinn kommt. Wiederholen Sie dies zehnmal.

43. Denken Sie an etwas Besonderes, das Sie in dieser Woche tun würden, wenn Ihr Partner noch da wäre, und tun Sie es dann.

44. Stellen Sie sich vor, wie Sie sich fühlen würden, wenn Sie davon überzeugt wären, daß das Geschehene völlig in Ordnung war.

45. Denken Sie darüber nach, wie gut es Ihnen im Grunde geht. Oft vergißt man über der Trauer wegen eines Verlusts, was es noch an Positivem im eigenen Leben gibt.

46. Haben Sie Geduld mit sich selbst. Ärgern Sie sich nicht, wenn es einen Rückschlag gibt, sondern gönnen Sie sich etwas.

47. Wenn Sie sich deprimiert fühlen, leihen Sie einen Stapel lustiger Videos aus, die Sie sich alle hintereinander anschauen.

48. Bitten Sie Ihre Freunde, Sie in den Arm zu nehmen. Wenn man in seinem Leben Zuwendung verloren hat, kann man trotzdem das Maß an Berührungen bekommen, das man braucht. Sagen Sie einfach: »Möchtest du mich nicht in den Arm nehmen?«

49. Lassen Sie sich einmal pro Woche eine Massage geben. Körperliche Berührung ist ebenso wichtig wie Liebe. Um die Seele zu heilen, muß man sich auch um den Körper kümmern.

50. Erlauben Sie sich das Gefühl, daß das Leben nicht gerecht ist. Denken Sie über Ihre gemeinsamen Träume

und Ziele nach. Spüren Sie Ihre Enttäuschung, und schreiben Sie einen Brief, in dem Sie Ihre Gefühle ausdrücken.

51. Versuchen Sie nicht, für Ihre Freunde »stark« und in guter Stimmung zu sein. Erlauben Sie es sich, deprimiert zu sein. Die Seele kann man nur heilen, indem man die Wellen des Kummers akzeptiert. Nur dann, wenn man den Heilungsprozeß nicht stört, wird der Schmerz vollständig und auf Dauer vergehen.

52. Wenn man in Jerusalem wäre, könnte man zur Klagemauer gehen und andere Menschen in Trauer erleben; ein moderner Ersatz hierfür ist die Teilnahme an einem Workshop zur Heilung von seiner Vergangenheit oder zur Bewältigung des Verlusts eines geliebten Menschen.

53. Wenn Sie keine Gelegenheit mehr hatten, in der Weise Abschied zu nehmen, wie Sie es gerne getan hätten, können Sie sich mit einem Freund oder einem Therapeuten zusammensetzen, die Augen schließen, einander die Hand geben und sich vorstellen, daß Sie nachträglich eine Möglichkeit zum Abschiednehmen haben. Spielen Sie die Situation genau so durch, wie Sie es sich vorstellen. Tauschen Sie dann die Rollen und imaginieren Sie, was Ihr Partner sagen würde.

54. Wenn Sie Schuldgefühle haben, weil Sie glauben, daß Sie den Verlust vielleicht hätten verhindern können, dann sagen Sie dies einem Freund oder Therapeuten. Tun Sie etwas Gutes für jemanden, der in Not ist. Machen Sie das, was Sie für Ihren Partner hätten tun wollen. Anderen zu helfen, hilft immer, sich von Schuld- oder Schamgefühlen zu lösen.

55. Suchen Sie die Verbindung mit der Erde. Gehen Sie am Morgen spazieren. Laufen Sie barfuß über das Gras, wenn es die Witterung erlaubt. Atmen Sie die frische Morgenluft tief ein.

56. Wenn Sie das Gefühl haben, zu Ihrer Heilung einen

»Tapetenwechsel« zu brauchen, machen Sie so bald wie möglich Urlaub. Ihr Chef wird hierfür Verständnis haben.

57. Schneiden Sie die Todesanzeige aus der Zeitung aus, und lesen Sie sie alle paar Tage.

58. Bitten Sie einen Freund, die Bestattungsfeier und den anschließenden Empfang auf Video aufzunehmen, so daß Sie sich später den Film ansehen können, wenn Sie diesen Trost brauchen. Manchmal ist man während der Bestattungsfeier noch unter Schock. Der Schmerz kommt vielleicht erst nach Tagen an die Oberfläche, und dann braucht man Unterstützung. Bitten Sie denjenigen, der den Film macht, andere zu fragen, was sie an Ihrem Partner am meisten schätzten. Lassen Sie sie eine kleine Geschichte erzählen, wie sie Ihrem Partner begegneten und was sie von ihm hielten. Schauen Sie dann gelegentlich das Video an oder hören Sie das Band ab.

59. Sagen Sie sich immer wieder: »Ich werde darüber hinwegkommen.« Denken Sie daran, daß andere Menschen ebenfalls darüber hinweggekommen sind. Bald wird der Schmerz vergangen sein.

60. Denken Sie daran, wie Sie sich begegneten. Schreiben Sie dem, der Sie zusammenbrachte, einen Dankesbrief und schicken Sie ihn ab.

61. Schreiben Sie einen Brief an die »Beschwerdestelle des Universums«. Lassen Sie allen Ihren Empfindungen des Zorns und des Verletztseins freien Lauf. Wenden Sie sich dann anderen Gefühlen wie Trauer, Furcht und Bedauern zu. Schreiben Sie einen Antwortbrief von Gott oder einem Engel und schicken Sie ihn an sich selbst.

62. Bitten Sie einen guten Freund zu sich, um einfach jemanden in Ihrer Nähe zu haben. Sagen Sie ihm, daß Sie nichts von ihm erwarten. Seien Sie einfach zusammen, ohne miteinander zu reden oder etwas zu tun. Kein

Fernsehen, kein Kochen, kein Lesen. Gehen Sie einfach spazieren oder betrachten Sie sich eine Stunde den Sonnenuntergang oder den Mondaufgang. Dies wird einen tröstenden Frieden in Ihre Seele bringen.

63. Erlauben Sie es sich, wie ein Kind zu sein. Wenn der Verlust unbewältigte Probleme der Vergangenheit zum Vorschein bringt, gehen Sie mit einem Freund oder Verwandten in den Zoo oder in einen Vergnügungspark.

64. Gehen Sie zu Hochzeiten. Sich mit Liebe zu umgeben, ist das beste Heilmittel. Dies bringt den Kummer an die Oberfläche, aber eben dies ist heilend.

65. Wenn man einen Kampfsport betreibt, sollte man dies jetzt intensivieren. Sport kann vor allem Männern helfen, das Gefühl, daß sie lebendig sind und etwas bewegen wollen, wieder zu entdecken.

66. Gehen Sie zur Kirche und beten Sie. Teilen Sie so Ihre tiefsten Empfindungen der Unzulänglichkeit mit. Spüren Sie, wie Gottes Gnade Sie umgibt und Sie durch diese dunkle Nacht Ihrer Seele hindurchträgt.

67. Stellen Sie sich selbst in den Vordergrund. Sie haben jetzt das Recht, sich umsorgen zu lassen. Befreien Sie sich von allen Verpflichtungen, die im Moment zu belastend sind. Sie haben einen Verlust zu betrauern, und dies ist jetzt wichtiger.

68. Wenn Ihre Freunde Sie nicht nach Ihren Gefühlen fragen, lassen Sie sie wissen, was Sie brauchen. Sagen Sie zu ihnen: »Ich habe großen Kummer, und ich muß jetzt zehn Minuten mit mir selbst Mitleid haben. Ihr braucht nichts weiter zu tun, als mir zuzuhören, damit es mir wieder bessergeht. Ich muß es einfach loswerden.« Wenn sie darauf eingehen, sprechen Sie über Dinge, die Sie mit Ihrem Partner erlebt haben, und lassen Sie dabei Ihrer Trauer freien Lauf.

69. Halten Sie Ihre Tränen nicht zurück. Weinen ist völlig in Ordnung. Manche weinen lieber allein; dies ist eben-

falls in Ordnung. Weinen ist gut für die Seele. Viele können besonders gut weinen, wenn sie sich die Musik des Musicals »Les Misérables« anhören. Am besten sehen Sie sich das Stück an und hören dann die Musik zu Hause, so oft Sie wollen.

70. Achten Sie darauf, Konflikte auf ein Mindestmaß zu beschränken und Erbstreitigkeiten zu vermeiden. Wenn ein Familienmitglied streitet, denken Sie daran, daß ihm letztlich nur der Verlust zu schaffen macht. Wenn es um eine Scheidung geht, leben Sie zunächst längere Zeit getrennt, damit Sie die Heilung weitgehend abgeschlossen haben, bevor die eigentliche Scheidung abgewickelt wird.

71. Wenn Sie leiden, machen Sie kein Geheimnis daraus. Jetzt ist die Zeit, sich auf andere zu stützen und seine Seele zu entblößen.

72. Sagen Sie nach einem Todesfall oder einer Scheidung nicht zu Ihren Kindern, daß sie jetzt stark sein müssen. Zeigen Sie andererseits Ihren Kindern nicht Ihren ganzen Kummer, aber seien Sie soviel wie möglich für sie da. Versuchen Sie, an Ihrem Kummer zu arbeiten, wenn Ihre Kinder nicht dabei sind. Suchen Sie nicht bei Ihren Kindern Trost. Diese sollten bei Ihnen Trost finden.

73. Machen Sie nichts schlimmer, als es ist. Es ist falsch, den Kindern zu sagen, daß sie nicht trauern dürfen, ebenso darf man den Verlust nicht größer machen, als sie ihn wirklich empfinden. Möglicherweise dauert es einige Zeit, bis die Kinder in der Lage sind, mit ihren Gefühlen umzugehen. Möglicherweise werden sie über andere Dinge sehr wütend. Die beste Haltung ist es zuzuhören. Fragen Sie immer wieder: »Was macht dir sonst noch Kummer?«

74. Wenn Sie sehen, daß andere Menschen verliebt sind, und Sie anfangen, sich selbst zu bemitleiden, führen Sie

einen »Zorncheck« durch: Schauen Sie in den Spiegel und erzählen Sie Ihrem Spiegelbild einige Minuten, worüber Sie sich ärgern. Sprechen Sie dann einige Minuten aus, was Sie möchten, und bekräftigen Sie schließlich einige Minuten laut, was Sie verdient haben. Sie werden sich sofort besser fühlen.

75. Wenn jemand etwas Gutes über Ihren ehemaligen Partner sagt und Sie neidisch oder wütend werden, setzen Sie sich hin und machen Sie eine Liste Ihrer geheimen Befürchtungen, wie zum Beispiel:»Ich werde nie wieder geliebt werden« oder:»Ich bin nichts wert«. Beenden Sie die Übung damit, daß Sie aussprechen, wofür Sie dankbar sind.

76. Engagieren Sie sich für die Gemeinschaft, am besten für Menschen, die schätzen, was Sie tun.

77. Fragen Sie sich, wie Sie sich fühlen würden, wenn Sie wüßten, daß in zwei Jahren Ihr Leben wieder von Liebe erfüllt sein wird und Sie wieder glücklich sein werden. Visualisieren Sie dies dann mit geschlossenen Augen. Stellen Sie sich Sie selbst in der Zukunft vor und beschreiben Sie gegenüber einem Freund oder Therapeuten laut, was Sie empfinden. Drücken Sie Ihre positiven Gefühle wie folgt aus:»Ich bin dankbar dafür, daß...«,»Ich bin glücklich, weil...«,»Ich habe das Vertrauen, daß...«

78. Fahren Sie auf einen Berg, an einen Fluß oder ans Meer, und führen Sie ein kleines Abschiedsritual durch. Machen Sie eine halbtägige Wanderung. Unterwegs wird viel zu Ihrer Heilung geschehen. Streuen Sie als Gabe und Ausdruck Ihrer Liebe Blumen in alle Richtungen.

79. Sprechen Sie mit einem religiösen Führer, einem Pfarrer, Pastor, Rabbi oder mit einem anderen geistlichen Leiter, der Ihnen spirituelle Unterstützung geben kann.

80. Überlegen Sie sich, was Ihr Partner noch gern getan hätte oder unvollendet ließ, und vollenden Sie es.

81. Rufen Sie seine Freunde an, und erzählen Sie ihnen alles über die Einzelheiten seines Todes. Wenn Sie eine Scheidung betrauern, erzählen Sie Ihren Freunden, was Sie taten, um die Ehe zu retten, bis Sie schließlich einsahen, daß Sie nicht zusammenpaßten. Versuchen Sie, etwas Gutes über die entsprechenden Bemühungen Ihres Partners zu sagen, auch wenn ein Teil von Ihnen davon jetzt noch nicht überzeugt ist.

82. Versuchen Sie immer zu verzeihen. Am einfachsten tut man dies mit den Worten Christi am Kreuz: »Vater, vergib ihnen, denn sie wissen nicht, was sie tun.« Es fällt am leichtesten zu verzeihen, wenn man sich klarmacht, daß der Partner nicht wußte, was er tat.

83. Machen Sie sich klar, daß der Schmerz, den Sie jetzt spüren, Sie darauf vorbereitet, künftig für andere Menschen dasein zu können. Durch die Heilung des Schmerzes entwickeln Sie sehr viel Mitgefühl und Liebe zu anderen Menschen, die leiden müssen. Sie lernen etwas sehr Wichtiges, das Sie weitergeben können.

84. Denken Sie darüber nach, was Sie in Ihrem Leid brauchen, damit Sie später wissen, wie sehr Sie von anderen gebraucht werden, die Kummer haben. Es kann sehr tröstend sein, einfach bei jemandem zu sein, ohne etwas zu sagen. In seinen dunkelsten Stunden braucht man einen liebevollen Menschen in seiner Nähe.

85. Fassen Sie den Entschluß, der beste Mensch zu sein, der Sie sein können. Oft hat man eine entsprechende Inspiration, wenn man seinen Schmerz spürt und abbaut. Machen Sie in einem solchen Augenblick der Inspiration eine Liste der Eigenschaften, die Sie in Ihrem Leben verwirklichen wollen.

86. Führen Sie während der ersten dreißig Tage Ihres Heilungsprozesses ein Tagebuch. Schreiben Sie jeden Tag einige Ihrer Gedanken, Empfindungen und Erfahrungen auf.

87. Schreiben Sie ein Gedicht oder lesen Sie einen Gedicht-band.
88. Suchen Sie bei Gott Trost. Manchmal kann man sich in seinen dunkelsten Augenblicken am besten in Demut vor Gott niederwerfen. Nutzen Sie diese Zeit, um Ihre spirituellen Überzeugungen neu zu überdenken.
89. Setzen Sie sich für Ihre tägliche Trauer keine zeitlichen Grenzen. Jeder Mensch ist anders, und jeder Tag ist anders. Seien Sie flexibel und nehmen Sie sich soviel Zeit, wie Sie brauchen.
90. Überlassen Sie sich den Wellen Ihrer Gefühle. Glauben Sie nicht, daß Sie immer traurig oder immer fröhlich sein müßten. Es ist keine Treulosigkeit gegenüber Ihrem Partner, wenn Sie einmal Augenblicke der Freude oder der Erleichterung haben. Trauer ist nicht der Beweis für die Liebe, sondern ein Prozeß des Loslassens des Schmerzes. Jedes Loslassen kann eine Empfindung in-tensiver Freude auslösen.
91. Gehen Sie Ihren eigenen individuellen Weg des Trau-erns. Manche Menschen durchleben diese Zeit eher dramatisch, andere eher verhalten. Wenn Sie zu erste-ren gehören, sollten Sie auch die Zeiten nicht verges-sen, in denen Sie dankbar sind und sich gut fühlen. Gehören Sie zu letzteren, sollten Sie darauf achten, den Schmerz in Ihrem Innern nicht zu unterdrücken.
92. Erwarten Sie nicht, daß andere Ihre Bedürfnisse ken-nen. Oft ist man zu schüchtern, um um Hilfe zu bitten. Aber lassen Sie Ihre Freunde ruhig wissen, wie es um Sie steht.
93. Besuchen Sie die Wöchnerinnenabteilung in einer Kli-nik. Nach einem Verlust ist es gut, die fröhliche und lie-bevolle Energie zu erleben, die mit der Geburt neuen Lebens verbunden ist. In gewisser Weise stehen Sie ja auch am Anfang eines neuen Lebens.
94. Machen Sie sich bewußt, daß die Morgendämmerung

eines neuen Tages nach dem dunkelsten Augenblick der Nacht anbricht. Manchmal taucht man in eine Finsternis ein, aber das Licht der Liebe und der Erleichterung wird doch wieder scheinen.

95. Nehmen Sie sich einen Teil des Tages Zeit für körperliche Bewegung, bei der Sie tief atmen müssen. Atmung und Bewegung bringt das Lymphsystem in Schwung, das den Körper während einer Heilungskrise reinigt.

96. Pflanzen Sie einen Baum oder eine besondere Pflanze zu Ehren Ihres Partners und pflegen Sie sie.

97. Kaufen Sie ein besonderes Schmuckstück, das Sie zur Erinnerung an die Schönheit Ihrer Liebe immer tragen.

98. Tragen Sie zum Zeichen Ihrer Trauer ein schwarzes Band um das Handgelenk.

99. Schreiben Sie jeden Tag drei Erinnerungen an Ihre Beziehung in Ihr Tagebuch.

100. Erstellen Sie eine Liste aller Dinge, die Sie nie mehr miteinander tun werden. Die Trauer über diesen Verlust wird es Ihnen schließlich erlauben, die gemeinsame Zeit wirklich zu schätzen, und Ihnen die Freiheit zu einem Neuanfang geben.

101. Nehmen Sie sich, wenn Sie den Schmerz kommen fühlen, Zeit dafür, die vier heilenden Emotionen zu durchleben, indem Sie Ihren Schmerz mit der Vergangenheit verknüpfen, ihn neu erleben und diese Erfahrung erweitern. Führen Sie die »Vier-Emotionen-Übung« durch, um sich von Ihrem Schmerz zu heilen.

Wenn Sie den Kontakt zu Ihrer Liebe und Ihren Gefühlen während dieser kritischen Zeit der Heilung der Seele aufrechterhalten, wird dies eine sehr fruchtbare Zeit für Sie werden, auch wenn es schwerfällt zu glauben, daß sie jemals vorübergehen wird. Sie werden das Leben wieder in all seiner Herrlichkeit erfahren können. Vergleichen Sie diese Zeit mit einem kalten Winter, der doch irgendwann ein Ende haben wird. Setzen Sie die vorgeschlagenen Verfahren und Techniken ein, damit Sie geschützt, gesund und warm bleiben. Auch wenn diese Jahreszeit lange dauern kann, dürfen Sie nie vergessen, daß die Kälte vorübergehen wird, und dann warten ein neues Leben und die Wärme des Frühlings auf Sie.

TEIL ZWEI

Venus verliebt sich neu

Ein Neubeginn auf der Venus unterscheidet sich in mancherlei von einem Neubeginn auf dem Mars. Männer und Frauen stehen hier vor unterschiedlichen Herausforderungen. Was für einen Mann gut ist, braucht nicht auch für eine Frau gut zu sein. Was für sie ein Hindernis ist, braucht für ihn keines zu sein. Man erleichtert sich vieles, wenn man sich die Unterschiede klarmacht.

Wenn man Schmerzen leidet, ist es nicht immer klug, seinen Instinkten zu folgen. Das scheinbar Naheliegendste muß nicht immer das Beste sein. Nach einem Verlust ist man plötzlich mit einem neuen Leben und vielen Wahlmöglichkeiten konfrontiert. Da kann die Entscheidung schwerfallen, und jede Entscheidung kann Folgen für den Rest des Lebens haben. Wenn man nicht genügend über den Gang der Heilung weiß, beraubt man sich möglicherweise unwissentlich vieler Möglichkeiten, eine wahre und dauerhafte Liebe zu finden.

Im jetzt folgenden Teil zwei des Buches befassen wir uns mit dreiundzwanzig Problemen, vor denen Frauen bei einem Neubeginn sehr oft stehen und die es zu überwinden gilt. Teil drei ist dann den Herausforderungen bei Männern gewidmet. Die Erkenntnisse bezüglich der Dynamik eines Neubeginns, die Sie dabei gewinnen werden, werden Ihnen helfen, eine neue Liebe zu finden. Wiewohl diese beiden Teile den jeweiligen Problemen von Mars und Venus gewidmet sind, gibt es doch immer Überschneidungen. Daher ist es für beide Geschlechter ein Gewinn, beide Teile zu lesen.

Das Bewußtsein für mögliche Fehler an diesem Scheideweg Ihres Lebens wird Ihnen helfen, unnötiges Leiden zu vermeiden. Durch diese wichtige Vorbereitung gewinnen Sie den Mut für das Risiko einer neuen Liebe. Geben Sie sich selbst die Chance, Ihre Seele zu heilen und eine neue Liebe zu finden; dann werden Sie Ihr ganzes Potential zu Erfolg und Glück im Leben ausschöpfen können.

Eine lange Liste

Eine Frau versucht sich häufig zu schützen, indem sie sich mit einer Liste von Forderungen wappnet. Bevor sie sich gegenüber einem Mann öffnet, prüft sie ihn. Er muß alle ihre Bedingungen und Forderungen erfüllen, bevor sie sich näher mit ihm einläßt. Das Problem ist, daß diese Liste viel zu lang ist, wenn sie ihre Gefühle nach einer Trennung noch nicht aufgearbeitet hat. Statt sich für die Möglichkeit einer liebevollen Beziehung zu öffnen, verschließt sie sich davor. So bleibt sie ganz sicher allein.

Solange man an einem Verlust leidet, ist das Schutzbedürfnis natürlicherweise größer – zu Recht. Wie wir schon gesagt haben, braucht eine heilende Wunde besonderen Schutz. Wenn die Heilung erfolgt ist, beschränkt man sich wieder auf seine normalen Schutzmaßnahmen. Wenn man aber die Wunde nicht heilen läßt, bleibt man möglicherweise für den Rest seines Lebens übermäßig schutzbedürftig.

———◇———

Solange der Heilungsprozeß andauert, ist man
zu Recht besonders auf seinen Schutz bedacht.

———◇———

Je mehr eine Frau auf ihren Schutz bedacht ist, desto länger wird ihre Liste. Um sich vor neuen Verletzungen zu schützen, ist sie bezüglich einer möglichen Beziehung übermäßig kritisch und anspruchsvoll. Kein Mann ist ihr gut genug. Sie versucht zwar, offen und empfänglich zu sein, aber sie weist zurück, was sie haben kann, und will haben, was sie nicht bekommen kann. Sie glaubt, daß alle guten Männer schon vergeben sind. Nachfolgend einige Beispiele dafür, wie sie einen Mann prüft und beurteilt.

Wie Frauen Männer manchmal prüfen und beurteilen

▷ Er war schon einmal verheiratet; ich frage mich, warum es nicht geklappt hat. Er redet kaum über sie. Warum ist diese Ehe gescheitert? Er verheimlicht etwas...

▷ Ich bin gespannt, ob er mich anruft, wenn er es verspricht. Wenn er es nicht tut, dann kann ich ihm wohl nicht vertrauen.

▷ Er will bestimmt bloß Sex, und er ist nicht an einer wirklichen Beziehung interessiert.

▷ Ich bin gespannt, ob er mich rechtzeitig abholt. Ich lasse mich nicht mehr mit einem Mann ein, bei dem ich am Ende der Liste stehe.

▷ Ich glaube nicht, daß er sich jemals binden wird. Er war schon mit so vielen Frauen zusammen.

▷ Er ist schon über fünfunddreißig und noch nicht verheiratet. Er ist bestimmt einer von denen, die Intimität scheuen. Ich werde meine Zeit nicht mit ihm vergeuden.

▷ Er ist verschlossen. Er wird sich mir gegenüber nie öffnen. Wenn ich wieder eine Beziehung eingehe, dann mit einem Mann, der sich öffnet.

▷ Er hat nicht viel Verantwortungsbewußtsein; vielleicht ist er einer jener Männer, die nie erwachsen werden. Aber ich möchte nicht seine Mutter sein.

▷ Wenn er nicht witzig oder unterhaltsam ist, dann bin ich weg. Ich kenne diese Beziehungen, die allzu ernsthaft sind.

▷ Er ist nicht sehr gut angezogen. Aber wenn er nicht auf sich selbst achtet, dann wird er auch nicht auf mich achten.

▷ Er ist nicht so gesundheitsbewußt wie ich. Ich brauche jemanden, der genauso denkt wie ich.

▷ Er schaut zuviel Sport. Ich möchte jemanden, der Spaß an den Dingen hat, die mir Spaß machen. Ich möchte keine jener Sportwitwen sein.

▷ Er kann keine Ordnung halten. Wahrscheinlich muß ich mich um alles kümmern. Aber das habe ich hinter mir; ich möchte nicht wieder diese Verantwortung.

▷ Er ist ein sehr attraktiver und charmanter Mann. Wie kann ich je wissen, ob er treu ist? Alle Frauen sind hinter ihm her.

▷ Er geht sehr in seiner Arbeit auf. Dagegen will ich nicht ankämpfen müssen. Seine Arbeit wird ihm immer wichtiger sein als ich.

▷ Er gibt sich zuviel mit seinen Kindern ab. Ich werde bei ihm nie im Vordergrund stehen.

▷ Er ist zu alt, um sich zu ändern. Wahrscheinlich ist er sehr festgefahren. Ich möchte nicht genauso festgefahren werden wie er.

▷ Offensichtlich fühlt er sich zu jüngeren Frauen hingezogen. Er wird nie bei einer Älteren bleiben.

▷ Ich möchte gerne wissen, wieviel er eigentlich verdient. Wenn er nicht für sich selbst sorgen kann, wie kann er dann für mich sorgen? Ich möchte einen Mann mit etwas Geld. Vielleicht erwartet er, daß ich für ihn sorge.

▷ Wir haben zuwenig Gemeinsamkeiten. Wenn wir nicht genügend gemeinsame Interessen haben, dann passen wir auch nicht zueinander.

▷ Was würden meine Eltern oder Freunde von ihm halten? Sie würden bestimmt denken, daß ich etwas Besseres hätte haben können.

Es ist nichts Schlechtes daran, daß man einen Partner prüfen will. Natürlich muß man dafür sorgen, daß der Partner zu den eigenen Wünschen und Bedürfnissen paßt. Jeder Mensch hat seine eigenen Prioritäten. Aber die Liste der Bedingungen einer Frau wird dann zu einem Problem, wenn sie sich dadurch davon abhalten läßt, mit einem Mann auszugehen und der Liebe eine Chance zu geben.

Je mehr potentielle Partner sie kennenlernt, desto eher kann sie entdecken, daß einige ihrer Bedenken unbegründet sind, und desto eher kann sie ihre Forderung nach Vollkommenheit fallen lassen. Am Ende wird sie unzweifelhaft den Richtigen finden.

Die modernen Zwänge
des Kennenlernens

Die Tendenz, sich selbst um neue Möglichkeiten einer Liebe zu bringen, wird durch die modernen Zwänge des Kennenlernens verstärkt. Frauen ziehen sich zurück, weil sie sich seitens der Gesellschaft und der Männer einem enormen Druck ausgesetzt fühlen, in einer Beziehung sofort intim zu werden. Wenn sich eine Frau mit sexuellen Beziehungen Zeit lassen will, wird sie als altmodisch oder prüde belächelt. Wohin man auch blickt, sieht man schnelle Frauen und schnellen Sex: im Kino, im Fernsehen, auf Plakatwänden und in Zeitschriften.

———◄○►———

Wenn sich eine Frau mit sexuellen Beziehungen Zeit lassen will, wird sie als altmodisch oder prüde belächelt.

———◄○►———

Frauen müssen die Freiheit haben, Sex dann zu genießen, wenn sie es wollen, und sie dürfen sich nicht unter Druck gesetzt fühlen. Ansonsten nimmt ihr Schutzbedürfnis noch mehr zu, weil sie sich sagt: Wenn ich gleich intim werden muß, dann muß ich sicherstellen, daß der, mit dem ich ausgehe, jemand ist, mit dem ich auch Sex haben möchte. Statt also die Freiheit zu haben, mit einem Mann auszugehen und ihn nach und nach kennenzulernen, fühlt sie sich unter dem Zwang, ihn sofort gründlich zu prüfen. Es heißt: Alles oder nichts.

Damit steht sie aber auf verlorenem Posten. Selbst wenn die Seele wieder ganz geheilt ist, dauert es immer noch seine Zeit, bis man jemanden kennengelernt hat. Eine Frau kann nicht von Anfang an wissen, ob sie mit einem Mann intim sein möchte. Wenn sie einem Mann begegnet und noch nicht weiß, ob sie mit ihm intim sein möchte, weist sie ihn lieber gleich ab, um dem Zwang zum Sex zu entgehen. Damit nimmt sie sich jedoch die Möglichkeit, eine neue Liebe zu finden. Denn nach einem schönen Abend zu zweit könnten ihre Zweifel schon ausgeräumt sein.

Frauen haben ein anderes Verhältnis zum Sex als Männer. Ein Mann weiß manchmal sofort, ob er mit einer Frau Sex haben möchte. Frauen aber brauchen Zeit. Um offen für eine neue Liebe zu sein, muß eine Frau das Gefühl haben, daß sie nicht sofort intim werden muß. Es muß ihre Entscheidung bleiben. Wenn sie die Freiheit hat, sofortigen Sex abzulehnen, dann braucht sie bezüglich der Männer auch nicht mehr so übertrieben vorsichtig zu sein. Die Beziehung kann sich dann ungezwungen entwickeln.

Mit jedem ausgehen,
aber mit keinem ins Bett

Frauen sperren sich gegen die Liebe, wenn Ausgehen gleichbedeutend mit Sex ist, wofür Sie dann wiederum Perfektion erwarten. Am besten sollte sie ihre Liste einfach beiseite legen und mit allen Männern ausgehen, die ihr gefallen – aber mit keinem ins Bett. Solange sie es mit einem Mann noch nicht ernst meint, braucht sie sich nicht vor Verletzungen zu schützen. Verletzt wird man erst, wenn man einen Menschen liebgewinnt und dann dessen Liebe verliert. Wenn man einige Zeit ungebunden bleibt, dann kann man die Liebe auf vielerlei Weise erfahren, ohne sich Verletzungen auszusetzen. Eine gute Möglichkeit wäre es etwa, mit drei Männern gleichzeitig auszugehen. Dabei sollte die Frau einen Mann haben, von dem sie sich gerade löst, einen, der »aktuell« ist, und einen, der gerade neu hinzukommt. Solange sie mit keinem dieser Männer sexuelle Beziehungen hat, geht sie auch kein emotionales Risiko ein. Darüber hinaus hat sie dann einen Grund mehr, nein zum Sex zu sagen, weil sie auch mit anderen ausgeht. Ein Mann ist nicht beleidigt, wenn sie ihm von vornherein sagt, daß sie noch andere Männer trifft.

———◄○►———

Die Frau sollte einen Mann haben, von
dem sie sich gerade löst, einen, der »aktuell« ist,
und einen, der gerade neu hinzukommt.

———◄○►———

Manche Frauen wehren hier gleich ab: »Drei Männer! Ich wäre froh, wenn ich einen finden könnte!« Aber gerade diese Frauen müssen dies am dringlichsten lernen. Wenn eine Frau nicht zum Ausgehen eingeladen wird, dann schiebt offensichtlich etwas ihre Möglichkeiten beiseite. Daß sie nicht eingeladen wird, liegt einfach daran, daß sie zu wählerisch ist. In irgendeiner Weise strahlt sie aus, daß sie kein Interesse hat.

———◁○▷———

Um viele Ausgehpartner zu finden, muß eine Frau zunächst ihre Liste wegwerfen und ihre Standards senken.

———◁○▷———

Um dieses Verhalten zu ändern, muß sie sich selbst versprechen, nur mit Männern auszugehen, die sie nicht heiraten will und mit denen sie ganz bestimmt keinen Sex haben möchte. Sie muß sich also nach Männern umsehen, die Interesse an ihr haben, aber zu denen sie sich nicht sexuell hingezogen fühlt. Dieses Versprechen verschafft ihr die Möglichkeit, mit jemandem auszugehen, ohne sich irgendeinem Zwang zu Intimität auszusetzen. Wenn sie erfährt, wie man beim Ausgehen Freundschaft geben und empfangen kann, beginnt sie, ihr Herz zu öffnen, ohne sich schützen zu müssen. Mit der Freiheit, nein zum Sex sagen zu können, gewinnt sie auch die Freiheit, zum richtigen Zeitpunkt ja zu sagen.

Es dauert seine Zeit, bis man die guten Eigenschaften eines Menschen entdeckt hat. Man sollte ein Buch nicht nach seinem Umschlag beurteilen. Indem sich eine Frau Zeit dafür nimmt, mit vielen Männern auszugehen, kann sie sich von ihren (Vor)Urteilen lösen und erfahren, was ein Mann ihr wirklich bieten kann und wieviel sie selbst geben kann. Solange sie sich auf keine Intimitäten einläßt, kann sie sich großartig amüsieren, während gleichzeitig ihr Vertrauen in die Liebe wieder zunimmt.

Andere Frauen lehnen dies ab, weil es ihnen unnatürlich erscheint. Sie sagen:»Ich kann nicht mit mehr als einem Mann gleichzeitig eine Beziehung haben. Ich bin von Natur aus monogam.« Dagegen ist nichts zu sagen, aber mit vielen Männern auszugehen heißt nicht, mit vielen zu schlafen. Wir sind es heute in unserer Gesellschaft so sehr gewöhnt,»ausgehen« mit»Sex haben« gleichzusetzen, daß wir uns die Möglichkeit kaum mehr vorstellen können, ohne sexuelle Intimität eine Beziehung zu haben. Wenn eine Frau glaubt, daß sie das nicht kann, dann nur deshalb, weil sie es noch nicht ausprobiert hat.

Man sagt natürlich:»Ich kann nur *einen* besten Freund haben«, aber dies schließt ja nicht die Möglichkeit aus, noch andere Freunde zu haben. Ebenso steht Ausgehen mit vielen Männern nicht im Widerspruch zu einer monogamen Haltung. Seien Sie einfach jetzt schon monogam mit Ihrem Seelengefährten, der noch kommen wird. Haben Sie viele Freunde, während Sie auf den besten Freund warten. Treffen Sie sich mit vielen Männern, bis Sie denjenigen finden, der ganz besonders ist, und beenden Sie dann die Beziehung zu den übrigen. Wenn Sie glauben, jemanden gefunden zu haben, der Ihr Seelengefährte sein könnte, dann ist die Zeit für eine ausschließliche Beziehung gekommen.

Glorifizierung
der Vergangenheit

Während es verständlich ist, daß Frauen, die einmal von einem Mann enttäuscht wurden, sich mit einer langen Liste von Bedingungen wappnen, kann dies auch bei Frauen der Fall sein, die geliebt und umsorgt wurden. Wenn ein geliebter Mensch verstorben ist, neigt man dazu, dessen gute Eigenschaften in einem solchen Maße zu verherrlichen, daß kein Mann jemals diesen Standard erreichen kann. Selbst dann, wenn eine Beziehung mit der Scheidung endet, verherrlichen manche Frauen bestimmte gute Eigenschaften ihres ehemaligen Partners.

Auch Männer haben diese Neigung zur Verherrlichung der Vergangenheit. Solange man noch eine Verbindung zu seinem früheren Partner spürt, können künftige Partner dagegen nicht ankommen. Erst dann, wenn man seine Verbindung ganz gelöst hat, ist man offen für das, was ein neuer Partner zu bieten hat.

———◄o►———

Wenn man noch in seiner Vergangenheit lebt,
kann man die Gelegenheiten nicht richtig schätzen,
die die Gegenwart bietet.

———◄o►———

Diese Neigung zum Vergleichen überwindet man nicht dadurch, daß man sie bekämpft, sondern dadurch, daß man sie akzeptiert. Man kann seine Vergangenheit nicht schlagartig loslassen. Dies dauert seine Zeit. Wenn man wieder mit anderen ausgeht, muß man sich hierüber einfach im klaren sein. Man darf nicht erwarten, daß jemand den Partner einfach ersetzt oder ihm in einem Vergleich standhält. Man muß sich vielmehr bewußt machen, daß sich dies im Laufe der Zeit ändern wird.

Natürlich wird man »im Hinterkopf« immer vergleichen, aber wenn man seine Anforderungen niedriger schraubt und einfach ausgeht, um Freundschaft und Gesellschaft zu haben, ohne gleich den Seelengefährten finden zu wollen, dann wird diese Neigung doch gedämpft. Man gewinnt dadurch die Freiheit zu schätzen, was man hat. Ein neuer Partner kann nie »besser« sein, aber dafür anders. Es wäre eine beschränkte Auffassung zu glauben, daß das eigene Herz so klein ist, daß man nur einen Menschen lieben kann oder daß man nur von einem einzigen Menschen geliebt werden könnte. Wenn die Seele geheilt ist, gibt es wieder Raum für die Liebe.

———◄○►———

Es wäre eine beschränkte Auffassung zu glauben, daß man nur von einem einzigen Menschen geliebt werden könnte.

———◄○►———

Der Fehler, den Männer und Frauen gleichermaßen begehen, besteht darin, Chancen auf eine Beziehung einfach deshalb nicht zu nutzen, weil ein Partner den Anforderungen nicht zu genügen scheint. Es ist kontraproduktiv zu denken: »Nein, bei dieser Person fühle ich mich nicht so, wie es früher war.« Natürlich fühlt man sich anders, aber man könnte sich doch im Laufe der Zeit ebenfalls »gut« fühlen. Deshalb ist es das vernünftigste, mit mehreren Partnern auszugehen, bis man ganz losgelassen hat. Neue Erfahrungen der Liebe und der Freundschaft in der Gegenwart erleichtern es, die Vergangenheit loszulassen.

An seiner Trauer festhalten

Oft schützen sich Frauen auch vor neuen Verletzungen, indem sie an ihrer Trauer und ihrem Kummer festhalten. Sie sind dann zwar einsam, aber es erscheint ihnen sicherer, als sich mit der Möglichkeit einer neuen Beziehung auseinandersetzen zu müssen. Aber wenn sie ihre Trauer nur als Vermeidungsstrategie kultivieren, verwandelt sich das bittersüße Gefühl schließlich in Verzweiflung und Hoffnungslosigkeit. Auch wenn sie dann vielleicht einen Neuanfang versuchen, läßt sie ihre Niedergeschlagenheit nicht los.

Wenn eine Frau es nicht zuläßt, Zorn oder Empörung über ihren Verlust zu empfinden, kann sie dadurch den Heilungsprozeß behindern. Um die Trauer zu überwinden, muß sie auch ihre anderen Emotionen wahrnehmen. Wenn man seinen Zorn nicht ganz fühlt und abreagiert – und dies gilt für Männer und Frauen – dann kann dies leicht dazu führen, daß man seine Trauer und seine Furcht vor einem Neubeginn nicht mehr überwinden kann.

————◇————

Wenn eine Frau ihren Zorn spürt und dann wieder losläßt, helfen ihr die dabei entstehende Stärke, Nachsicht und Dankbarkeit, ihre Ängste abzubauen.

————◇————

Wenn man nach dem Tod eines Ehepartners wieder allein ist, kann es sehr schwierig sein, Zorn zu empfinden. Man weiß nicht, gegen wen man seinen Zorn richten soll, wenn der Tod durch einen Unglücksfall oder eine unheilbare Krankheit eintrat. Nach einer Scheidung oder einer Trennung wiederum ist es zwar einfacher, Zorn zu empfinden, aber schwieriger, in Nachsicht und Dankbarkeit loszulassen.

Ist eine neue Liebe Treulosigkeit?

Eine andere Art, wie man die Liebe von sich fernhält, besteht darin, daß man es sich nicht erlaubt, wieder zu lieben. Vor allem nach dem Tod eines Ehepartners erscheint es einem als Treulosigkeit, eine neue Beziehung einzugehen. Aber wenn die Seele heilt, sieht man allmählich ein, daß es niemals der Wunsch des Ehepartners im Himmel sein kann, daß der Partner auf der Erde ohne Liebe leben muß. Wenn man es sich nicht erlaubt zu lieben, kommt man nicht von seiner Trauer los. Dieses Festhalten an seiner Trauer ist sehr schön in dem Film »Ihre Majestät: Mrs. Brown« dargestellt.

Um wieder lieben zu können, muß man die positiven Gefühle ebenso zulassen wie die negativen. Man muß sich selbst eine Chance zu neuer Liebe geben. Nachfolgend drei häufige einschränkende Auffassungen, die in Frage gestellt und aufgegeben werden müssen:

▷ »Ich darf nicht wieder lieben. Mein Partner würde sich betrogen und verletzt fühlen.« Erneut zu lieben ist niemals eine Treulosigkeit gegenüber dem Partner. Wenn dieser verstorben ist, dann möchte er gewiß nichts lieber, als daß der überlebende Partner glücklich ist. Er möchte, daß er in der Gegenwart lebt und seinen Lebensweg weitergeht. Man kann einer neuen Liebe begegnen und trotzdem eine besondere Liebe zu seinem verstorbenen Partner beibehalten. Dies ist frei von aller Eifersucht. Wenn Sie selbst sterben würden, würden Sie dann von Ihrem Partner erwarten, daß er für den Rest seines Lebens allein und ohne Liebe bleibt?

▷ »Wenn ich glücklich bin, dann habe ich meinen Partner nicht wirklich geliebt.« Glücklich zu sein bedeutet nicht, daß man seinen verstorbenen Partner nicht geliebt hätte. Glück stellt sich ein, wenn man bekommt, was man möchte und braucht. Alle Menschen brauchen Liebe. Wenn man in der Gegenwart die Gaben der Liebe empfängt, bedeutet dies in keiner Weise, daß man seinen früheren Partner nicht mehr liebt. Wieder glücklich zu sein, bedeutet ja nicht, daß man über den Verlust des Partners glücklich wäre. Man ist aus anderen Gründen glücklich: Weil man bekommt, was man in seinem Leben braucht und verdient hat.

▷ »Wenn ich den Verlust nicht betrauere, dann fehlt mir der Partner nicht wirklich.« Man betrauert einen Verlust nicht einfach deshalb, weil man jemanden geliebt hat. Man trauert deshalb, weil man noch mit dem Partner verbunden ist. Durch den Trauerprozeß löst man sich wieder aus dieser Bindung. Dies bedeutet in keiner Weise, daß man damit auch die Liebe zu dem Verstorbenen preisgeben würde. Der Partner lebt trotzdem noch im eigenen Herzen weiter. Wenn die Seele geheilt ist, kann man immer noch die Liebe zu seinem Partner spüren; nur der Schmerz und die Trauer haben aufgehört. Die Erinnerung an den Verlust löst vielleicht nach wie vor noch eine gewisse Traurigkeit aus, aber diese ist von der Freude über die Liebe zu diesem Menschen durchdrungen, nicht von dem Schmerz über seinen Verlust.

Manchmal scheint es, als ob Liebe weh tun würde. Dies ist aber nicht so. Wenn man jemanden liebt, ist dies ein großartiges Gefühl. Man ist am glücklichsten, wenn man liebt. Was weh tut, ist der Verlust von Liebe. Wenn man einen geliebten Menschen verliert, tut es weh, weil man sich nicht mit dem Verlust abfinden will, und nicht, weil man den Betreffenden liebt. Man kann die Tatsache noch nicht akzeptieren, daß der

Betreffende nicht mehr da ist. Sobald man den Verlust akzeptieren kann, hört auch der Schmerz auf. Den Schmerz loszulassen bedeutet nicht, daß man aufgehört hätte, seinen Partner zu lieben, sondern vielmehr das Gegenteil: Wenn der Schmerz geheilt ist, kann man die Süße der Liebe wieder spüren, die man vor dem Tod des Partners spürte.

Sex und Selbstwertgefühl

Ein weiterer häufiger Fehler von Frauen besteht darin, daß sie nach einer Trennung mit allen ins Bett gehen, um ihr Selbstwertgefühl aufzubauen. Eine Frau sucht vielleicht die Zuneigung und Aufmerksamkeit eines Mannes, um das Gefühl zu haben, der Liebe wert zu sein, vor allem, wenn dieses Bedürfnis in ihrer letzten Beziehung vernachlässigt wurde. Man kann kein gutes Selbstwertgefühl haben, wenn derjenige, mit dem man zusammenlebt, einen ignoriert oder als Selbstverständlichkeit betrachtet. Noch schlimmer ist es, wenn der Partner in jemand anderen verliebt ist. Frauen begehen manchmal den Fehler, daß sie mit Sex die Aufmerksamkeit und Zuneigung eines Mannes zu erlangen versuchen, um so ihr Selbstwertgefühl zu stärken.

Leider erreicht sie mit dieser Taktik genau das Gegenteil. Indem sie Liebe außerhalb ihrer selbst sucht, bestätigt sie dadurch nur, daß ihr Wert von der Zuneigung und Aufmerksamkeit eines Mannes abhängt. Es ist gut, bei einem Mann romantische Stimulation zu suchen, aber es ist nicht gut, das Gefühl, einer solchen Zuneigung würdig zu sein, von ihm abhängig zu machen. Richtig ist es vielmehr, aus einem starken Selbstwertgefühl die Zuneigung eines Mannes zu gewinnen. Wenn sich eine Frau der Liebe erst dann würdig fühlt, wenn sie sie bekommen hat, ist sie viel zu abhängig von einem Mann. Letztlich stößt ihn diese ungesunde Bedürftigkeit sogar ab, und sie setzt sich einer neuen Verletzung aus.

———◁◦▷———

*Das Selbstwertgefühl einer Frau darf nicht von der
Aufmerksamkeit und Zuwendung eines Mannes
abhängen.*

———◁◦▷———

Viel besser ist es für eine Frau, sich zunächst auf die Heilung
ihrer Seele zu konzentrieren, ohne sich von der Aufmerksamkeit oder Zuwendung eines Mannes abhängig zu machen.
Für Männer und Frauen gilt gleichermaßen, daß die Grundlage für eine gesunde Beziehung Liebe zu sich selbst und das
Gefühl ist, der Liebe wert zu sein. Dann zieht man jemanden
an und wird zu jemanden hingezogen, von dem man in einer
Weise geliebt wird, wie man es verdient hat. Erst dann, wenn
ein gesundes Selbstvertrauen vorhanden ist, kann man es sich
erlauben, sich auch auf die Liebe und Unterstützung anderer
zu verlassen.

Nimmt man sich Zeit für die Verarbeitung seiner unaufgelösten Gefühle, baut man langsam sein Selbstwertgefühl wieder auf. Wenn man sich zornig fühlt, statt bloß traurig darüber
zu sein, wie man in der Vergangenheit vernachlässigt wurde,
bekräftigt man automatisch seinen Eigenwert. Fühlt man
seinen Zorn und läßt ihn dann aus einer Haltung des Verzeihens los, ist man grundsätzlich wieder bereit für einen Neuanfang.

Sex, Pflichtgefühl
und Selbstachtung

Frauen haben das Gefühl, zu Sex verpflichtet zu sein, und verbauen sich damit die Chance auf eine neue Liebe. Oft weist eine Frau die Geschenke eines Mannes zurück, weil sie glaubt, ihm seine Aufmerksamkeiten mit Sex vergelten zu müssen. Wenn ich einer Frau vorschlage, mit einem Mann auszugehen, ihn das Essen bezahlen zu lassen, aber nicht mit ihm ins Bett zu gehen, bekomme ich nicht selten zur Antwort: »Aber warum sollte ein Mann mich ausführen, wenn ich nicht mit ihm ins Bett gehe? Was hat er denn dann davon?« Diese Reaktion ist ein Zeichen für mangelnde Selbstachtung. Die Frau weiß offensichtlich nicht, wieviel sie einem Mann wert ist.

Frauen mit dieser Haltung lehnen es lieber ab, einen Mann das Essen bezahlen zu lassen, weil sie nicht das Gefühl haben möchten, ihm in irgendeiner Weise verpflichtet zu sein. Dies offenbart aber einen weitverbreiteten Mangel an Selbstwertgefühl. Frauen müssen lernen, die Geschenke eines Mannes anzunehmen, ohne gleich an »Bezahlung« mit Sex zu denken.

In der Arbeits- und Geschäftswelt gibt es viele Frauen mit sehr großem Selbstbewußtsein. Aber wenn es um Beziehungen geht, glauben auch sie plötzlich, daß Männer sich nur für sie interessieren, weil sie mit ihnen ins Bett möchten. Viele Frauen machen sich nicht klar, daß Männer es vor allen Dingen genießen, einfach bei ihnen sein zu dürfen, sie mit Aufmerksamkeiten verwöhnen zu können und eine Möglichkeit zu bekommen, sie glücklich zu machen. Natürlich sind sie oberflächlich auf Sex aus, aber auf einer höheren Ebene möchten sie Frauen so lieben, wie sie sind.

Wenn es um Anziehungen geht, glaubt auch eine geschäftlich erfolgreiche Frau plötzlich, daß ein Mann sich nur für sie interessiert, weil er mit ihr ins Bett möchte.

Vielen Frauen fällt es schwer, ihren Wert zu erkennen. Früher mußten Frauen vor allem gute Hausfrauen sein. Aber die Zeiten haben sich geändert. So wie Frauen nicht mehr nur einen Ernährer suchen, so sucht ein Mann nicht mehr nur eine Mutter für seine Kinder. Wir leben in einer Zeit sich wandelnder Werte. Männer und Frauen möchten Liebe, Romantik und Leidenschaft.

Der neue Wert einer Frau für einen Mann liegt einfach in dem, was sie ist, und in der Liebe, die sie ihm schenken kann. Er genießt die vielen wunderbaren Arten ihrer Unterstützung, aber wonach er wirklich hungert, ist ihre Liebe. Es geht ihm nicht nur um Sex. Wenn sich die Beziehung entwickelt, wird Sex für sie zu einer Möglichkeit, ihm ihre Liebe mitzuteilen, aber es ist gewiß nicht die einzige Möglichkeit.

Sex ist für Männer, was die Ehe für Frauen ist: Die höchste Erfüllung der Liebe. Wenn man sagt, daß Männer nur Sex wollen, dann könnte man ebensogut sagen, daß Frauen nur heiraten wollen. Natürlich ist etwas Wahres an diesen Klischees, aber es sind eben doch Klischees. Auch Männer wollen heiraten, doch taucht dieser Gedanke bei ihnen erst später auf. Ebenso wollen auch Frauen Sex, aber sie können dieses Verlangen aufschieben.

Wenn ein Mann eine Frau mag, will er wahrscheinlich Sex, aber er möchte auch einfach bei ihr sein. Wenn eine Frau einen Mann mag, will sie ihn vielleicht letztlich heiraten, aber sie genießt es auch, einfach bei ihm zu sein. Sie tut nicht so, als ob sie glücklich wäre, nur um unter die Haube zu kommen. Andererseits darf sie natürlich hoffen, irgendwann zu heiraten. Ebenso darf ein Mann darauf hoffen, Sex zu bekommen.

Wenn sie essen gehen, fühlt er sich nicht verpflichtet, sie zu heiraten. Umgekehrt sollte eine Frau sich nicht zu Sex verpflichtet fühlen, nur weil er das Essen bezahlt hat. Sie schuldet ihm nichts als ein Lächeln und ein Dankeschön.

———◄○►———

Ein Mann fühlt sich nach einem Rendezvous nicht verpflichtet zu heiraten; warum sollte sich eine Frau verpflichtet fühlen, Sex zu geben?

———◄○►———

Wenn es keinen Sex gibt und ein Mann etwas für eine Frau empfindet, wird er sie trotzdem ausführen und mit ihr einen netten Abend haben wollen. Er möchte nicht nur deshalb Zuwendung geben und empfangen, weil er später etwas dafür bekommt. Er hofft vielleicht darauf, später mehr zu erhalten, aber dies ist nicht seine einzige Motivation. Wenn Mann und Frau sich den schnellen sexuellen Genuß versagen, gewinnen sie dadurch die Gelegenheit, den wahren Grund zu erfahren, warum sie sich zueinander hingezogen fühlen: das Bedürfnis nach Liebe.

Leider hat ein Mann, der keinen Sex bekommt, oft das Gefühl, daß er der einzige ist, der ihn nicht bekommt. Männer spüren nicht nur den kulturellen Druck, sofort sexuell intim zu werden, sondern auch den Druck ihrer Hormone. Bei Frauen beginnt der große Drang nach Sex etwa ab siebenunddreißig. Natürlich genießt sie Sex auch davor, aber jetzt wird der Trieb deutlich ausgeprägter. Ironischerweise beginnt beim Mann in diesem Alter der Geschlechtstrieb gerade nachzulassen. Während der Testosteronspiegel der Frau steigt, nimmt er beim Mann ab.

———◄○►———

Während beim Mann ab siebenunddreißig der
Testosteronspiegel sinkt, nimmt der Geschlechtstrieb
bei Frauen in diesem Alter zu.

———◄○►———

Wohin ein Mann auch sieht, überall scheint es, als ob jeder Sex bekäme – warum also er nicht? Es kommt sein Ego hart an, wenn eine Frau seine sexuellen Hoffnungen nicht erfüllt. Aber sie ist nicht für sein Ego verantwortlich. Sein Selbstwertgefühl darf nicht von der sexuellen Gunst einer Frau abhängen.

Allerdings kann sie ihm durch die Art ihrer Zurückweisung viel helfen. Wenn sie ihm zum Beispiel deutlich sagt, daß sie auch mit anderen Männern ausgeht, nimmt er es leichter hin. Er versteht es sehr gut, daß sie anderen nicht weh tun will, und so kann er auch sein Gesicht wahren. Er braucht sich nicht als Versager zu fühlen; er kann dies vielmehr als prickelnde Herausforderung nehmen, ihr zu beweisen, daß er der Richtige ist.

Auf das Erdbeben warten

Oft verwehren sich Frauen selbst die Liebe in ihrem Leben, weil sie von einer Beziehung sofort die große Leidenschaft erwarten. Wenn nicht gleich die Erde bebt, haben sie kein Interesse. Sie engagieren sich nur für eine Beziehung, wenn der Funke der Leidenschaft glüht. Läßt es eine Frau nicht zu, daß sie ihren Verlust intensiv spürt, schwächt sie allgemein ihre Fähigkeit zu Emotionen. Sie hungert nach Gefühl, aber sie glaubt fälschlich, daß »der Richtige« ihr dazu verhelfen wird. Sie erkennt nicht, daß das fehlende Gefühl in ihr selbst verschüttet liegt. Je weniger sie die Leidenschaft in sich selbst spüren kann, desto mehr hofft sie, daß ein Mann ihre romantischen Gefühle entzünden wird.

————◁◦▷————

Läßt es eine Frau nicht zu, daß sie ihren
Verlust intensiv spürt, schwächt sie allgemein
ihre Fähigkeit zu Emotionen.

————◁◦▷————

Wenn sich aber eine Frau nicht mit ihren unterdrückten Gefühlen auseinandersetzt, findet sie es nicht sehr aufregend, mit einem netten Mann auszugehen, der sich für sie interessiert. Manche Frauen brauchen unsichere Beziehungen, um sich lebendig zu fühlen. Es muß irgendeine dramatische Spannung da sein, damit sie Kontakt zu ihren Gefühlen bekommen. Gefahr erregt sie. Und zwar Gefahr auf der emotionalen Ebene. Es besteht ständig die Möglichkeit, seine Liebe zu verlieren.

—◄◦►—

Manche Frauen brauchen unsichere Beziehungen,
um sich ganz lebendig fühlen zu können.

—◄◦►—

Der übertriebene Hunger nach Romantik und Leidenschaft ist ein Symptom für unterdrückte Gefühle, wird aber auch durch Film und Fernsehen stimuliert. Wenn die Leinwandlieblinge einer Frau sofortige Leidenschaft erleben, warum nicht auch sie? Im Film ist es doch so – warum nicht auch in ihrem Leben?

Frauen, die auf den Mann warten, der ihre Leidenschaft zum Leben erweckt, geraten von einer Enttäuschung in die andere. Die Frauen im Film sind vielleicht im Nu im siebten Himmel, aber in der wirklichen Welt braucht es hierfür Zeit und liebevolle Kommunikation. Im wahren Leben sind Frauen, die eine dauerhafte Liebe finden, nicht sofort Feuer und Flamme. Die Leidenschaft, die sie schließlich verspüren, entwickelt sich langsam.

—◄◦►—

Im wirklichen Leben dauert es seine Zeit,
bis eine Frau Leidenschaft entwickelt und erfährt.

—◄◦►—

Beim Mann ist dies anders. Er spürt die sexuelle Leidenschaft oft schon von Anfang an. Bei Männern ist zuerst die sexuelle Anziehung da, aus der sich allmählich Zuneigung und Interesse entwickelt. Bei Frauen kommt zuerst das Interesse, dann die sexuelle Anziehung.

Wenn eine Frau sofort sexuelle Anziehung verspürt, dann ist dies ein deutliches Zeichen dafür, daß sie sich einbildet, den Mann schon zu kennen. Lernt sie ihn schließlich kennen, ist er oft nicht derjenige, für den sie ihn hielt, und es folgt die Enttäuschung. Sofortige sexuelle Anziehung ist bei Frauen immer ein deutliches Warnsignal.

———◄o►———

Begegnet eine Frau, die eine feste Beziehung möchte, einem Mann, der sofort ihre Leidenschaft entzündet, sollte sie schnell das Weite suchen.

———◄o►———

Eine Frau, die ganz auf Leidenschaft fixiert ist, lebt in einer Welt der Enttäuschungen. Die einzigen Männer, die in ihr diese Leidenschaft erregen können, sind in irgendeiner Weise gefährlich. Wie der Bergsteiger den drohenden Abgrund, der Rennfahrer die Geschwindigkeit und der Alkoholiker seinen Schnaps braucht, braucht eine solche Frau einen Mann, von dem eine Gefahr ausgeht. Sie fühlt sich immer zu Männern hingezogen, die ihr in irgendeiner Weise weh tun können.

Film und wirkliches Leben

Viele Frauen verdrängen die Liebe aus ihrem Leben, weil sie unrealistische Erwartungen hegen. Diese Tendenz wird durch Hollywood sehr verstärkt. Der große Unterschied zwischen dem Film und dem wirklichen Leben liegt darin, daß wir zu Hause keine professionellen Drehbuchautoren haben, die monatelang daran arbeiten, uns die richtigen Worte in den Mund zu legen. Unsere Partner sind keine professionellen Schauspieler, die perfekte Sätze mit perfektem Gefühl und Ausdruck von sich geben können. Wir haben nicht den Luxus vieler Aufnahmen und perfekter Beleuchtung. Im wirklichen Leben könnten all diese Schauspieler niemals so reagieren, wie sie es im Film tun.

———◆———

Unsere Partner sind keine professionellen
Schauspieler, die perfekte Sätze mit perfektem Gefühl
und Ausdruck von sich geben können.

———◆———

Nicht nur die Drehbücher und die Schauspieler sind unwirklich, sondern auch die Umstände werden überzeichnet und nach dramaturgischen Regeln so angelegt, daß stets ein leidenschaftlicher Höhepunkt und eine schnelle Spannungsauflösung entstehen. Im Film folgen Ereignisse in einer Weise aufeinander, wie es im wirklichen Leben nicht möglich ist.

Wenn man nun die süße Ekstase der Leidenschaft im Film gekostet hat, sagt man sich:»Das möchte ich auch.« Dann

geht man nach Hause und sieht sich wieder seinen faden All-
tagspflichten gegenüber. Plötzlich ist der Zauber weg. Man
blickt seine Partner an und sieht nur das, was man schon
immer sah. Man sehnt sich nach dem Zauber, der einen im
Film gefangennahm.

————◄○►————

Zu Hause gibt es keine Schlachten,
keine großen Helden, keine Heimsuchungen
und keine Wundermittel,
die eine leidenschaftliche Liebe entzünden.

————◄○►————

Filme sind nicht wirklich, wohl aber das, was man im Kino
spürt. Man kann diese Leidenschaft fühlen. Andernfalls
würde man einfach darüber lachen. Man hat diese Leidenschaft in seinem Herzen, und sie möchte erweckt werden.
Filme können helfen zu entdecken, was einem fehlt, aber sie
lehren einen nicht, wie man im alltäglichen Leben Leidenschaft findet. Wenn man diese Leidenschaft entdecken will,
muß man lernen, seine Seele zu heilen und seine Fähigkeit
wiederzugewinnen, aus ganzem Herzen zu fühlen und zu
lieben.

Den falschen Partner anziehen

Immer wieder kommt es vor, daß eine Frau eine Beziehung zu einem Mann aufnimmt und alle ihre Freundinnen sagen: »Das ist doch wieder der gleiche Typ wie dein Ex.« Aber sie ignoriert die offensichtlichen Hinweise, daß er nicht der Richtige ist. Statt sich jemand anderen zu suchen, versucht sie, seine Liebe zu erringen. Sie legt es darauf an, wieder verletzt zu werden. Je mehr sie sich auf ihre Leidenschaft versteift, desto geringer werden die Chancen, daß sie von einem Mann angezogen wird, der wirklich an ihr interessiert ist und ihr Achtung entgegenbringt.

Diese Neigung, sich zu jemandem hingezogen zu fühlen, von dem man nicht bekommen kann, was man braucht, ist die unmittelbare Folge einer zu schnellen Bindung. Wenn man sich Zeit für die Heilung seiner Seele nimmt, wird man automatisch von Partnern angezogen, die eher dem entsprechen, was man möchte und braucht. Solange man noch mit seinem Schmerz beschäftigt ist, zieht man Menschen an, von denen man erneut verletzt wird. Dieses Prinzip gilt für Männer und Frauen gleichermaßen.

———◦———

Solange man noch mit seinem Schmerz beschäftigt ist,
zieht man eher Menschen an,
von denen man erneut verletzt wird.

———◦———

Wer vor seinen Gefühlen davonläuft, gerät immer wieder in Situationen und an Menschen, die einen genau diese nicht verarbeiteten Gefühle wieder spüren lassen. Der Betreffende ist zwar der Falsche, aber insofern wiederum der Richtige, als er einen auf die nicht verarbeiteten Gefühle zurückverweist. Nutzt man dies dazu, seine Gefühle wahrzunehmen, dann kann man diesen Teufelskreis der Verletzungen durchbrechen. Wenn man seine Verletzungen heilt, hört man auf, sich zu den falschen Partnern hingezogen zu fühlen.

Übersteigerte Romantik

Eine weitere Art, wie Frauen die Liebe von sich fernhalten, ist eine Übersteigerung ihrer romantischen Gefühle. Sie lesen Liebesromane, sehen sich Liebesfilme und Seifenopern an und erwarten dann, daß ihnen eine solche Liebe auch im wirklichen Leben begegnen muß. Sie erwarten, daß ein Mann perfekt ist.

—◦—

Die Erwartungen einer Frau müssen auf dem Boden der Realität bleiben; kein Mann aus Fleisch und Blut kann übersteigerte romantische Hoffnungen und Phantasien befriedigen.

—◦—

Diese Frauen wollen alles. Sie wollen einen Mann, der ein guter Zuhörer ist und sich zugleich öffnet und über seine Gefühle redet. Er ist reich und hat einen Traumjob, zugleich aber viel Zeit für sie und ihre Liebe. Er ist ein angesehenes Mitglied der Gesellschaft und zugleich ein Rebell. Er ist wagemutig und liebt das Risiko, aber er steht auch fest auf dem Erdboden und ist auf Sicherheit bedacht. Er hat vielfältige Interessen und Neigungen. Er ist ein eigenständiger Mensch, der sich von niemandem beeinflussen läßt, und doch geht er sofort auf alle ihre Wünsche ein. Er ist freiheitsliebend und selbständig, aber er kann nicht ohne ihre Liebe leben. Er ist zum richtigen Zeitpunkt ernsthaft, aber kann auch spontan witzig und unterhaltend sein. Er ist ein harter, kompromißloser Bursche, kann aber auch mitfühlend und sensibel sein. Er verkörpert alles Gute, was ein Mann nur haben kann, in einer Person. – Es dürfte klar sein, daß es einen solchen Menschen nicht geben kann. Was es aber gibt und was möglich ist, ist wirkliche Liebe. Diese kommt nicht durch das Zusammensein mit einem Partner, der über all diese großartigen Eigenschaften verfügt. Wirkliche Liebe entsteht, wenn man fähig ist, auf die Bedürfnisse seines Partners einzugehen. Perfektion ist hierfür keineswegs erforderlich. Notwendig ist es dagegen, bestimmte Liebesfähigkeiten einzuüben und zu praktizieren. Hierzu muß man vor allen Dingen in Kontakt mit seinen Gefühlen sein.

————◄○►————

Für eine echte und dauerhafte Liebe ist keine Perfektion notwendig.

————◄○►————

Wenn eine Frau keinen Kontakt zu ihren Gefühlen hat oder ihre Gefühle aus einer vergangenen Beziehung noch nicht verarbeitet hat, dann bekommt sie nicht genug, gleichgültig, was ihr Partner tut. Nicht verarbeitete Gefühle führen zu Unzufriedenheit mit allem, was man hat. Statt das Mögliche zu wollen, stellt man an seinen Partner unrealistische Forderungen, so daß am Ende die Enttäuschung nicht ausbleiben kann.

Es ist durchaus in Ordnung, wenn man in einer Beziehung »mehr« erwartet. Man muß aber auch mit dem zufrieden sein können, was man hat. Wenn man nicht dankbar ist für das, was man hat, dann unterdrückt man unverarbeitete Gefühle. Nur mit einem offenen Herzen ist man fähig, zu lieben und zu schätzen, was man hat, auch wenn man sich mehr wünscht. Letzteres wird nur dann zu einem Problem, wenn man unmögliche und unrealistische Erwartungen hegt.

Sensibler Mann gesucht

Viele Frauen erleben keine Liebe, weil sie erwarten, ein Mann solle ein bißchen wie eine Frau sein. Der Paarungsruf der letzten dreißig Jahre lautete bei vielen Frauen: »Frau sucht sensiblen Mann.« Immer wieder haben Frauen mir gegenüber geklagt, wie sehr sie sich einen gefühlvollen Mann wünschen – aber wenn sie ihn haben, sind sie doch nicht zufrieden. Ich habe auch mit vielen zornigen Männern gearbeitet, die sagen, daß sie für eine Frau alles getan haben, was sie sich wünschte, daß sie dann aber wegen irgendeines »Dahergelaufenen« verlassen wurden.

Frauen, die eine Beziehung mit einem »sensiblen« Mann beginnen, klagen oft plötzlich, daß er *zu* sensibel ist. Dies bedeutet nicht, daß sie ihn nicht lieben würden; es zeigt nur eine empfindliche Stelle in ihnen an. Meist haben sie das Gefühl, ihn bemuttern zu müssen oder ihn nur mit Samthandschuhen anfassen zu dürfen. Seine Anhänglichkeit stößt sie ab.

Es ist nichts Schlechtes, wenn ein Mann sensibel ist. Er muß aber lernen, mit seiner Sensibilität in einer Weise umzugehen, die auch ihren Bedürfnissen gerecht wird. Sie wiederum muß lernen, an ihre Gefühle zu gelangen, ohne sich von ihm abhängig zu machen.

Wenn eine Frau nach der Weichheit eines Mannes
verlangt, verlangt sie in Wirklichkeit nach
ihrer eigenen Weichheit.

Wenn eine Frau den Kontakt zu ihren Gefühlen verloren hat, sucht sie ersatzweise nach einem gefühlvollen Mann. Sie glaubt fälschlich, daß sie sich öffnen könne, wenn er sich öffnen kann. Leider ist dies eine ungesunde Abhängigkeit. Nur wegen ihm öffnet sie sich selbst keineswegs, aber je mehr er sich öffnet, desto mehr entsteht in ihr das Gefühl, für ihn verantwortlich zu sein. Sie bekommt den Eindruck, daß in der Beziehung zu wenig Raum für sie selbst ist.

Natürlich ist es positiv, wenn ein Mann offen ist für seine Gefühle. Der erste Schritt bei der Heilung einer Beziehung besteht aber darin, der Frau Sicherheit zu geben, damit sie ihre Gefühle wahrnehmen und mitteilen kann. Andernfalls kann er nie genug für sie tun. Ein Mann darf sensibel sein, aber er muß auch stark sein. Er muß fähig sein, seine eigenen Gefühle zurückzustellen, wenn seine Partnerin seine Unterstützung braucht.

Wenn eine Frau nicht das Gefühl hat,
ihre Empfindungen ungefährdet ausdrücken zu
können, dann kann ein Mann nie genug für sie tun.

Viele Frauen beklagen sich bei mir, daß sie das Gefühl haben, ihr Mann sei von der Venus. Sie sagen, daß ihr Mann immer nur reden will, und sie kann weder die Zeit noch das Interesse dafür aufbringen. Er möchte an ihrer Beziehung arbeiten, und sie möchte bloß weg. Er möchte immer über seine

Gefühle reden, und sie will einfach das Problem lösen. Wenn die Rollen so vertauscht sind, müssen ganz spezielle Probleme gelöst werden, wobei es das Hauptziel ist, ein Gleichgewicht zu schaffen. Ein solcher Mann ist immer noch vom Mars. Er hat es einfach noch nie erlebt, daß ein Mann einer Frau alles geben konnte, was sie braucht. Indem er lernt, erst zuzuhören, statt selbst zu reden, findet er allmählich zu seiner männlichen Kraft, die seine Partnerin sich weiblicher fühlen läßt. Dies ist am Anfang gewiß schwierig, aber je mehr er sich die Fähigkeit erwirbt, seine Gefühle zu beherrschen, desto stärker wird seine emotionale Kraft.

———◄◌►———

Indem er lernt, erst zuzuhören, statt selbst zu reden, findet er allmählich zu seiner männlichen Kraft, die seine Partnerin sich weiblicher fühlen läßt.

———◄◌►———

Eine Beziehung kann nur wachsen, wenn die Frau genug Unterstützung hat, um sich weiblich fühlen zu können. Die Gesellschaft verlangt von Frauen ohnehin immer mehr männliche Eigenschaften. Wenn sie von der Arbeit nach Hause kommt, oder nach einem langen Tag im Haushalt ohne Hilfe, braucht sie etwas Unterstützung, damit sie sich wieder weiblich fühlen kann. Nichts kann einer Frau mehr helfen, sich weiblich zu fühlen, als jemand, der für sie da ist, der sie gern hat und zuhören und verstehen kann, wie es ihr ergeht.

Der Weg dorthin besteht nicht unbedingt darin, einen sensiblen Mann zu finden. Was eine Frau heute in einer Beziehung braucht, ist vor allen Dingen ein Mann, der ihre Gefühle respektiert. Er muß nicht sensibel, sondern sensibel für ihre Gefühle sein. Der Paarungsruf der nächsten dreißig Jahre sollte lauten: »Frau sucht respektvollen Mann«.

Auf das Negative konzentrieren

Oft verdrängen Frauen die Liebe aus ihrem Leben, weil sie sich auf das Negative konzentrieren. Nach einer Scheidung oder einer schmerzhaften Trennung können sich Frauen jede Menge Gründe zurechtlegen, um keine Beziehung mehr eingehen zu müssen. Wenn auch der Rest der Welt keine liebevolle Beziehung genießt, fehlt ihr im Grunde nichts. Sie tröstet sich damit, »daß es eben so ist«, um sich nicht mit ihren Ängsten vor einer neuen Verletzung auseinandersetzen zu müssen.

Wenn fünfzig Prozent aller Ehen mit Scheidung enden, sagt sie sich, dann kann die Ehe nicht so toll sein. Diese Statistik ist zwar richtig, aber sie läßt die Millionen von Paaren außer acht, die auch heute noch glücklich verheiratet sind, und die Tausende, die täglich heiraten und für den Rest ihres Lebens glücklich bleiben. Außerdem: Wenn fünfzig Prozent aller Menschen arm wären, würde man ja auch nicht den Versuch aufgeben, selbst zu Geld zu kommen.

Solange man nicht bereit ist, sich von seinen negativen Gefühlen zu heilen, die durch frühere Beziehungen entstanden sind, behält man seine ablehnende Haltung dem anderen Geschlecht gegenüber. Dann stürzt sich eine Frau auf Geschichte, die ihre Überzeugung stärken, daß man Männern eben nicht trauen kann, und daß man ohne sie besser dran ist. Männer neigen dann zu der Meinung, daß es sich nicht lohnt, sich mit Frauen abzugeben; wieviel man auch tut, sie sind doch nie zufrieden. Beide Haltungen sind falsch, und mit beiden verbaut man sich von vornherein die Möglichkeit einer lebenslangen Liebe.

Je mehr negative Geschichten diese Männer und Frauen hören, desto mehr fühlen sie sich bestätigt. Wenn eine Frau ihre Verletzung nicht unmittelbar heilt, baut sie sich an dieser Negativität auf. Die Konzentration darauf verschafft ihr tatsächlich Erleichterung, aber diese ist nur vorübergehend. Ihre negative Haltung verdeckt nur den Schmerz ihrer Einsamkeit. Echte und dauerhafte Linderung erreicht sie nur durch die Heilung der Wunden, die sie noch in ihrem Herzen trägt.

Die Teilnahme an einer Unterstützungsgruppe ist grundsätzlich hilfreich, doch können solche Menschen diese Gruppe auch dazu benutzen, sich in ihrer negativen Einstellung bestärken zu lassen. Günstig wäre in diesem Fall die private Arbeit mit einem Therapeuten oder Selbsthilfeübungen. Darüber hinaus sollte man seine Aufmerksamkeit positiven Berichten über Beziehungen zuwenden und keine Talkshows mehr ansehen, in denen hauptsächlich die Rede davon ist, wie schlecht Beziehungen sein können. Man muß sich Schritt für Schritt abgewöhnen, sich immer nur auf das Negative zu konzentrieren.

Wer braucht schon einen Mann?

Manche Frauen, die zu lange damit warten, eine neue Beziehung einzugehen, werden extrem selbständig. Dadurch halten sie unabsichtlich die Liebe von sich fern. Wenn eine Frau es sich nicht gestattet, von anderen Menschen abhängig zu sein, bringt sie sich selbst um die Möglichkeit, Liebe und Unterstützung zu empfangen. Oft fürchtet sie sich davor, allzu bedürftig zu erscheinen, und sie kompensiert dies dadurch, daß sie so tut, als bräuchte sie überhaupt niemanden. Auf andere angewiesen zu sein ist für sie gleichbedeutend mit Schwäche. Um sich aber wieder für die Liebe öffnen zu können, muß eine Frau bereit sein, Unterstützung von anderen anzunehmen.

Auch Männer laufen Gefahr, sich so zu verhalten, jedoch weniger als Frauen. Männer spüren ihr Bedürfnis nach der Liebe einer Frau viel stärker als Frauen ihr Bedürfnis nach einem Mann. Wenn eine Frau ihre physischen Bedürfnisse ohne Mann befriedigen kann, kommt sie vielleicht zu dem Schluß, daß die Suche nach einem Mann die Mühe nicht lohnt. Dann sagt sie sich, daß sie keinen Mann braucht.

———◆———

Männer spüren das Bedürfnis nach der Liebe einer Frau viel stärker als Frauen ihr Bedürfnis nach einem Mann.

———◆———

Sein Verlangen nach Sex veranlaßt einen Mann, sich um eine Frau zu bemühen. Wenn er sich sexuell zu einer Frau hingezogen fühlt, öffnet er auch sein Herz und spürt sein Bedürfnis nach Liebe. Frauen dagegen spüren im allgemeinen die sexuelle Anziehung erst, wenn sich ihr Herz schon geöffnet hat. Für Frauen ist es wichtig, daß sie ihre Gefühle mitteilen, damit sie ihre Empfänglichkeit nicht verlieren.

Empfänglich zu sein bedeutet beispielsweise, Vertrauen, Verständnis und Wertschätzung zu spüren. Wenn eine Frau ihr Bedürfnis nach Liebe verleugnet, verliert sie den Kontakt zu diesen Empfindungen der Empfänglichkeit, wodurch sie immer starrer und unempfänglicher für Unterstützung wird. Es mag ihr nicht bewußt sein, doch sie sendet die deutliche Botschaft aus:»Ich bin stark. Ich brauche keine Hilfe.« Dadurch wird sie aber nicht nur einsam, sondern büßt auch ihre Fähigkeit ein, ihr Leben ganz zu genießen.

Damit ein Mann sich zu einer Frau hingezogen fühlen kann, muß er das Gefühl haben können, für sie wichtig zu sein. Wenn sich eine Frau von ihren Empfindungen der Empfänglichkeit abkoppelt, indem sie ihre Bedürfnisse leugnet, strahlt sie nichts mehr aus, was den Wunsch des Mannes wecken könnte, für sie da zu sein. Sie ist unempfänglich.

———◆———

Empfindungen der Empfänglichkeit,
auf die ein Mann anspricht,
sind Vertrauen, Verständnis und Wertschätzung.

———◆———

Damit stößt sie nicht nur die Unterstützung eines Mannes ab, sondern überhaupt alle Unterstützung. Bietet man ihr emotionale Hilfe an, weist sie diese sofort zurück und tut so, wie wenn sie sie nicht nötig hätte. Interessanterweise ist sie selbst anderen gegenüber oft äußerst hilfsbereit. Ihr Problem liegt darin, daß sie keine Hilfe annehmen kann. Wenn sie sich nicht sofort nach einem Verlust konkret bemüht, ihren Schmerz zu spüren und zu heilen, leugnet sie ihre Bedürfnisse, um den Schmerz zu vermeiden, wodurch es für sie immer schwieriger wird, Liebe zu empfangen. Sooft sie sich empfänglich macht, spürt sie sofort wieder ihre nicht verarbeiteten Empfindungen der Verletztheit.

Wenn ihr das Bedürfnis nach Liebe Schmerz verursacht, verdrängt sie es, um den Schmerz zu beseitigen. Statt sich auf die Hilfe anderer zu verlassen, oder auf eine solche Unterstützung zu hoffen, versucht sie, selbständig zu sein und alle ihre Bedürfnisse selbst zu befriedigen.

———◦———

Wenn einer Frau das Bedürfnis nach Liebe
Schmerz verursacht, verdrängt sie es,
um den Schmerz zu beseitigen.

———◦———

Um sich von einem solchen Verhalten lösen zu können, muß eine Frau einsehen, daß Liebe nicht mit Schmerz gleichbedeutend ist. Sie muß die Verbindung zwischen ihrem Schmerz und ihrer Vergangenheit herstellen und den Schmerz heilen, am besten mit Hilfe eines Therapeuten. Sie muß sich an eine Zeit in ihrer Kindheit zurückerinnern, als sie wirklich Liebe und Unterstützung brauchte, aber nicht bekam. Wenn eine erwachsene Frau Probleme hat, Vertrauen zu schenken, geht dies immer auf Kindheitserfahrungen zurück.

Wenn sie nicht zu einem Therapeuten gehen möchte, kann sie zunächst mit Selbsthilfeverfahren arbeiten, bis sie für die Unterstützung durch einen Therapeuten offen ist. Denn indem sie einen Therapeuten konsultiert, gesteht sie sich letztlich ein, daß sie Hilfe braucht. Je mehr sie dann die positiven Wirkungen einer Therapie zu schätzen lernt, desto mehr öffnet sie wieder ihr Herz. Ich will hier nicht gegen selbständige Frauen wettern. Ich möchte nur vor übertriebener Selbständigkeit warnen, mit der sich Frauen nicht Gutes tun. Frauen haben sich traditionell bezüglich ihrer finanziellen und physischen Bedürfnisse auf den Schutz und die Unterstützung eines Mannes verlassen. Werden Frauen diesbezüglich unabhängiger, kommen sie oft an einen Scheideweg: Sie brauchen keinen Mann mehr für ihre Existenzsicherung, und sie fragen sich, warum sie überhaupt einen brauchen.

—◄◌►—

Werden Frauen unabhängiger, kommen sie oft an einen Scheideweg: Sie brauchen keinen Mann mehr für ihre Existenzsicherung, und sie fragen sich, warum sie überhaupt einen brauchen.

—◄◌►—

Solange ihnen aber das nicht klar ist – warum sie einen Mann brauchen –, lassen sie sich nicht helfen.

Dies wäre ja nicht weiter schlimm, wenn sie wirklich allein glücklich werden könnten. Tatsache ist aber, daß Frauen, je unabhängiger sie finanziell und physisch werden, um so mehr die emotionale Unterstützung eines Mannes brauchen. Je erfolgreicher sie sind, desto mehr brauchen sie einen Gefährten, der ihnen emotionale Unterstützung und Zuwendung gibt.

Dies zu akzeptieren fällt oft nicht leicht. Nachdem eine Frau es geschafft hat, finanziell von einem Mann unabhängig zu werden, muß sie einsehen, daß sie ihn immer noch zur emotionalen Unterstützung braucht. Weil dies aber nicht in ihr Selbstbild paßt, verschließt sie davor die Augen. Die Erkundung ihrer Gefühle in einer Gruppe kann ihr helfen, den Teil von ihr selbst wiederzufinden, der Unterstützung braucht. Die Begegnung mit anderen Frauen, die sich öffnen und Unterstützung annehmen, macht ihr Mut, dasselbe zu tun.

Frauen, die zuviel tun

Viele Frauen entziehen sich der Liebe und Unterstützung, indem sie sich zuviel aufbürden. Die Bedürfnisse anderer Menschen spielen für sie eine so überragende Rolle, daß sie keine Zeit mehr für ihre eigenen Wünsche haben. Es ist ihnen unangenehm, um etwas zu bitten, und andererseits können sie niemandem etwas abschlagen. Sie empfinden eine übertriebene Verantwortung für andere Menschen, während sie selbst es nicht zulassen, daß andere ihren Bedürfnissen entgegenkommen.

Sich zuviel aufzubürden ist zwar frustrierend, aber es hat gewisse emotionale Vorteile. So braucht eine Frau den Schmerz ihrer Einsamkeit und Verletztheit nicht zu spüren, solange sie zu beschäftigt ist, um ihre Bedürfnisse wahrzunehmen. Indem sie sich dem Schmerz anders zuwendet, kann sie es vermeiden, ihren eigenen Schmerz zu fühlen. Natürlich ist es gut, anderen zu helfen, aber man darf sich selbst dabei nicht vergessen. Wenn eine Frau zuviel tut, verliert sie den Kontakt zu sich selbst und ihren eigenen Bedürfnissen. Über ihre Gefühle zu sprechen, würde ihr helfen, wieder zu sich selbst zu finden.

—◁◦▷—

Wenn eine Frau zuviel tut, verliert sie den Kontakt zu sich selbst und ihren eigenen Bedürfnissen.

—◁◦▷—

Doch Frauen, die zuviel tun, weigern sich oft, über ihre Gefühle zu sprechen. Sie sagen, daß sie dafür keine Zeit hätten. Genau dies ist jedoch ihr Problem: Sie nehmen sich keine Zeit dafür, sich um ihre eigenen Bedürfnisse zu kümmern und ihren Schmerz zu erkunden, und solange sie dies nicht als Problem erkannt haben, bleibt es als solches bestehen. Solche Frauen sollten am besten zu einem Therapeuten gehen, mit dem sie ihre Gefühle erkunden und über sie sprechen können.

So beschäftigt, wie sie die ganze Zeit sind, sind sie im Innern doch sehr einsam. Sie geben ständig, aber sie bekommen trotzdem nicht, was sie brauchen. Sie gönnen sich selbst nichts. Wenn eine Frau anderen nur gibt, aber nicht das Gefühl hat, in ihrem eigenen Leben Unterstützung zu haben, wird sie schließlich depressiv.

Immer nur zu geben und nichts zu bekommen,
führt schließlich zu Depressionen.

Die Hauptursache für Depressionen bei Frauen ist das Gefühl der Isolierung. Je mehr sich eine Frau gegen die Liebe sperrt, desto isolierter fühlt sie sich. Schließlich wird ihre Fähigkeit, Liebe, Freude, Wertschätzung und Vertrauen zu empfinden, immer geringer. Um einer Depression zu entgehen, müssen Frauen vor allen Dingen Gehör finden. Wenn sie mit jemandem über ihren Schmerz sprechen können, dann klingt das Gefühl der Isolation ab, und ihre liebevollen und positiven Gefühle können zurückkehren.

Frauen, die sich zuviel aufbürden, kennen den Schmerz anderer Menschen, aber niemand kennt ihren Schmerz. Niemand ist für sie da. Sie wissen sehr gut, was andere brauchen, aber sie wissen nicht, wie man um etwas bittet, das man selbst braucht. Jeder denkt, daß sie stark sind und keine Hilfe brau-

chen oder diese schon bekommen. Indem sie sich zuviel auf-
laden, gibt es für sie immer zuviel zu tun, und sie haben das
Gefühl, daß sie es allein nicht schaffen.

*Wenn Frauen sich zuviel aufbürden, kennen sie
den Schmerz anderer Menschen, aber niemand
kennt ihren Schmerz.*

Ist ein Mann depressiv, ist der Fall meist klar. Er hat keine
Energie, um etwas zu unternehmen. Er ist unmotiviert und
läuft mit hängendem Kopf herum. Die Ursache seiner Depression liegt letztlich darin, daß er das Gefühl hat, nicht gebraucht zu werden. Frauen dagegen werden depressiv, wenn
sie nicht bekommen, was sie brauchen. Wenn die Depression
beginnt, werden ihnen oft die Bedürfnisse anderer Menschen
überdeutlich klar. Statt ihre Motivation zu verlieren, fühlen
sie sich besonders motiviert, ja sogar verpflichtet, für andere
Menschen dazusein. Sie glauben, für andere dasein zu müssen, weil es sonst niemand tut. Wenn sie sich Zeit für eine Beziehung nehmen, dann oft mit einem anlehnungsbedürftigen
Mann, der eher depressiv und daher unfähig ist, für sie dazusein.

Wenn er es nicht schon ist, kann ihn das Zusammensein mit
ihr depressiv machen. Ein Mann verträgt es nicht, das Gefühl
haben zu müssen, daß eine Frau nicht schätzt, was er ihr zu
bieten hat. Darum können Frauen, die zuviel tun, einen Mann
saft- und kraftlos machen. Umgekehrt kann ein depressiver
Mann, der einer Frau nichts geben kann, für sie zum Anlaß
werden, sich zuviel aufzubürden.

———<o>———

Eine Frau, die zuviel tut,
kann einen Mann kraftlos machen.

———<o>———

Frauen, die unter Streß stehen, neigen dazu, immer mehr zu tun. Männer, die unter Streß stehen, verlieren zunehmend ihre Energie, noch irgend etwas zu tun. Ein gestreßter Mann hat vielleicht noch Kraft für die Arbeit, aber wenn er nach Hause kommt, hat er keine Reserven mehr. Eine gestreßte Frau hingegen kommt nach Hause und hat das Gefühl, daß es noch tausend Dinge zu tun gibt. Sie kann sich nicht entspannen oder abschalten. Je mehr sie sich auf das Tun statt auf das Fühlen verlegt, desto mehr muß sie arbeiten, putzen, helfen und sich Sorgen machen. Irgendwann ist dann ihre Energie verbraucht und sie ist völlig erschöpft.

Lernen, weniger zu tun

Die wenigsten Männer müssen lernen, weniger zu tun. Eine Frau dagegen muß dies richtig üben. Sie kann es lernen, aber es geschieht nicht spontan. Sie muß die folgenden vier Phasen durchlaufen:

ERSTE PHASE
In der ersten Phase muß sie über ihre Gefühle, über ihre Schmerzen sprechen. Sie muß sich beklagen. Indem sie sich öffnet und über alles redet, was sie tut, bekommt sie Kontakt mit ihren Gefühlen, sie spürt ihre Erschöpfung und ihr Bedürfnis, weniger zu tun. Mit jemandem zu reden erlaubt es ihr, die Erleichterung zu fühlen, ihre Last nicht ganz allein tragen zu müssen. Ihre Gefühle zu offenbaren hilft ihr, sich zu entspannen und weniger zu tun.

248

ZWEITE PHASE

In der zweiten Phase muß sie bewußt mehr für sich selbst tun, zum Beispiel sich massieren lassen, zu einem Therapeuten gehen, sich selbst etwas kaufen oder einen kleinen Urlaub machen. Sie muß Möglichkeiten suchen, sich zu entspannen und das Leben zu genießen, und sie muß auch die Erfahrung machen, daß die Welt ohne sie nicht untergeht. Der Himmel stürzt nicht ein, wenn Dinge, die getan werden »müssen«, nicht getan werden.

Manchmal schütteln Frauen bei diesem Rat den Kopf und sagen: »Aber wenn ich mir mehr Zeit für mich selbst nehme, dann wartet nur noch mehr Arbeit auf mich, wenn ich zurückkomme.« Dies ist natürlich richtig. Aber selbst wenn sich die Arbeit ansammelt, muß man sich trotzdem einmal freinehmen. Am Ende wird eine solche Frau einsehen, wie sie selbst den Druck erzeugt, und wie sie etwas dagegen tun kann.

DRITTE PHASE

In der dritten Phase muß sie die Kunst lernen, um Unterstützung zu bitten. Darauf hat sie sich in der Phase zwei vorbereitet, denn wenn sie sich einmal freinimmt, ist sie gezwungen, um Hilfe zu bitten. Dabei macht sie die Erfahrung, daß ihr die Unterstützung gern gewährt wird und wie wohltuend dies ist. Prinzipiell hält sie es für schwieriger, andere um etwas zu bitten oder von ihnen abhängig zu sein, als etwas selbst zu tun. Wie man lernt, um Unterstützung zu bitten, habe ich ausführlich im zwölften Kapitel von »Männer sind anders, Frauen auch« behandelt.

VIERTE PHASE

In der vierten Phase kann eine Frau beginnen, höflich die Forderungen anderer Menschen abzulehnen. Eines der größten Hindernisse für eine Frau, die sich entlasten will, besteht darin, daß sie nicht weiß, wie man liebevoll nein sagt. Aber wenn sie gelernt hat, selbst um Unterstützung zu bitten, fällt es ihr schließlich auch leichter, anderen etwas abzuschlagen. Sie braucht ja nichts weiter zu sagen als:»Es tut mir wirklich leid, aber ich kann nicht.« Wenn es ihr immer noch schwerfällt, nein zu sagen, und sie sich weiterhin zuviel aufbürdet, muß sie einen genaueren Blick auf ihre Gefühle werfen, um hier eine Änderung herbeizuführen.

Daß es einer Frau schwerfällt, nein zu sagen, beruht oft auf unverarbeiteten Empfindungen gegenüber jemandem, der einmal nein zu ihren Bedürfnissen sagte. Weil sie den Schmerz nicht befriedigter Bedürfnisse kennt, kann sie es nicht ertragen, andere zurückzuweisen. Weil sie selbst im Stich gelassen wurde, möchte sie andere nicht im Stich lassen. Um ihr Verhalten zu ändern, muß sie also das nicht verarbeitete Trauma aus ihrer Vergangenheit heilen. Aus der gleichen alten Verletzung heraus wird sie es vermeiden, um mehr zu bitten, weil sie den Schmerz der Zurückweisung nicht fühlen will.

----◄◊►----

Solange ihr alter Schmerz noch nicht
verarbeitet ist, wird sie für die Bedürfnisse anderer
extrem empfänglich sein.

----◄◊►----

Also tut sie lieber alles selbst. Aber solange ihr Schmerz nicht geheilt ist, wird ihre Furcht, verletzt zu werden oder selbst zu verletzen, sie daran hindern, ohne Scheu um Unterstützung zu bitten und sich zu weigern, sich noch mehr aufzubürden. Sie wird sich in einer so exzessiven Weise für die Bedürfnisse anderer verantwortlich fühlen, daß sie keine Zeit mehr zur Entspannung findet.

Um ihre Vergangenheit zu heilen, muß sie sich an Zeiten zurückerinnern, in denen ihre Bedürfnisse nicht anerkannt, heruntergespielt oder nicht befriedigt wurden. Indem sie sich

Zeit dafür nimmt, ihre Gefühle zu erkunden, wird sie schließlich fähig sein, ihren Zorn zu spüren und dann zu verzeihen. Dabei muß sie jedoch aufpassen, daß sie diese Vergebung nicht zu schnell gewährt.

Eine Haltung der Nachsicht und des Verständnisses verführt manchmal dazu, sich um die schmerzliche Wahrheit zu drücken, daß man verletzt ist. Oft unterdrückt man seine Gefühle, indem man etwa sagt: »Ist schon gut. Es ist in Ordnung, ich verstehe es.« Andererseits sind dies natürlich sehr wirksame, heilende Aussagen.

———◦———

Eine Haltung der Nachsicht und des
Verständnisses verführt manchmal dazu,
sich um die schmerzliche Wahrheit zu drücken,
daß man verletzt ist.

———◦———

Ist eine Frau allzu selbstlos, bedeutet dies, daß sie in der Vergangenheit von jemandem verletzt wurde, der zu selbstsüchtig oder fordernd oder einfach verantwortungslos war. Um ein gesundes Verantwortungsbewußtsein zu entwickeln, muß sie ihren Zorn spüren und verzeihen. Sie muß den Kummer darüber spüren, daß sie nicht bekam, was sie wollte, aber sie muß auch anerkennen, daß dies nicht ihre Schuld war.

Solange eine Frau, die zuviel tut, sich nicht von diesem Verhalten heilt, droht die Gefahr, daß sie allein und ohne Unterstützung bleibt. Sie glaubt, daß in ihrem Leben keine Zeit für einen Mann ist, da schon für sie selbst keine Zeit ist.

Tritt dieses Verhalten nach dem Ende einer Beziehung auf, kann dies ihre Neigung dämpfen, noch einmal Intimität erleben zu wollen. Hatte sie schon während ihrer letzten Beziehung keine Zeit für sich selbst, dann hat sie überhaupt keine Vorstellung davon, wie liebevoll und hilfreich eine Beziehung sein kann. Sie wird sich nie wieder binden wollen. Solange sie kein positiveres Bild davon hat, was möglich ist.

Sich um andere kümmern

Häufig bringen sich Frauen selbst um die Gelegenheit zu einer neuen Liebe, indem sie ganz im Dienst an anderen Menschen aufgehen, die in noch größerer Not sind. Anderen zu dienen ist etwas sehr Schönes, aber es kann auch dazu benutzt werden, seine eigenen Bedürfnisse nicht spüren zu müssen. Man kann kaum Mitleid mit sich selbst spüren, wenn andere noch größere Probleme haben.

Ich will damit nicht sagen, daß Frauen in Selbstmitleid baden sollten, aber sie müssen sich Zeit dafür nehmen, ihren Verlust zu betrauern. Wenn eine Frau nicht das Gefühl haben kann, ihre Gefühle in Sicherheit mitteilen zu können, dann tut sie sich selbst leid. Um zu vermeiden, daß sie im Selbstmitleid versinkt, hilft sie anderen. Es ist etwas Gutes, anderen zu helfen, aber nicht dann, wenn dies den eigenen Heilungsprozeß behindert.

———<o>———

Um zu vermeiden, daß sie im Selbstmitleid versinkt,
hilft sie anderen.

———<o>———

Für einen verletzten Mann ist es sehr hilfreich, anderen zu helfen, die in Not sind. Dies hilft ihm, seinen eigenen Schmerz zu fühlen und etwas dagegen zu unternehmen. Je mehr ein Mann das Gefühl hat, gebraucht zu werden, desto leichter gelingt es ihm, seinen Schmerz zu überwinden und zu heilen. Indem er den Schmerz anderer erlebt, wird er mehr an seine eigenen Gefühle und Bedürfnisse herangeführt. Dies gibt ihm die Kraft, etwas zu unternehmen, damit seine Bedürfnisse befriedigt werden.

Für Frauen gilt das Gegenteil. Frauen verlieren sich leicht, wenn sie nur für andere da sind. Eine Frau, die dabei ist, ihre Seele zu heilen, muß sich sehr davor hüten, neue Verantwortung zu übernehmen. Sie muß sich vielmehr Zeit dafür nehmen, ihre Bedürfnisse zu spüren und für deren Befriedigung zu sorgen. Andernfalls wird sie nie von ihrem Trauma genesen und immer darauf angewiesen sein, sich um andere zu kümmern, um ihrem Schmerz zu entgehen.

Kinderwunsch

Wenn es einer Frau nicht gelingt, die Liebe zu bekommen, die sie braucht, kann in ihr der Wunsch entstehen, ein Kind zu bekommen. Auf diese Weise möchte sie ihr Liebesbedürfnis befriedigen, denn es ist ja so einfach, von einem Kind Liebe zu bekommen. – Viel einfacher, als sich der Herausforderung einer Beziehung unter Erwachsenen zu stellen. Der Gedanke, Kinder zu haben, beinhaltet für sie die Verheißung, daß sie geliebt werden kann und wird. Dies ist jedoch ein schlechter Zeitpunkt für eine Schwangerschaft. Hat eine Frau ein solches Bedürfnis, sollte sie sich besser ein Haustier zulegen.

Bei manchen alleinstehenden Frauen resultiert der Kinderwunsch auch aus dem Wunsch nach Liebe – nach der Liebe eines Kindes –, ohne sich den Herausforderungen einer intimen Beziehung stellen zu müssen. Aber Kinder zu haben, bevor ihre Seele geheilt ist, hindert auch sie nicht nur daran, die Liebe zu bekommen, die sie braucht, sondern ist auch nicht fair den Kindern gegenüber.

Statt Liebe bei Kindern zu suchen, muß sie lernen, wie man die Liebe von Freunden, Verwandten und schließlich einem

Partner gewinnt. Wenn sie eine erfüllte Beziehung zu einem erwachsenen Menschen aufgebaut hat, dann ist sie soweit, daß sie von bedingungsloser Liebe überfließen kann. Dann ist sie wirklich bereit, Kinder zu haben.

Die Angst einer Frau
vor Intimität

Hat eine Frau Angst vor Intimität, neigt sie dazu, sich zu Männern hingezogen zu fühlen, die sie nicht ohne weiteres bekommen kann. Tief in ihrem Innern möchte sie Liebe, aber sie fürchtet sich auch davor, wieder verletzt zu werden. Lernt sie einen Mann kennen, der interessiert und frei ist, hindern ihre Ängste sie daran, sich von ihm angezogen zu fühlen. Sie denkt natürlich nicht: »Ich will mich nicht binden, ich suche mir also eine Ausrede, warum ich nicht mit dieser Person zusammensein will.« Dies geschieht vielmehr unbewußt. Sobald die Beziehung enger wird, führen ihre Ängste dazu, daß sie übermäßig kritisch wird.

Wenn sie dagegen mit einem Mann zusammen ist, den sie nicht bekommen kann, dann ist diese Liebe für sie ungefährlich. Alle ihre aufgestauten Liebesgefühle kommen zum Vorschein. Sollte aber dieser unerreichbare Mann plötzlich frei werden, können ihre Gefühle sehr schnell wieder verschwinden. Ihre Ängste tauchen wieder auf, und sie weist ihn ab.

Eine solche Furcht vor Intimität kann man nach und nach heilen. Auf der einen Ebene muß eine Frau mit Männern ausgehen, aber sie darf nichts überstürzen. Indem sie darauf achtet, nicht nach einem Ehepartner oder einem Sexualpartner Ausschau zu halten, kann sie ihre Furcht vor Intimität heilen.

Auf einer anderen Ebene muß sie sich mit den nicht verarbeiteten Gefühlen aus ihrer letzten Beziehung auseinandersetzen. Zur Erkundung und Verarbeitung ihrer Gefühle ist es sehr hilfreich, wenn sie diese Gefühle mit früheren Erfahrungen verbindet. Indem sie in ihrer Biographie immer weiter zurückgeht, kann sie die tieferen Ebenen ihrer Furcht heilen. Auslöser sind Ereignisse, bei denen man von seinen Eltern in irgendeiner Weise verletzt, verraten oder enttäuscht wurde. Hat die Frau ihre Furcht vor einer Zurückweisung verarbeitet, wird sie sich wieder zu Männern hingezogen fühlen, die frei sind.

Meine Kinder brauchen mich

Frauen können die Liebe auch dadurch zurückweisen, daß sie die Bedürfnisse ihrer Kinder über ihre eigenen stellen. Nach einer Scheidung oder einem Todesfall glaubt sie, auch die Rolle des anderen Elternteils übernehmen zu müssen. Sie weiß, daß ein Kind beide Eltern braucht, und sie versucht, diesem Bedürfnis gerecht zu werden. Dies ist zwar eine noble Haltung, aber sie hindert sie daran, sich um die Liebe zu bemühen, die sie selbst von einem anderen Erwachsenen braucht. Solange sie den Schmerz ihres Verlustes spürt, wird diese natürliche Neigung, sich für die Kinder aufzuopfern, immer mehr verstärkt. Wie wir schon festgestellt haben, neigt eine Frau ohnehin dazu, ihrem Schmerz zu entgehen, indem sie sich um die Bedürfnisse anderer kümmert. Wenn sie sich nicht Zeit dafür nimmt, ihren Schmerz zu heilen, kann die Fürsorge für ihre Kinder der perfekte Schutz vor ihrem Schmerz werden.

Die Konzentration auf die Bedürfnisse der Kinder erlaubt es ihr, sich nicht mit ihrer Furcht vor einer neuen Liebe auseinandersetzen zu müssen. Indem sie ganz in ihrer Elternrolle aufgeht, kann sie ihr Bedürfnis nach Intimität und Liebe sehr einfach verdrängen. Sie empfindet vielleicht sogar Erfüllung in der Fürsorge für ihre Kinder, aber sie drängt die Liebe aus ihrem Leben. Dies ist weder für sie noch für ihre Kinder gut.

—◄◦►—

Indem sie ganz in ihrer Elternrolle aufgeht,
kann sie ihr Bedürfnis nach Intimität und Liebe
sehr einfach verdrängen.

—◄◦►—

Es scheint zwar, daß sie besonders viel für ihre Kinder tut, aber letztlich spüren diese die Last und die Verantwortung, sie glücklich zu machen. Alle Kinder möchten ihre Mutter glücklich machen, aber eine erwachsene Frau hat auch Bedürfnisse, die ein Kind nicht erfüllen kann: nach Intimität, einem Gespräch, Verständnis, Gesellschaft, Zuneigung, Geborgenheit, Ermunterung und Romantik. Kümmert sich eine Frau nicht darum, daß diese Bedürfnisse befriedigt werden, empfinden dies die Kinder zwangsläufig als zusätzliche Last. Der Druck, den sie vermeiden möchte, wirkt sich auf ihre Kinder aus. Sie bekommen das Gefühl, ihr all das geben zu müssen.

—◄◦►—

Was Kinder vor allem brauchen, ist eine Mutter,
die ein erfüllter Mensch ist.

—◄◦►—

Aber Kinder können die Bedürfnisse eines Erwachsenen nicht erfüllen. Wenn sie zuviel Verantwortung für das Glück des verbliebenen Elternteils tragen müssen, werden sie später zu unterwürfigen Menschen, die es allen recht machen wollen. Als Kinder mußten sie etwas von sich opfern, um ihrer Mutter zu Gefallen zu sein. Daran haben sie auch noch als Erwachsene zu tragen. Sie opfern auch dann noch zuviel, und sind immer wieder enttäuscht und zornig, wenn sie nicht bekommen, was sie brauchen. Es fällt ihnen schwer, ihre eigenen Bedürfnisse und diejenigen anderer Menschen auseinan-

259

derzuhalten, wodurch sie zuviel Verantwortung für andere empfinden. Dies führt letztlich dazu, daß sie sich zuviel aufbürden.

————◁○▷————

Kinder unerfüllter Mütter werden oft zu unterwürfigen Menschen, die es allen recht machen wollen, und die sich zuviel aufbürden.

————◁○▷————

Viele Kinder, die zu früh die Last einer Verantwortung tragen müssen, sind diesem Druck nicht gewachsen, weshalb ihre Reaktion ins Gegenteil umschlägt: Sie versuchen nicht mehr, alles für ihre Mutter zu tun, sondern hören auf, sie gern zu haben. Für ein Kind kann das schwere Folgen haben, denn wenn es sich dem elementaren Antrieb verweigert, sich die Liebe der Eltern zu sichern, verliert es die Orientierung in seinem Leben. Dann aber wird es leichtes Opfer von Manipulationen. Solche Kinder passen sich an die Masse an und wollen, was andere wollen oder was sie im Fernsehen sehen. Sie kennen ihre eigenen Bedürfnisse nicht mehr.

Wenn es einem kleinen Jungen nicht gelingt, seine Mutter glücklich zu machen, dann ist er als Erwachsener übermäßig frustriert, wenn seine Partnerin wegen irgend etwas unglücklich ist. Statt mit Mitgefühl zu reagieren, verhält er sich abweisend und wird wütend. Er kann den Gedanken nicht ertragen, daß er es jetzt schon wieder mit einer Frau zu tun hat, die er nicht zufriedenstellen kann.

Kleine Mädchen reagieren häufig mit einer Verleugnung ihrer inneren Bedürfnisse. Sie möchten nicht jemand anderem so zur Last fallen, wie ihre Mutter ihnen zur Last fiel. Diese Verleugnung hat aber zur Folge, daß ihr männlicher Partner frustriert wird. Er hat das Gefühl, keinen Zugang zu ihr zu bekommen. Je mehr er es versucht, desto mehr zieht sie sich zurück. Es fällt ihr schwer, um das zu bitten, was sie braucht, sie will ja niemandem zur Last fallen. Mit dieser Haltung kann sie gegenüber sich selbst und gegenüber anderen sehr hart sein.

Eine gesunde Beziehung zwischen Eltern und Kind

Eine gesunde Beziehung zwischen Eltern und Kind bedeutet unbedingte Liebe. Die Eltern geben, und das Kind empfängt. Bedingungslose Liebe gibt Kindern das Gefühl, daß sie nichts zurückzugeben brauchen. Sie sind nicht für ihre Eltern verantwortlich. Dadurch lernt das Kind, nicht deshalb zu geben, weil es soll, sondern weil es möchte.

Kindern, denen es gelingt, den Eltern Freude zu machen, wachsen nicht zu Liebedienern heran. Sie haben ein ausgeprägtes Selbstwertgefühl und doch den gesunden Wunsch, für andere Menschen dazusein.

Es ist in Ordnung, wenn man als alleinstehender Elternteil nicht immer glücklich ist oder sich manchmal unerfüllt fühlt. Solange man sich nicht auf die Kinder stützt, sondern selbst die Verantwortung für seine Bedürfnisse als Erwachsener übernimmt, bleibt das Kind unbelastet.

Diese wichtige Erkenntnis hilft Alleinstehenden, die richtigen Prioritäten zu setzen. Statt die Bedürfnisse der Kinder in den Vordergrund zu rücken, müssen ihre eigenen Bedürfnisse Vorrang haben. Dies heißt nicht, daß man die Bedürfnisse eines Kindes vernachlässigen darf, aber es gibt der alleinstehenden Mutter den notwendigen Freiraum, sich zunächst um ihre eigenen Bedürfnisse zu kümmern.

Wenn Alleinerziehende ausgehen wollen

Alleinerziehende Mütter, die mit einem Mann ausgehen wollen, haben oft Schuldgefühle. Sie glauben, daß sie mehr für ihre Kinder dasein müßten. Sie haben das Gefühl, daß die

Kinder mehr brauchen, und bekommen Schuldgefühle, wenn sie weggehen. Was solche Mütter nicht wissen ist, daß Kinder immer mehr wollen, das wäre auch so, wenn der Vater noch da wäre.

Es ist das Recht des Kindes, mehr zu wollen, und das Recht der Eltern, vernünftige Grenzen zu setzen. Und mit »vernünftigen Grenzen« ist gemeint, daß sie ihre Bedürfnisse nicht um ihrer Kinder willen opfern.

———◄◦►———

Wenn Eltern keine vernünftigen Grenzen setzen, dann entwickeln Kinder unvernünftige Wünsche und Bedürfnisse.

———◄◦►———

Kinder versuchen immer, ihre Grenzen auszuloten. Zu große Nachgiebigkeit oder Zurückstellung der eigenen Bedürfnisse mag manchen als Liebe erscheinen, aber man tut damit seinem Kind nichts Gutes. Selbstverständlich opfert man gelegentlich etwas für seine Kinder, aber dann muß man auch wieder ein Gleichgewicht schaffen und sich Zeit für sich selbst nehmen. Wenn Eltern stets ihre eigenen Bedürfnisse leugnen, ist dies für Kinder kein gutes Beispiel, weil sie nicht lernen, wie sie später in ihrem eigenen Leben Grenzen setzen müssen.

Eine der größten Herausforderungen für alleinerziehende Mütter besteht also darin, sich angemessen um ihre eigenen Bedürfnisse als Erwachsener zu kümmern. Alleinerziehende müssen wissen, was Kinder wirklich brauchen, damit sie die richtigen Entscheidungen für sich selbst und für ihre Kinder treffen können.

Aber meine Kinder
sind eifersüchtig!

Alleinerziehende halten oft die Liebe von sich fern, weil sie in übertriebener Weise befürchten, daß ihre Kinder eifersüchtig werden könnten, wenn sie eine neue Beziehung eingehen. Natürlich sind Kinder eifersüchtig, aber dies darf kein Grund sein, auf die Liebe zu verzichten. Vielmehr sollte ein alleinstehender Elternteil gerade deshalb eine Beziehung aufnehmen. Wenn ein Elternteil einen neuen Partner wählt, hilft dies dem Kind, sich mit seinem eigenen Verlust auseinanderzusetzen. Es befreit das Kind auch von der Bürde, sich für den verbliebenen Elternteil verantwortlich zu fühlen. Statt das Kind vor Eifersucht zu behüten, müssen Alleinerziehende ihren Kindern helfen, mit aufkommender Eifersucht umzugehen und diese zu überwinden.

———◦———

Statt das Kind vor Eifersucht zu behüten,
müssen Alleinerziehende ihren Kindern helfen,
mit aufkommender Eifersucht umzugehen
und diese zu überwinden.

———◦———

Wenn Alleinerziehende eine neue Beziehung eingehen oder wieder heiraten, versuchen sie ihre Kinder oft vor Eifersucht zu schützen, indem sie ihre Zuneigung zu dem neuen Partner vor ihnen verbergen. Dies ist allerdings keine gute Idee. Sie sollten vielmehr versuchen, ganz bewußt positiv über ihren neuen Partner zu reden.

263

Statt ihre Liebe und Zuneigung zu verbergen, sollten sie diese vor den Kindern ganz bewußt deutlich machen.

Kinder müssen verstehen können, warum sie diesen Eindringling gern haben sollen. Sie haben ihn sich ja schließlich nicht ausgesucht. Meist haben sie es genossen, den verbliebenen Elternteil ganz für sich zu haben. Wenn sie dann immer wieder hören, sehen und erleben, daß der oder die »Neue« Mama oder Papa sehr glücklich macht, können sie auch den neuen Partner willkommen heißen.

———◄○►———

Jedes Kind liebt nach einiger Zeit den Menschen,
der den zurückgebliebenen Elternteil glücklich macht.

———◄○►———

Wenn ein Kind mit einem Stiefvater oder einer Stiefmutter nicht zurechtkommt, ist es natürlich sinnvoll, Zeiten zu schaffen, in denen man ohne den neuen Partner mit dem Kind zusammen ist. Wie sich das neue Paar Zeit für sich allein nimmt, so muß auch das Kind das Gefühl haben, daß der verbliebene Elternteil auch einmal nur für es da ist.

Eltern, ob sie geschieden sind oder nicht, machen oft das Kind zum Mittelpunkt ihres Lebens. Um diese Tendenz zu bekämpfen, muß man sich bewußt darum bemühen, seine Bedürfnisse als Erwachsener in den Vordergrund zu rükken.

Eifersuchtsanfälle

Ein neuer Partner kann bei einem Kind heftige Eifersuchtsanfälle auslösen. Kluge Eltern bringen hierfür viel Geduld und Mitgefühl auf, weil sie den Schmerz des Kindes verstehen. Sie begreifen, daß solche Gefühlsäußerungen eine notwendige Anpassung sind und vorübergehen werden. Manche

Kinder sind dabei von Natur aus dramatischer als andere und drücken ihren inneren Schmerz intensiver aus.

Wenn ein Kind den neuen Partner nicht mag, müssen sich Eltern darüber im klaren sein, daß dies keineswegs persönlich gemeint ist. Das Kind ist nach wie vor wütend darüber, daß seine Eltern getrennt sind, und dieser Zorn wird auf den neuen Partner gerichtet. Solange die Verletztheit, der Zorn und die Ängste des Kindes nicht geheilt sind, wird es jeden ablehnen, den man mitbringt. Statt ein Kind davon überzeugen zu wollen, daß der neue Partner liebenswert ist, sollten sich Eltern darauf konzentrieren, dem Kind zu helfen, seinen Verlust zu spüren und auszudrücken.

———◇———

Statt ein Kind davon überzeugen zu wollen,
daß der neue Partner liebenswert ist,
sollten sich Eltern darauf konzentrieren, dem Kind zu
helfen, seinen Verlust zu spüren und auszudrücken.

———◇———

Wenn Eltern Schwierigkeiten haben, die Eifersucht eines Kindes zu verstehen, müssen sie sich klarmachen, daß sich das Kind den Betreffenden ja nicht ausgesucht hat. Man kann von ihm nicht erwarten, daß es diese Person liebt oder gern hat. Wenn ein Außenstehender in die Familie hereinkommt, wird er als Eindringling empfunden. Er ist eine Bedrohung, ein Mensch, der sich zwischen das Kind und den verbliebenen Elternteil drängt.

Meine Workshops für Kinder haben mir immer wieder bewiesen, daß Kinder keinen größeren Wunsch haben, als daß Mama und Papa einander lieben. Wenn man sie bittet zu zeichnen, was sie glücklich macht, dann entsteht fast immer ein Bild, auf dem Mama und Papa einander gern haben. Das größte Glück und die größte Sicherheit bedeutet für sie eine große, glückliche Familie.

Wenn eine andere Person in das Leben der Familie tritt, müssen sie einsehen, daß Mama und Papa nie mehr zusammenkommen. Sie müssen sich mit ihrem Verlust auseinandersetzen. Solange kein Fremder im Haus ist, hoffen Kinder immer noch, daß Mama und Papa sich wieder versöhnen.

Mit Eifersucht rechnen

Wenn man vorhat, eine neue Beziehung einzugehen, muß man darauf gefaßt sein, daß Kinder dies verstört. Man selbst ist bereit, aber das Kind kann noch unaufgelöste Gefühle haben. Man muß einfach mit Eifersucht rechnen.

Indem man Kindern hilft, mit dieser Eifersucht umzugehen, hilft man ihnen auch, sich mit ihren sonstigen Empfindungen des Verlustes auseinanderzusetzen. Nicht verarbeitete Empfindungen des Schmerzes, des Zorns und der Angst kommen automatisch an die Oberfläche. Wie man sich selbst vom Schmerz seines Verlustes heilen muß, so müssen sich auch Kinder mit ihren Gefühlen auseinandersetzen. Wenn man dies selbst schon getan hat, hilft das den Kindern sehr.

Oft bringt ein Kind stellvertretend die Gefühle aller anderen zum Ausdruck. Wie man dann mit diesem Kind umgeht, wirkt sich sehr auf die übrigen aus. Dabei muß man es unbedingt vermeiden, einem Kind gegenüber abwertende Bemerkungen bezüglich der Gefühle eines anderen Kindes zu machen. Das nicht eifersüchtige Kind neigt vielleicht dazu, sich über die Gefühle eines anderen Kindes lustig zu machen. Dann ist es wichtig, deutlich zu machen, daß alle Empfindungen ihre Berechtigung haben.

———◁◦▷———

Oft bringt ein Kind stellvertretend die Gefühle aller
anderen zum Ausdruck.

———◁◦▷———

Wenn man keine Geduld für die Gefühle der Kinder aufbringt, ist dies oft ein Zeichen, daß man selbst noch nicht alles
verarbeitet hat. Man lehnt ihre Gefühle ab, weil man sich
selbst noch gegen bestimmte Gefühle sperrt. Aber solange
man seine eigenen Empfindungen bezüglich einer Trennung
unterdrückt, spüren die Kinder diese und leben sie aus. Sie
haben natürlich ihre eigenen Probleme, aber was man selbst
unterdrückt, belastet sie zusätzlich.

———◁◦▷———

Die Kinder bringen die Gefühle zum Ausdruck
und leben sie aus, die man selbst noch unterdrückt.

———◁◦▷———

Dies heißt nicht, daß man mit seinen Kindern über seine
schmerzlichen Empfindungen reden muß. Dies wäre völlig
falsch. Kinder dürfen nie das Gefühl haben, eine Klagemauer
zu sein. Damit bürdet man ihnen die Verantwortung für seine
eigenen Bedürfnisse auf, deren Last für sie im allgemeinen
viel zu groß ist.

Die Empfindungen der Eltern schmerzen Kinder nicht, solange diese selbst die Verantwortung dafür übernehmen, damit zurechtzukommen. Kinder vertragen es, wenn man selbst
traurig ist, wenn auch nur in gewissem Maße. Man muß sich
nur immer vor Augen halten, daß sie sehr empfindsam sind
und schnell beginnen, sich für einen verantwortlich zu fühlen.

Aus diesem Verantwortlichkeitsgefühl befreit man sie am
besten dadurch, daß man etwas für sich selbst tut. Wenn man

die Verantwortung dafür übernimmt, sich selbst zu helfen und die Unterstützung durch Verwandte, Freunde, Gruppen oder einen Therapeuten zu suchen, vermeidet man es, seinen Kindern diese Last aufzubürden und sie damit zu überfordern.

Gefühle ausagieren, statt sie mitzuteilen

Nach einem Verlust halten Frauen oft die Liebe von sich fern, indem sie ihre Gefühle ausagieren. Statt sich Zeit zu nehmen, um die schmerzlichen Empfindungen zu erkunden und sich mitzuteilen, drücken sie sie in ihrem Verhalten aus. Dieses Ausagieren ist keine bewußte Entscheidung, sondern häufig ein Zwang.

———◁◦▷———

Eine Frau, die sich nicht sicher genug fühlt,
um über ihre Gefühle zu reden,
beginnt sie auszuagieren.

———◁◦▷———

Fühlte sie sich in ihrer letzten Beziehung übergangen und vernachlässigt, kleidet sie sich jetzt vielleicht auf eine Weise, die deutlich macht: »Seht her, ich bin unattraktiv. Niemand wird mich jemals lieben.« Ihre nicht aufgelösten Gefühle bringen sie dazu, sich selbst oder ihr Äußeres zu vernachlässigen.

Hat sie bisher sehr auf sich selbst geachtet, indem sie sich beispielsweise bewußt ernährte, könnte es ihr jetzt schwerfallen, dies beizubehalten. Wenn sie das Gefühl hat, daß niemand sich für sie interessiert, fehlt ihr die Motivation, sich weiter zu pflegen.

Eine solche Gleichgültigkeit tritt besonders bei Frauen auf, die zu Selbstvorwürfen neigen. Sie erlauben es sich nicht, über ihren Verlust zornig zu sein, und geben sich daher selbst die Schuld. Wenn man niemanden hat, dem man Vorwürfe machen kann, macht man sie sich selbst. Solange man dieses Verhalten nicht ändern kann, nährt der unterdrückte Zorn diese Gleichgültigkeit.

———◄○►———

Frauen erlauben es sich nicht,
über ihren Verlust zornig zu sein,
und geben sich daher selbst die Schuld.

———◄○►———

Je mehr sich eine Frau aber selbst vernachlässigt, desto mehr verstärkt dies ihre falsche Überzeugung, sie allein trüge die Schuld. Und in der Tat kann sie niemand anderem die Schuld daran geben, daß sie zuviel ißt oder auf andere Weise nicht gut mit sich umgeht. Ihr Ausagieren verschärft ihr Gefühl, wertlos zu sein, und damit sinkt ihre Lebensqualität immer weiter.

Aus diesem Verhaltensmuster kann sie nur dadurch ausbrechen, daß sie es sich gestattet, Zorn zu empfinden. Und wenn sie eine Verbindung zwischen ihren gegenwärtigen und früheren Empfindungen herstellt, kann sie wirksamer in Kontakt mit ihren unterdrückten Gefühlen kommen.

Die Kontrolle verlieren

Wenn eine Frau nicht mehr auf sich selbst achtet, drücken sich dann ihre Gefühle der Machtlosigkeit aus. Sie glaubt, die Liebe und Unterstützung, die sie braucht, nicht bekommen zu können. Wenn sie ihre Gefühle nicht mitteilen kann, agiert sie in einer Weise, die allen deutlich macht: »Ich habe keine Kontrolle mehr. Ich bin hilflos. Ich brauche Hilfe.«

Wenn man seinen Kummer nicht betrauern kann,
agiert man zwangsläufig in einer Weise, in der man
seine Machtlosigkeit zum Ausdruck bringt.

———◁○▷———

Statt die Kontrolle zu verlieren, kann eine Frau ihre Gefühle der Machtlosigkeit spüren und heilen, indem sie sich an einen Zeitpunkt ihrer Kindheit zurückerinnert, als sie absolut nichts tun konnte, um die Liebe und die Unterstützung zu bekommen, die sie brauchte. Indem sie sich Zeit dafür nimmt, sich an Ereignisse zu erinnern, bei denen sie wirklich machtlos war, und diese zu erkunden, kann sie sich von der Neigung befreien, in ihrem Leben als Erwachsene die Kontrolle aufzugeben.

Groll loslassen

Ein weiterer Grund, warum eine Frau sich selbst vernachlässigt, liegt darin, daß sie damit ihren Groll ausagiert. Nachdem sie sich jahrelang um einen anderen Menschen bemüht hat, ohne ihrerseits dafür zu bekommen, was sie brauchte, ist sie leer. Sie hat nichts mehr zu geben. Sie hat alles ihr Mögliche getan, um Liebe zu geben und zu empfangen, und es hat nicht geklappt. Jetzt ist sie verbittert und erschöpft.

Sie will sich nicht weiter um Liebe bemühen. Sie hört auf, irgend etwas zu tun, das Liebe in ihr Leben bringen könnte. In einer Trotzhaltung kümmert sie sich auch nicht mehr um sich selbst, damit sie möglichst unattraktiv und der Liebe und Zuneigung eines anderen Menschen unwürdig ist. Sie weist bewußt alle Versuche anderer Menschen zurück, ihr zu helfen. Mit ihrem Trotz bringt sie deutlich zum Ausdruck, daß sie kein Vertrauen mehr in die Liebe hat und daß sie ihr nicht mehr auf den Leim gehen will. Sie hat beschlossen, daß sie keine Liebe braucht. Dies ist ihre Art kundzutun, wie sie sich fühlt.

——◄○►——

Mit ihrem Trotz bringt sie deutlich zum Ausdruck, daß sie kein Vertrauen mehr in die Liebe hat und daß sie ihr nicht mehr auf den Leim gehen will.

——◄○►——

Solange es ihr nicht gelingt, die Empfindungen der Verletztheit hinter ihrem Groll zu spüren und zu verarbeiten, werden ihre Probleme nur noch schlimmer. Sich um Hilfe zu bemühen, würde bedeuten, daß sie Liebe möchte. Doch beim bloßen Gedanken daran fühlt sie sich wieder verletzt, zurückgestoßen und betrogen. Solange sie keinen Gedanken daran verschwendet, sich wieder zu binden oder sich von einer Liebe abhängig zu machen, muß sie sich mit diesen Gefühlen nicht auseinandersetzen.

Mit Rache ist niemandem gedient

Wenn eine Frau sich wütend und machtlos fühlt, kann sie diese Gefühle auch in Form von Rache ausagieren, statt sie mitzuteilen. Aber mit Rache ist niemandem gedient. Rache verleitet sie nur zu unglücklichen Entscheidungen, die Folgen für den Rest ihres Lebens haben. Sie bildet sich ein, in Rache Befriedigung finden zu können.

Wenn Männer Rache suchen, möchten sie einem anderen Menschen den Schmerz zufügen, den sie selbst spüren. Sie sind verletzt und möchten, daß jemand dafür büßt. Sie denken: »Du sollst den Schmerz spüren, den du mir zugefügt hast.« Frauen können ähnlich empfinden, doch sie wollen eher, daß der ehemalige Partner bedauert, was er getan hat.

Ihre Rache ist anders. Sie möchte durchaus, daß er büßt, aber ihr Wunsch ist es vor allen Dingen, daß er sich für sein Tun verantwortlich fühlt.

———◄◦►———

Frauen versuchen mit ihrer Rache zu erreichen,
daß es ihrem ehemaligen Partner leid tut,
sie verletzt zu haben.

———◄◦►———

Wenn ein Mann Rache sucht, indem er böse Dinge sagt und tut, möchte er seine ehemalige Partnerin bewußt verletzen. Wenn eine Frau böse Dinge sagt oder tut, will sie aller Welt verkünden, daß er ein Mistkerl ist. Sie möchte, daß die ganze Welt weiß, was er getan hat. Im Grunde will sie, daß er und die übrige Welt ihre Überzeugung teilen, daß er ein schlechter Mensch ist.

Dahinter steckt ihr eigentliches Bedürfnis: Sie will gehört werden. Sie möchte, daß andere ihren Schmerz wahrnehmen und verstehen. Sie muß den Schmerz heilen, den sie im Innern spürt. Ihr Bedürfnis, der Welt über ihn Bescheid zu sagen, ist ihr indirekter Versuch, der Welt deutlich zu machen, wie es ihr ergeht. Sie denkt: »Wenn ihr wißt, was er getan hat, dann werdet ihr wissen, was ich fühle.« Diese indirekte Vorgehensweise verschafft vorübergehende Erleichterung, aber keine Heilung. Um ihr Trauma zu heilen, muß sie es fühlen, in Worte fassen und mitteilen.

———◄◦►———

Hinter der Rache steht das Bedürfnis,
seinen Schmerz mitzuteilen.

———◄◦►———

Mit Rache macht man alles nur noch schlimmer, auch für sich selbst. Wenn ein Mann jemandem weh tut, dann fügt er auch sich selbst Schaden zu, weil er sich erniedrigt. Die höchste Erfüllung findet ein Mann darin, daß er dienen und schützen kann. Alle Antriebe, einen anderen Menschen zu verletzen, stehen im Widerspruch zu seiner höheren Bestimmung.

Wenn eine Frau versucht, in einem Mann Schuldgefühle zu wecken, verliert sie den Blick für ihre Möglichkeiten zu einem Neuanfang und einem neuen Glück. Solange es ihr vor allem darum geht, ihm Schuldgefühle einzureden, muß sie sich immer wieder ins Bewußtsein rufen, wie sehr er ihr Leben zerstört hat. Um das Mitgefühl zu bekommen, das sie haben möchte, muß sie sich weiterhin als Opfer fühlen.

———◄◦►———

Um in einem anderen Menschen Schuldgefühle
wecken zu können, muß man Opfer bleiben.

———◄◦►———

Hat ihr Mann sie wegen einer anderen verlassen, muß sie allein, verlassen und unglücklich bleiben, um Mitgefühl zu gewinnen. Würde ihr gleich der Märchenprinz begegnen, der sie heiratet, könnte sie über nichts mehr klagen. Wenn sie einen Neuanfang wagen und glücklich werden würde, dann würde dies bedeuten, daß das Ende der Beziehung nur gut für sie war. Um das Mitgefühl zu rechtfertigen, das sie haben möchten, weigern sich manche Frauen für den Rest ihres Lebens, glücklich zu sein.

———◄◦►———

Würde ihr gleich der Märchenprinz begegnen,
der sie heiratet, könnte sie über nichts mehr klagen.

———◄◦►———

Wenn sich aber eine Frau weigert, glücklich zu sein, nur um sich rächen zu können, bringt sie sich selbst um alle Chancen einer neuen Liebe. Solange sie an ihrer Verletztheit festhält, damit ihr ehemaliger Partner ein schlechtes Gewissen hat, kann sie sich nicht durch eine Geste des Verzeihens aus ihrem Groll lösen. So kann sie nie das Vertrauen gewinnen, daß sie jemals wieder Liebe finden wird. Sie glaubt, ihren ehemaligen Partner zu bestrafen – aber sie bestraft sich nur selbst.

Lernen, unglücklich zu sein

Frauen wird von Kindheit an beigebracht, ihre unerfreulichen Gefühle zu verbergen. Sie sollen begehrenswert sein, nicht selbst begehren. Eine solche Erziehung hilft einer Frau aber bei einem Verlust reichlich wenig. Ihre Konditionierung sagt: »Wenn du Liebe willst, dann mußt du glücklich sein«, aber was sie wirklich möchte, ist, ihre Verletztheit mitzuteilen. Nach einem Verlust verbirgt sie also den Teil von ihr, der die Liebe am dringendsten braucht. Sie unterdrückt ihre Gefühle, um liebenswert zu sein. Dies hat leider zur Folge, daß sie sich niemals geliebt fühlt, wieviel Liebe sie auch bekommt.

Um Liebe zu bekommen, verleugnet sie ihre negativen Gefühle und versucht, glücklich zu sein. Sie weiß nicht, daß ihr aufrichtiger Schmerz über den Verlust sie in keiner Weise unliebenswürdig macht. Um liebenswert zu sein, versucht sie, ganz alleine glücklich zu sein. Dies hat die paradoxe Konsequenz, daß sie alleine bleibt, um Liebe zu bekommen. Indem sie versucht, glücklich zu sein und bezüglich ihres Verlustes eine positive Haltung einzunehmen, unterdrückt und verleugnet sie ihre Verletztheit, behindert sie den Heilungsprozeß und bringt sich letztlich um die Chance einer neuen Liebe.

Ein Teil von ihr möchte positiv sein, aber ein anderer Teil möchte sich einfach in den Armen eines anderen Menschen ausweinen. Letzteres steht aber im Widerspruch zu allem, was ihr beigebracht wurde.

Gerade wenn eine Frau Liebe am meisten
braucht, ist sie oft unfähig, eben jene
Gefühle zu zeigen, die sichtbar sein müssen,
damit sie geliebt wird.

————◄○►————

Sie hat gelernt, daß sie, um geliebt zu werden, liebevoll, verständnisvoll, freundlich, warmherzig, hilfsbereit und glücklich sein muß. Wenn sie nichts Nettes zu sagen hat, dann sollte sie gar nichts sagen. Eine solche Programmierung und Konditionierung macht es ihr fast unmöglich, bezüglich ihrer Gefühle ehrlich zu sein. Nachdem sie sich jahrelang darin geübt hat, emotionales Make-up zu tragen, um begehrenswert zu sein, gelingt ihr die Unterdrückung so gut, daß sie manchmal sogar sich selber täuscht.

————◄○►————

Nach Jahren der emotionalen Maskerade
kann eine Frau sogar sich selbst betrügen.

————◄○►————

Sie sagt zu anderen, daß es ihr gutgehe, und sie glaubt es sogar selbst noch. Statt sich Zeit für die Trauer um ihren Verlust zu nehmen, redet sie sich ein, daß alles in Ordnung sei. Um den Schmerz ihres Verlustes nicht spüren zu müssen, schaut sie nur auf das Positive. Sie idealisiert ihr Leben. Sie konzentriert sich darauf, wieviel einfacher es ist und wieviel glücklicher sie doch ohne Partner ist.

Ohne einen Mann glücklich sein

Versucht eine Frau zu lernen, ohne einen Mann glücklich zu sein, darf sie es nicht versäumen, auch aufrichtig mit ihrer Verletztheit umzugehen. Frauen verlieren sehr leicht den Kontakt zu ihrem Bedürfnis nach einem Mann. Wenn man daran arbeitet, ohne einen Mann auszukommen, und sich zugleich Zeit dafür nimmt, sich mit seinem Unglücklichsein wegen des Verlustes zu beschäftigen, dann hält man sich die Tür für neue Intimität offen.

Wie wir schon erörtert haben, geht man am besten erst dann (wieder) eine Beziehung ein, wenn man ohne Partner auskommen kann. Am ehesten findet man einen Partner, wenn man nicht mehr verzweifelt nach jemanden Ausschau hält oder man nicht mehr verzweifelt auf jemanden angewiesen ist, um glücklich zu sein. Frauen müssen besonders gut darauf achten, daß ihre Zufriedenheit echt und nicht nur vorgetäuscht ist, um sich nicht mit Empfindungen wie Zorn, Trauer, Furcht und Bedauern auseinandersetzen zu müssen.

———◦———

Man geht am besten erst dann (wieder)
eine Beziehung ein, wenn man ohne Partner
auskommen kann.

———◦———

Hat sich eine Frau erst einmal daran gewöhnt, ihre Gefühle zu verleugnen, besteht die Gefahr, daß sie für den Rest ihres Lebens allein bleibt. Indem sie ständig ihre Verletztheit unterdrückt, verdrängt sie letztlich den Teil ihres weiblichen Selbst, der Liebe braucht. Ihre männliche Seite tritt in den Vordergrund und übernimmt die Rolle eines Mannes in ihrem Leben.

Wenn eine Frau ihre Verletztheit ständig unterdrückt, dann

278

verschwindet sie schließlich. Sie findet dadurch dauerhaft Erleichterung, aber keine Heilung. Sie leidet zwar nicht mehr, doch sie muß dafür bezahlen: Sie ist zufrieden, aber nicht glücklich.

———◦———

Wenn man seinen Schmerz unterdrückt,
beschränkt man dadurch ganz allgemein seine
Empfindungsfähigkeit.

———◦———

Sie gewöhnt sich an ihr Leben und fühlt kein Bedürfnis mehr nach einem Partner. Sie fände es vielleicht ganz schön, einmal mit jemandem ins Kino zu gehen oder einen Urlaub machen zu können, aber wenn nicht, dann eben nicht. Derjenige Teil von ihr, der Liebe so dringend braucht, ist verschüttet. Solange ihr Trauma nicht geheilt ist, wird ein Teil von ihr ohne Liebe leben, und es wird ihr nicht einmal klarsein, daß ihr etwas fehlt. Falls sie dann doch einmal beschließt, wieder eine Bindung einzugehen, kann es für sie sehr schwierig werden, einen Mann anzuziehen. Solange sie sich nicht mit dem Teil in ihr auseinandersetzen kann, der Liebe braucht, wird sich kaum ein Mann zu ihr hingezogen fühlen.

Eine Frau muß es sich zugestehen, unglücklich zu sein. Wenn ihr dies schwerfällt, dann sollte sie sich jeden Tag ein wenig Zeit zum Unglücklichsein nehmen. Will sie das für sich behalten, könnte sie diese negativen Empfindungen zunächst formulieren, indem sie sie in ein Tagebuch schreibt. Wenn es ihr dann einmal leichter fällt, ihre Verletztheit zu betrachten, sollte sie sich einer Unterstützungsgruppe anschließen oder einen Therapeuten suchen, mit dem sie über diesen Teil von sich selbst sprechen kann.

Alles oder Nichts

Manche Frauen vertreiben die Liebe, indem sie alles sofort möchten. Sie sind nicht bereit, sich Zeit für das Kennenlernen zu nehmen. Dieser Typ Frau will alles sofort. Sie will keine Spielchen, nicht lange fackeln. Sie redet Klartext. Wenn ein Mann mit ihrer Direktheit nicht zurechtkommt – Pech für ihn. Kein Interesse. Entweder er akzeptiert sie, wie sie ist, oder er hat sie gesehen. Wenn ein Mann sie nicht so nehmen kann, wie sie ist, dann ist sie lieber allein. Diese Haltung gibt ihr vielleicht das Gefühl der Stärke, aber sie verhält sich damit nicht sehr liebevoll gegenüber sich selbst. Mit ihrem Starrsinn und ihrer Unbeweglichkeit wird sie niemals Liebe finden. Ihre coole Art erscheint vielleicht bewunderungswürdig und interessant, aber sie kommt damit nicht weit.

Ihre Power scheint echt zu sein, aber sie ist es nicht. Wahre Stärke ist die Fähigkeit zu bekommen, was man braucht. Sie möchte zwar stark und liebevoll sein, aber sie weiß nicht, was das bedeutet. Sie braucht Liebe wie jeder andere Mensch auch, aber ihre Ängste halten sie davon ab, einer Beziehung wirklich eine Chance zu geben. Möchte sie eine wahre und dauerhafte Liebe finden, muß sie einsehen, daß ihre Haltung »alles oder nichts« für sie selbst und andere sehr hinderlich ist.

*Hinter dem coolen Äußeren einer Frau verbirgt sich
oft ein sehr sensibler, verletzlicher Kern.*

Ihre Weigerung, einem Mann entgegenzukommen, läßt darauf schließen, daß sie in der Vergangenheit schon alles versucht hat, aber ohne Erfolg. Ihr scheinbarer Mangel an Rücksichtnahme beruht in Wirklichkeit darauf, daß sie jahrelang versucht hat, rücksichtsvoll zu sein. Sie hat in der Vergangenheit immer zurückgesteckt; jetzt gibt sie keinen Millimeter mehr nach. Sie hat das Gefühl, daß sie Jahre damit vergeudet hat, es anderen recht machen zu wollen, daß sie immer gegeben hat, ohne jemals etwas zurückzubekommen. Sie versucht zwar, eine ausgeglichene Haltung einzunehmen, aber sie schießt dabei übers Ziel hinaus.

Sie möchte alles sofort aussprechen, weil ihr die Fähigkeit fehlt, die Befriedigung von Wünschen hinauszuschieben. Sie muß alles sofort haben – sonst ist sie nicht mehr interessiert. In dieser emotionalen Bedürftigkeit ähnelt ihr Verhalten dem eines Kindes. Ein Kind möchte immer alles, und zwar sofort. Um diesen kindlichen Teil in sich zu heilen, muß eine Frau lernen, die Befriedigung von Wünschen hinauszuschieben, ohne auf sie zu verzichten.

Dies wird ihr immer leichter fallen, wenn sie sich Zeit dafür nimmt, ihre Wunden zu heilen. Dies sollte aber nicht in einer Liebesbeziehung passieren. Bevor sie eine Beziehung eingeht, muß sie sich Zeit für eine Therapie oder die Teilnahme an einer Unterstützungsgruppe nehmen, um sich mit ihren bisherigen Problemen mit Männern auseinanderzusetzen und ihre Verletztheit zu heilen.

Mit ihrem Verlangen, alles sofort mitzuteilen, ist sie nicht besser als ein Mann, der sofort Sex haben möchte. Wie dumm und unreif wäre es doch, wenn ein Mann sagen würde: »Ich möchte jetzt sofort Sex. Wenn du damit nicht zurecht-kommst, dann bin ich weg. Ich will, was ich will, und wenn es nicht so geht, wie ich will, dann ist die Sache für mich gelaufen.«

———◁◦▷———

Eine Frau, die sofort emotionale Intimität will,
ist ebenso impulsiv und unreif wie ein Mann,
der sofort Sex will.

———◁◦▷———

Wenn sie ihr Verhalten in diesem Licht betrachtet, wird sie nicht mehr versuchen, es zu rechtfertigen.

Ihre Impulsivität zeigt auch, daß sie nicht verstanden hat, wie Liebe wächst. Sie weiß sehr wenig vom Prozeß des Kennenlernens. Für sie wäre es sehr hilfreich, etwas von den fünf Phasen des Dating zu wissen, wie sie in »Mars sucht Venus. Venus sucht Mars.« beschrieben sind. Erst wenn sie weiß, wie die Liebe wächst, wird sie zu einer wahren und dauerhaften Liebe finden können.

Wie Liebe wächst

Beziehungen entwickeln sich in Phasen. Wenn man einen Samen aussät, dauert es einige Zeit, bis er aufkeimt. Man erwartet nicht, daß sofort etwas geschieht. Auch Menschen brauchen Zeit, um einander kennenzulernen. Wenn man diesen Prozeß zu beschleunigen versucht, kann man dadurch die hoffnungsvollste Beziehung zerstören.

Wenn eine Frau zu sehr auf Intimität drängt, löst dies beim Mann Fluchttendenzen aus. Sein Rückzug verstärkt ihre Anhänglichkeit, und sie vertreibt ihn vollends. Indem eine Frau zunächst mit mehreren Männern ausgeht und sich nicht sofort in eine intime oder ausschließliche Beziehung mit einem einzigen stürzt, kann sie einer solchen Entwicklung vorbeugen. Auch wenn für sie eine feste Bindung das Ziel ist, muß sie sich zurückhalten, wenn eine Beziehung wachsen soll. Liebe kann nicht gedeihen, wenn man sie sofort mit zuviel Intimität erstickt.

———◁o▷———

Indem eine Frau zunächst mit mehreren Männern ausgeht, gibt sie vielleicht keimender Liebe Raum zum Gedeihen.

———◁o▷———

Bevor eine Frau eine enge Beziehung eingeht, muß sie sicherstellen, daß ihr eigenes Leben intakt bleibt. Eine allzu anhängliche Frau macht einen Mann zum Mittelpunkt ihres Lebens und erwartet dann, daß er alle ihre Bedürfnisse befriedigt. Er fühlt sich vielleicht geschmeichelt, aber am Ende sucht er doch das Weite. Es ist eine unrealistische Erwartung, daß ein Mann alle Bedürfnisse einer Frau erfüllen könne. Mit Geduld und kluger Zurückhaltung kann eine Frau schließlich ihre übertriebene Anhänglichkeit überwinden.

Dazu muß sie es ganz bewußt vermeiden, einen Mann zum Mittelpunkt ihres Lebens zu machen. Sie kann lernen, ihre Anhänglichkeit zu bremsen, indem sie es langsam angehen läßt und darauf achtet, daß sie weiterhin die Unterstützung ihrer Freunde und Bekannten hat. Es ist falsch, für eine enge Beziehung zu einem Mann alles andere fallen zu lassen.

Die Liebe und Unterstützung von Freunden und Verwandten ist ebenso wichtig wie die Liebe eines Mannes. In gewisser Hinsicht ist dies überhaupt erst die Grundlage für eine gute Partnerschaft. Mit dieser fundamentalen Unterstützung verlangt eine Frau nicht zuviel von einem Mann und vermeidet auch die Tendenz, zuviel zu geben.

---◄o►---

Die Liebe und Unterstützung durch Freunde ist wie
ein gutes Mittagessen. Die Liebe eines Mannes ist wie
ein köstliches Dessert.

---◄o►---

Wenn eine Frau nicht weiß, wie Liebe wächst, folgt sie leicht ihren Instinkten und wird schließlich enttäuscht. Ratschläge, sich nicht zu sehr um die Liebe und Aufmerksamkeit eines Mannes zu bemühen, weist sie zurück. Sie will keine halben Sachen. Aber sie sieht nicht, daß Zurückhaltung in einer solchen Situation nicht Manipulation, sondern schlichte Klugheit ist.

Weil sie nichts von den verschiedenen Phasen des Dating (siehe mein Buch »Mars sucht Venus. Venus sucht Mars.«) weiß, geht sie immer sofort aufs Ganze. Zurückhaltung ist nicht ihre Sache; sie stürzt sich mitten ins Abenteuer. Um »authentisch« zu sein, gibt sie allen ihren Impulsen hemmungslos nach. Man braucht sich nur einmal vorzustellen, daß jemand mit dieser Haltung zuviel trinkt oder zuviel Geld ausgibt. Ein solcher Mensch wird zum Alkoholiker oder geht bankrott.

Ein erfolgreicher Neubeginn kann nur gelingen, wenn man es vermeidet, seine Neurose dadurch zu rechtfertigen, daß man sich eben so gebe, wie man wirklich sei. Den Prozeß des Dating zu akzeptieren heißt nicht, halbe Sachen zu machen. Natürlich kann eine Beziehung letztlich nur gelingen, wenn man sich selbst ist, aber man sollte nur Schritt für Schritt zeigen, wer man ist.

284

Spielchen spielen

Manipulierende Spielchen führen zu nichts; Klugheit bringt den Erfolg. Wenn sich eine Frau unbeirrbar weigert, Spielchen zu spielen, dann deshalb, weil sie es schon einmal ohne Erfolg ausprobiert hat, oder weil jemand mit ihr ein Spielchen trieb und sie den Schaden hatte. Wenn sie immer noch verletzt ist, hält sie damit an ihrer Vergangenheit fest und gibt neuen Beziehungen keine Chance.

Doch die Spielchen, die Menschen spielen, enthalten oft ein Körnchen Wahrheit. Die meisten Spielchen, mit denen Frauen Männer zu verführen versuchen, beruhen auf praktischer Klugheit, die die Liebe wachsen läßt. Aber manipulierende Verführungsspielchen können auch der Täuschung Vorschub leisten. Wenn eine Frau mit falschen Vorspiegelungen einen Mann zu ködern versucht, wird sie ihn am Ende verlieren: Wenn er entdeckt, wer sie wirklich ist, wird sie feststellen müssen, daß er sie nicht wirklich liebt.

Lassen Sie mich einige Beispiele für Manipulationsspiele geben, die nicht funktionieren, und daneben gute Ratschläge, die funktionieren. Sie klingen zwar jeweils ähnlich, und doch ist ihre Wirkung eine völlig andere.

Manipulierende Spiele:	*Guter Rat:*
Rufen Sie nicht zurück; dies wird sein Interesse steigern.	Machen Sie einen Mann nicht zum Mittelpunkt Ihres Lebens. Rufen Sie zurück, aber lassen Sie für ihn nicht alles liegen und stehen.
Seien Sie sexy, kleiden Sie sich sexy, tun Sie alles, was er im Bett von Ihnen will.	Kleiden Sie sich so, daß Sie sich wohlfühlen, und sagen Sie erst ja zum Sex, wenn Sie dazu bereit sind.

Manipulierende Spiele:	Guter Rat:
Verbergen Sie Ihre wahren Gefühle, bleiben Sie kühl und unnahbar. Zeigen Sie Ihr Interesse in keiner Weise.	Platzen Sie nicht gleich mit Ihren Gefühlen heraus. Vermeiden Sie es, ihn zu drängen. Öffnen Sie sich langsam.
Rufen Sie einen Mann nicht an, und lassen Sie sich Ihr Interesse nicht anmerken.	Sie können einen Mann schon anrufen, aber erwarten Sie nicht, daß er viel zu sagen hat. Nehmen Sie es als angenehme Überraschung, wenn er doch redet. Stellen Sie nicht zu viele Fragen. Teilen Sie einfach Ihre Gedanken und Empfindungen mit.
Gehen Sie mit anderen aus, um ihn eifersüchtig zu machen.	Sie können mit anderen ausgehen, sollten aber nicht mit anderen schlafen. Dadurch vermeiden Sie es, allzusehr auf seine Zuwendung angewiesen zu sein.
Seien Sie nicht immer für ihn da, sagen Sie ihm hin und wieder, daß Sie zuviel zu tun haben.	Vermeiden Sie es, auf seinen Anruf zu warten. Führen Sie ein aktives Leben, damit Sie nicht zu anhänglich werden.
Versuchen Sie ihn durch Ihre Kleidung, Ihre Reden, Ihr Lächeln, Ihre Blicke zu verführen.	Achten Sie darauf, nicht mehr hinter einem Mann her zu sein, als er hinter Ihnen her ist. Er ist derjenige, der Sie verführen muß; Ihre Aufgabe ist es, sein Interesse zu wecken. Frauen können Männer leicht verführen – aber dies bewirkt nur selten, daß er sich bindet.

Männer sind vom Mars, Frauen von der Venus

Es scheint etwas für sich zu haben, direkt zu sein und keine Umschweife zu machen, aber in Wirklichkeit verrät eine solche Haltung mangelndes Feingefühl. Solche Frauen sind oft sehr intolerant. Sie glauben, daß sie recht haben, und ein Mann gefälligst so denken, fühlen und reagieren muß wie sie selbst. Diese Frauen sollten »Männer sind anders. Frauen auch.« lesen. Männer sind vom Mars und Frauen von der Venus – es ist nun mal so, daß dies zwei verschiedene Planeten sind. Darum sind Männer und Frauen in vielem verschieden, und dies muß auch so sein.

TEIL DREI

Mars verliebt sich neu

Ein Neubeginn auf dem Mars ist mit ganz besonderen Herausforderungen verbunden. Es kann geradezu ein Gang durch ein Minenfeld sein. Die einen haben Glück und kommen durch, während andere zerrissen werden. Aber jedermann kann aus den Fehlern anderer lernen.

In den folgenden dreiundzwanzig Beispielen werden Sie vielleicht einiges von sich selbst entdecken. Auch wenn Ihre persönliche Situation etwas anderes ist, werden Sie Erkenntnisse darüber gewinnen, wie Sie bei einem Neubeginn am besten vorgehen. Sorgen Sie dafür, daß Sie die Unterstützung bekommen, die Sie brauchen, und treffen Sie die richtigen Entscheidungen; dann wird es Ihnen gelingen, sich von Ihren besten Seiten zu zeigen und die ganze Fülle der Liebe zu erfahren, wie sie in einer bedeutungsvollen Beziehung möglich ist.

Die Beispiele richten sich an Männer, doch wie in Teil zwei gibt es auch hier Überschneidungen. Viele Frauen werden Verhaltensformen entdecken, die sie bei sich selbst kennen. Außerdem kann eine Frau ihre Erfahrungen mit Männern besser einordnen, wenn sie deren Probleme mit einem Neubeginn kennt.

Der Mann in der Krise

Einer der bedeutsamsten Unterschiede zwischen Männern und Frauen, die einen Neuanfang machen müssen, besteht darin, daß sich Männer zu früh wieder binden, Frauen dagegen zu spät. Männer in einer solchen Krise stürzen sich von einer Beziehung in die andere. Sie erkennen nicht, daß sie sich dadurch um die Gelegenheit bringen, ihre Seele zu heilen. Eine neue Beziehung nach einem Verlust lindert den Schmerz, heilt ihn aber nicht. Wenn ein Mann nicht weiß, wie er seinen Verlust betrauern soll, spürt er bloß seinen Schmerz, der für ihn ein Problem darstellt, das er irgendwie lösen muß. Männer sind Problemlöser. Sie lieben es nicht, herumzusitzen und »ihre Gefühle zu fühlen«. Spürt ein Mann den Schmerz, kein Geld zu haben, dann geht er hin und verdient welches. Spürt er den Schmerz, die Liebe einer Frau zu verlieren, geht er hin und sucht sich eine Frau, die ihn liebt.

<hr>

Wenn ein Mann sofort wieder eine neue Beziehung eingeht, verpaßt er die Möglichkeit, seine Seele zu heilen.

<hr>

Aber er muß sich dazu aufraffen, seinen Schmerz zu spüren, statt vor ihm davonzulaufen. Er muß die vier heilenden Emotionen fühlen, bis sein Schmerz weggeht. Dies muß er durchaus nicht allein tun. Jetzt ist die Zeit, die Unterstützung von Freunden und Verwandten in Anspruch zu nehmen.

Der richtige Zeitpunkt für eine neue intensive Bindung ist gekommen, wenn er nicht mehr darauf angewiesen ist. Solange er das Gefühl hat, eine Beziehung haben zu müssen, um einem Schmerz zu entgehen, ist er noch nicht reif dafür. Geht ein Mann in der Krise eine Verpflichtung ein, kann er sie kaum halten. Irgendwann fragt er sich dann, warum er sich nicht entscheiden kann, oder er findet einfach, daß seine Partnerin nicht die Richtige für ihn ist. Die meisten dieser Beziehungen halten nicht.

———◄�‹○›►———

Wenn ein Mann während einer Krise eine Beziehung eingeht, ist diese meist nicht von Dauer.

———◄◹○›►———

Ein hungriger Mensch ißt fast alles. Wenn dann der erste Hunger gestillt ist, kann man wieder etwas wählerischer werden. Ein Mann in der Krise ist wie ein Hungriger. Er kann sich in fast jede verlieben, die ihm einige Brosamen der Liebe anbietet. Wenn seine größte Bedürftigkeit befriedigt ist, wird er kritischer. Es ist, wie wenn er plötzlich aus seinem Traum der Vernarrtheit erwachen würde, und sein Interesse ist wie weggeblasen. Es ist heute für Männer schon schwierig genug, sich zu binden; eine Bindung in der Krise ist noch problematischer.

———◄◹○›►———

Ein Mann in der Krise kann sich in fast jede verlieben, die ihm einige Brosamen der Liebe anbietet.

———◄◹○›►———

Anders verhält es sich mit einer unverbindlichen Affäre. Wenn eine Beziehung endet, kommt sich ein Mann als Versager vor. Um seine Männlichkeit zu beweisen, sucht er sich eine Sexualpartnerin. Dies ist gut für sein Selbstwertgefühl, und es ist zugleich eine vorzügliche Möglichkeit, die Gefühle zu heilen, die dann automatisch an die Oberfläche kommen. Die Liebe einer Frau hilft ihm und kann seinen Heilungsprozeß unterstützen. Er muß sich allerdings davor hüten, Versprechungen zu machen. Seine Stärke und sein künftiger Erfolg beruhen auf seiner Fähigkeit, mit sich im reinen zu sein, ohne auf die Sicherheit einer festen Beziehung angewiesen zu sein.

Sich zur richtigen Zeit wieder binden

Ein Mann sollte sich erst dann wieder binden, wenn sein Wunsch zu geben größer ist als sein Bedürfnis zu empfangen. Eine Beziehung, in der ein Mann mehr bekommt, als er gibt, schwächt ihn. Er wird dadurch nur abhängiger und selbstsüchtiger. Wenn er eine Beziehung eingeht, muß er dies aus einer Haltung der Stärke tun. Er muß das Gefühl haben, eine Frau glücklich machen zu können, und es darf für ihn nicht im Vordergrund stehen, daß sie ihm Erfüllung schenken kann. Wenn ein Mann Sex hat, bevor er zu einer Bindung bereit ist, muß er seine Absichten klarmachen; er muß sagen, daß er in einer Krise steckt und den Trost der Liebe einer Frau braucht und nicht zu einer Bindung bereit ist.

———◄○►———

Eine Beziehung, in der er mehr empfängt als er gibt,
schwächt einen Mann.

———◄○►———

Tut er dies nicht, muß in der Regel die Frau diesen Fehler stärker büßen als der Mann. Dieser verletzte Mann tritt in ihr Leben, überhäuft sie mit der Wärme seiner Zuneigung, Dankbarkeit und Liebe, und dann nimmt er ihr dies alles wieder.

Eines schönen Tages sind seine Gefühle ohne ersichtlichen Grund erkaltet. Sie hat sich nicht geändert, nur seine Gefühle. Nachdem ihn der Hunger der Entbehrung nicht mehr antreibt, braucht er sie nicht mehr. So heftig er sich erst um sie bemühte, so schnell ist sein Interesse auch wieder verflogen. Ein solches Verhalten ist weder besonders erfreulich für sie, weil sie sich betrogen fühlt, noch nützt es ihm etwas, weil er Schuldgefühle bekommt.

Eine kluge Frau läßt sich nur auf Sex mit einem Mann in der Krise ein, wenn sie selbst nicht an einer dauerhaften Bindung interessiert ist. Sie muß darauf gefaßt sein, daß er irgendwann plötzlich nicht mehr auftaucht. Sie muß wissen, daß seine Gefühle nicht von Dauer sein werden. Dann wird sie auch nicht verletzt sein. Andernfalls muß sie nach dem Bruch mit ihrer Verletztheit und dem Gefühl des Betrogenseins fertigwerden und er mit seinen Schuldgefühlen. Um diese Schuldgefühle zu verdrängen, stürzt er sich gleich in die nächste Beziehung. Dieses Verhalten geht so lange weiter, bis er sich endlich Zeit dafür nimmt, seinen Schmerz zu heilen. Solange er nicht darauf verzichtet, während der Krise Versprechungen zu machen, wird er nie eine dauerhafte Liebe finden.

Die Richtige erkennen

Nicht verarbeitete Kränkungen und Schuldgefühle hindern einen Mann daran, die Richtige zu erkennen. Beziehungen während der Krise sind fast eine Garantie dafür, daß man an die Falsche gerät. Je mehr Schuldgefühle ein Mann deshalb immer wieder hat, desto länger wird er warten müssen, bis er die Richtige erkennen kann.

---◄○►---

Beziehungen während der Krise sind fast eine
Garantie dafür, daß man an die Falsche gerät.

---◄○►---

Wenn ein Mann aus einer Position der Schwäche und Bedürftigkeit eine Beziehung zu einer Frau aufnimmt, wird er
sich praktisch sofort wieder einer neuen Frau zuwenden,
sobald er neue Kraft und Unabhängigkeit fühlt. Aus seiner
neuen Position der Stärke möchte er eine Frau, die er verwöhnen kann, keine Mutter, die sich seiner annimmt.

Er will eine Frau, die seine Stärke sieht und bewundert,
nicht seine Schwäche. Es zählt für ihn nicht, wenn sich eine
Frau aufgeopfert hat oder ihm die besten Jahre ihres Lebens
geschenkt hat. Wenn sie nicht zu ihm paßt, sucht er sich eine
andere.

Oft ist eine Frau sogar die Richtige für einen Mann, aber er
kann es weder sehen noch fühlen. Wenn sie für ihn da ist,
wenn es ihm schlecht geht, dann haben beide das Gefühl, daß
er ihr etwas schuldet, sobald es ihm wieder bessergeht. Dieses Gefühl einer Dankesschuld kann ihn daran hindern, seine
Liebe zu ihr zu entdecken. Die Kirschen in Nachbars Garten
erscheinen ihm süßer.

---◄○►---

Geht ein Mann während der Krise eine Beziehung
ein, ist es ihm oft nicht möglich, seine Partnerin als
»die Richtige« zu erkennen.

---◄○►---

Das Gefühl, jemandem etwas zu schulden, hindert einen
Mann daran, sich frei für eine Beziehung zu entscheiden.
Wenn er das Gefühl hat, bei ihr sein zu müssen, weil er ihr zu
Dank verpflichtet ist, wird ihm das Zusammensein mit ihr un-

möglich. Seine Dankesschuld ihr gegenüber hängt ihm wie ein Klotz am Bein. Der Gedanke, sich eine neue Partnerin zu suchen, ist für ihn wie eine Generalamnestie. Ein Neubeginn ohne Vorstrafenregister ist sehr verlockend.

Sex während der Krise

Eines der größten Erschwernisse während des Heilungsprozesses ist für Männer ihr Hunger nach Sex. Männer verwechseln sehr leicht ihr Bedürfnis nach Liebe mit ihrem Bedürfnis nach Sex. Selbst wenn sie ahnen, daß sie noch nicht zu einer emotionalen Bindung bereit sind, möchten sie doch eine sexuelle Beziehung haben. Lassen sie sich auf eine solche ein, verschafft ihnen dies zwar vorübergehende Erleichterung, aber keine Heilung. Nach jeder sexuellen Beziehung muß sich ein Mann darum Zeit dafür nehmen, die an die Oberfläche kommenden Gefühle zu erkunden.

Sex ist ein großartiger Ausdruck der Liebe und Intimität. Wenn die Seele verwundet ist, wird Sex für einen Mann zu einer vorzüglichen Möglichkeit, Kontakt zu seinen Gefühlen zu bekommen. Er muß sich aber davor hüten, sich zu binden, denn dies würde jetzt seine Abhängigkeit von der Liebe einer Frau verstärken. Er sollte sexuelle Beziehungen zu mehreren Partnerinnen unterhalten oder zumindest deutlich machen, daß er nichts versprechen kann.

Ständiger Hunger nach Sex in der Krise kann zu einer Sucht werden. Oft entzieht ein Mann sich seinen heilenden Gefühlen, indem er sich in immer neue Sexabenteuer stürzt, ohne zwischendurch an sich zu arbeiten. Wenn er nicht achtgibt, kann die sexuelle Stimulierung zu einem Mittel werden, die Gefühle zu unterdrücken und zu betäuben, statt zu einer Möglichkeit, sich mit seinem Schmerz zu verbinden und diesen zu lindern.

Der vorübergehende Verzicht auf sexuelle Stimulierung

bietet dem Mann die Chance, den Heilungsprozeß abzuschließen. Fällt ihm das sehr schwer, ist dies ein Zeichen, daß er es erst recht tun muß. Leichter wird es, wenn er Umstände vermeidet, die ihn zu sehr stimulieren.

———◄○►———

Der vorübergehende Verzicht auf sexuelle
Stimulierung bietet dem Mann die Chance,
den Heilungsprozeß abzuschließen.

———◄○►———

Er sollte sich also keine nicht jugendfreien Videos ansehen, keine Pornohefte lesen und nicht nach Frauen Ausschau halten. Durch Sport und Ausgehen mit Freunden gelingt es am ehesten, den sexuellen Drang zu dämpfen.

Eine Sucht ist kein echtes Bedürfnis

Süchte fühlen sich wie echte Bedürfnisse an, aber sie sind es nicht. Sie sind vielmehr *Ersatzbedürfnisse*. Wenn es zu schmerzhaft ist, ein echtes Bedürfnis zu fühlen, erzeugt die Seele ein solches Ersatzbedürfnis, wie zum Beispiel die zwanghafte Gier nach Sex bei Männern in der Krise. Ihr wahres Bedürfnis liegt darin, ihre Gefühle zu heilen; Sex in Maßen kann ihnen helfen, Kontakt zu diesen Gefühlen zu bekommen, während obsessiver Sex den Heilungsprozeß unmöglich machen kann.

Männer sind stärker suchtgefährdet als Frauen, weil sie es in der Regel weniger gut verstehen als diese, ihre Gefühle mitzuteilen. Die meisten Männer haben keine Freundschaften und besitzen keine Kommunikationsfertigkeiten, die ein tieferes Gespräch über intimere Gefühle erlauben würden. Die normalen Belastungen des Lebens bewältigen Männer dadurch, daß sie sich über Sport, ihre Arbeit, Politik und das

Wetter unterhalten. Dies reicht auch aus, solange es nicht um Herzensdinge geht.

———◄◊►———

Männer unterhalten sich normalerweise über Sport,
ihre Arbeit, Politik und das Wetter,
aber nicht über ihre intimen Empfindungen.

———◄◊►———

Wenn ein Mann eine Liebe verliert, weiß er oft nicht, wohin er sich wenden soll, und so entsteht Suchtverhalten. Sein echtes Bedürfnis, seine Gefühle mitzuteilen, wird durch ein falsches Bedürfnis ersetzt. Für Frauen gilt grundsätzlich dasselbe. Männer neigen jedoch mehr zu einer sexuellen Sucht, während Frauen eher dazu neigen, zuviel zu essen. Dem verführerischen Sog von Suchttendenzen entgeht man am besten durch die Anwendung der oben dargestellten Erkenntnisse über die Heilung des Herzens.

Positive Süchte

Wenn ein Mann während einer Heilkrise nicht weiß, wie und mit wem er über seine Gefühle reden soll, muß er leiden. Um diesem Leiden zu entgehen, sucht er Linderung durch Suchtverhalten. Die häufigste Sucht der Männer ist Sex, gefolgt von zerstörerischen Suchtmitteln wie Alkohol und Drogen. Jedes exzessive Verhalten kann dazu dienen, Gefühle zu unterdrücken.

—◄◦►—

Um seinem Leiden zu entgehen,
sucht man Linderung in Suchtverhalten.

—◄◦►—

Oft werden Männer während einer Heilkrise abhängig von ihrer Arbeit. Extrem viel zu arbeiten kann in der Tat eine Sucht sein, die allerdings den Heilungsprozeß weniger behindert. Man könnte sie als »positive Sucht« bezeichnen, die den Heilungsprozeß sogar beschleunigen kann. Wenn ein Mann zugleich Unterstützung durch psychologische Beratung oder eine Gruppe bekommt, kann ihm die Konzentration auf seine Arbeit sehr viel gesunde Linderung bringen. Seine Arbeit kann ihm helfen, sich wieder autonom und weniger abhängig von einer Liebesbeziehung zu fühlen.

Für Frauen gilt dies jedoch nicht. Frauen haben die Neigung, ihren Gefühlen auszuweichen, indem sie sich zu sehr verausgaben. Bei Frauen kann die Konzentration auf die Arbeit oder den Dienst an anderen dazu führen, daß sie sich allzu verantwortlich für andere fühlen und dadurch ihre eigenen Gefühle und Bedürfnisse unterdrücken. Frauen müssen es vermeiden, sich in ihrer Arbeit zu verlieren.

———◄o►———

Für Männer kann Arbeit eine positive Sucht sein,
während sie bei Frauen den Heilungsprozeß
behindern kann.

———◄o►———

Sinnvolle Arbeit hilft einem Mann, seine Seele zu heilen. Wenn es ihm gelingt, anderen etwas zu geben, verleihen ihm die Wertschätzung und das Vertrauen dieser Menschen die Kraft und die Fähigkeit, sich intensiver mit seinen Gefühlen zu befassen und sie zu heilen. Alles, was er unternimmt, um anderen zu helfen oder um unabhängiger und autonomer zu werden, fördert bei einem Mann den inneren Heilungsprozeß.

Auch Erholung kann eine positive Sucht sein. Es hilft ihm sehr viel, wenn er Dinge tut, bei denen er sich wohl fühlt. Jetzt ist die Zeit, daß er sich etwas gönnen darf. Wenn er schon lange ein neues Auto wollte, dann sollte er es sich jetzt kaufen. Denkt er schon einige Zeit an eine neue Stereoanlage, dann soll er sie sich jetzt anschaffen. Natürlich kann auch Sichamüsieren und Geld ausgeben zu einer Sucht werden, doch in einem vernünftigen Rahmen ist das durchaus positiv. Wenn ein Mann Geld zum Ausgeben hat, dann soll er es jetzt ausgeben. Solange die Kinder nicht zu kurz kommen und er seine Arbeit nicht vernachlässigt, ist jetzt der ideale Zeitpunkt, sich freizunehmen und sich zu amüsieren. Jetzt darf er all die Dinge tun, die er nicht tun konnte, solange er verheiratet war.

Arbeit, Geld und Liebe

Es kann aber auch geschehen, daß ein Mann sich so sehr in seine Arbeit vergräbt, daß er seinen Verlust nicht mehr wahrnimmt. Wenn er seine Gefühle der Trauer und der Machtlosigkeit unterdrückt, kann er sich in der Arbeit in heillose Situationen bringen. Er lädt sich mehr auf, als er bewältigen kann, und muß dann erkennen, daß er sich zuviel vorgenommen hat.

Hat eine frühere Partnerin zuviel von ihm verlangt und setzt er sich nicht mit seinem Zorn darüber auseinander, fängt er möglicherweise an, zuviel von sich selbst zu verlangen. Sein unterdrückter Zorn treibt ihn dazu, genauso zu werden wie seine ehemalige anspruchsvolle Partnerin. Er steckt sich unrealistische Ziele, die seine Zeit und Energie restlos aufzehren. Durch diesen Druck, immer mehr zu arbeiten, hat er immer weniger die Chance, ebenjene Verletzung zu heilen, die die Triebfeder seiner krankmachenden Obsession ist.

---◄o►---

Männer setzen sich zu großem Druck aus,
indem sie sich unrealistische Ziele setzen.

---◄o►---

Ich kenne einen erfolgreichen Geschäftsmann, der nach einer schmerzlichen Trennung beschloß, erst dann wieder eine neue Bindung einzugehen, wenn er zehn Millionen auf dem Konto hätte. Ein solcher Druck ist ungesund. Zur Heilung von einer Trennung sollte sich ein Mann am besten sagen, daß er nicht mehr zu erreichen braucht, als er schon hat.

Er sollte sich nicht dem Druck aussetzen, mehr tun zu müssen, um eine liebevolle Beziehung zu bekommen. Die Richtige für ihn wird ihn nicht wegen seines Geldes lieben, sondern weil er der Richtige ist.

———◇———

Wenn ein Mann sich finanzielle Ziele
als Voraussetzung für eine Beziehung setzt,
gibt er dem Geld zuviel Gewicht.

———◇———

Nach einer negativen, einseitigen Beziehung kann ein Mann auch zu dem Schluß kommen, daß er ohne eine Partnerin mehr erreicht. Natürlich ist es wünschenswert, daß ein Mann für seine eigenen Bedürfnisse sorgen kann, bevor er eine Liebesbeziehung eingeht, aber er braucht deshalb auch nicht zu warten, bis er »es geschafft« hat.

Ein Gleichgewicht zwischen Liebe und Arbeit verbessert die Chancen eines Mannes, Erfolg zu haben und erfolgreich zu bleiben, ganz erheblich. Auf der Grundlage einer liebevollen Beziehung erreicht ein Mann seine Ziele sehr viel leichter.

Ich selbst hatte früher das Gefühl, daß ich großen Erfolg haben müsse, um es wert zu sein, Liebe zu empfangen. Dies war kein bewußter Gedanke, doch irgendwie war ich nie mit dem zufrieden, was ich erreicht hatte. Was ich auch tat, es war mir nie genug.

———◇———

Der Erfolgsdruck eines Mannes rührt oft von seiner
falschen Auffassung her, daß er sehr erfolgreich sein
müsse, um geliebt zu werden.

———◇———

In dieser Zeit war ich nicht nur weniger erfolgreich, sondern auch immer unzufrieden. Als ich meine Frau Bonnie heiratete, änderte sich alles. Durch ihre unerschütterliche Liebe erkannte ich, daß ich nicht mehr zu tun und nicht mehr zu haben brauchte, um ihre Liebe zu bekommen. Was sie am meisten liebte, war die Zeit, die wir miteinander verbrachten. Dies änderte meine ganze Perspektive bezüglich der Arbeit.

Wenn Sie als Mann vor einem Neubeginn stehen, sollten Sie versuchen, nicht härter und länger zu arbeiten, sondern vielmehr etwas weniger, und sich mehr auf Ihre Bedürfnisse nach Freundschaft und Erholung konzentrieren. Dadurch werden Sie nicht nur die nötige Unterstützung zur Heilung Ihrer Seele bekommen, sondern auch mehr Erfolg anziehen.

Ich habe es in meinem eigenen Leben erfahren, daß mein Erfolg größer wurde, je mehr ich lernte, meine emotionalen Bedürfnisse mit meinen beruflichen Bedürfnissen in ein Gleichgewicht zu bringen. Und dies hält bis heute an. Sooft die Gefahr besteht, daß ich mich überarbeiten möchte, bremse ich mich, indem ich mich an die Grundlagen meines Erfolges erinnere.

Wenn ein Mann arbeitet, um sein Herz offenzuhalten, ist dies der Grundstein für seinen beruflichen Erfolg. Besitzt er die Liebe und das Vertrauen seiner Freunde und Angehörigen, hat er auch das Vertrauen der Welt. Harmonie im eigenen Leben zieht die Möglichkeiten für mehr Erfolg magnetisch an.

Liebe allein genügt nicht

Männer und Frauen machen oft gleichermaßen den Fehler zu glauben, daß Liebe für eine dauerhafte Beziehung genügen würde. Aber es kommt vor, daß zwei Menschen einander lieben, aber nicht zusammenpassen. Wie groß ihre Liebe auch sein mag, genügt sie doch nicht für eine Ehe. In unserer Gesellschaft glauben wir üblicherweise, daß man heiraten sollte, wenn man sich liebt. Wenn man jemanden liebt, dann ist er der Richtige. Natürlich ist Liebe eine Voraussetzung für eine dauerhafte und erfüllende Beziehung, aber sie ist keine Garantie dafür, daß der gewählte Partner auch der Richtige ist.

Man kann die Partnerwahl mit der Wahl einer Arbeitsstelle vergleichen. Man könnte sehr viele verschiedene Stellen annehmen, aber man muß sich in seinem Innern prüfen, welche die richtige ist. Man hat vielleicht Lust auf sehr viele Dinge, aber letztlich muß man sich in einer bestimmten Richtung orientieren. Ebenso gibt es vielleicht Tausende von Menschen, die man lieben könnte, aber nur einige wenige sind geeignete Ehepartner. Aus dieser kleinen Gruppe muß man seinen Seelengefährten auswählen.

Wenn man versucht, einander »zurechtzubiegen«, schafft man sich Probleme. Entweder ändert man sich selbst zu sehr, um die Bedürfnisse des Partners zu erfüllen, oder dieser ändert sich zu sehr. Wenn eine Ehe gelingen soll, muß man das Gefühl haben, *mehr* man selbst sein zu können, nicht weniger. Wenn ein Partner sich selbst verleugnen muß, um den anderen glücklich zu machen, kann dies nicht gutgehen.

---◄o►---

Man kann jemanden noch so sehr lieben – es geht nicht gut, wenn man nicht zusammenpaßt.

---◄o►---

Versucht man trotzdem zusammenzubleiben, wird die Beziehung immer schlechter, bis alle Zuneigung erloschen ist. In Wirklichkeit mag man aber einfach den Menschen nicht mehr, zu dem man selbst während der Beziehung geworden ist. In jeder Beziehung kommt ein Teil von dem zum Vorschein, der man ist. Der oder die Richtige bringt das Beste in einem selbst zum Vorschein. Ist es jedoch der Falsche, kann er das Schlechteste in einem selbst hervorbringen. Statt liebevoller, weiser, empfänglicher und kreativer zu werden, hört man auf, sich zu entwickeln.

Allerdings können zwei Menschen, die einander lieben und ihre Beziehung mit Nachsicht und der Einsicht beenden, daß sie nicht zueinander passen, sehr gute Freunde bleiben, solange sie nicht versuchen, eine Liebesbeziehung aufrechtzuerhalten.

Will man nicht einsehen, daß es manchmal unmöglich ist, eine Liebesbeziehung zu haben, dann kann dies bei einem oder beiden Partnern zu einem Stillstand führen. Am Ende der Beziehung haben vielleicht beide Schuldgefühle, weil es nicht geklappt hat. Um diesem Schuldgefühl zu entgehen, halten sie oft die Beziehung aufrecht, obwohl sie schon wissen, daß die Zeit abgelaufen ist. Es muß erst immer noch schlimmer werden, bis man glaubt, die Beziehung beenden zu dürfen. Aber je länger man zusammenbleibt, desto mehr hat man einander schon enttäuscht oder sogar verletzt, und desto größer sind die Schuldgefühle, die man heilen muß.

—◦—

*Oft hält man eine Beziehung aufrecht, obwohl man
schon weiß, daß die Zeit abgelaufen ist.*

—◦—

Die Einsicht, daß zwei Menschen einander lieben können,
ohne daß es ihnen gelingt, eine erfolgreiche Beziehung zu haben, ist die Voraussetzung dafür, in einer Haltung des Verzeihens und ohne Schuldgefühle loszulassen. Mit einer solchen
Einsicht kann man sagen: »Ja, ich liebe dich, aber wir passen
einfach nicht zusammen.« Man kann akzeptieren, daß man
selbst sein Bestes getan hat, ebenso wie der Partner. Hält man
sein Herz in dieser Weise offen, hat man sehr gute Chancen,
beim nächsten Mal den richtigen Partner zu wählen.

Fühlt man sich schuldig, unzulänglich oder als Versager, ist
es viel schwieriger, den Richtigen zu finden. Beendet man dagegen eine Beziehung liebevoll mit der nüchternen Einsicht,
daß der Partner nicht der Richtige war, wird man bei der
Suche nach einem neuen Partner automatisch in die richtige
Richtung geleitet. Schuldgefühle bedeuten, daß man seine
Seele noch weiter heilen muß, bevor man einen Neuanfang
wagen kann.

Aus den eigenen Fehlern lernen

Männer unterdrücken ihren Trennungsschmerz oft, indem sie der früheren Partnerin Vorwürfe machen. Sie sagen sich einfach, daß sie eben nicht die Richtige war, so können sie das Gefühl eines Verlustes leichter abweisen. Sie sagen sich, daß ihre Trennung nur gut war.

Dadurch verhindern sie es aber nicht nur, daß sich ihr Herz wieder öffnet, sondern sie verschließen sich auch vor ihrem eigenen Anteil am Scheitern der Beziehung. Beziehungsprobleme sind niemals die Schuld eines Partners. Es genügt nicht zu sagen: »Ich habe mich mit dem Falschen eingelassen.«

———◁○▷———

Um schließlich den richtigen Partner finden zu können, muß man in der Lage sein, aus seinen Fehlern in früheren Beziehungen zu lernen.

———◁○▷———

Wenn zwei Menschen, die nicht zusammenpassen, versuchen, trotzdem eine Beziehung aufzubauen, bringt dies in beiden nur die negativen Seiten zum Vorschein. Andererseits ist man natürlich nicht automatisch vor allen Fehlern sicher, wenn man mit dem Richtigen zusammen ist.

Um sicherzustellen, daß man sein Verhalten nicht ständig wiederholt, muß man am Ende einer Beziehung die Verantwortung für seinen eigenen Anteil an den Problemen übernehmen. Nur so kann man sicherstellen, daß man sich in künftigen Beziehungen liebevoller verhält.

Wer aus der Vergangenheit lernt, ist eher in der Lage, in der Zukunft zu schaffen, was er braucht. Gibt man die ganze Schuld an den Problemen seinem ehemaligen Partner, dann verpaßt man dadurch eine gute Gelegenheit, etwas zu lernen und sich weiterzuentwickeln. Man wird nicht nur immer wieder dieselben Fehler machen, sondern fühlt sich auch automatisch zu einem ähnlichen Partner hingezogen.

———◄◦►———

Wer aus der Vergangenheit lernt, ist eher in der Lage,
in der Zukunft zu schaffen, was er braucht.

———◄◦►———

Einem Mann fällt es leicht zu vergessen, aber er kann nicht gut verzeihen. Wenn er eine neue Beziehung eingegangen ist und wieder ähnliche Probleme auftauchen, wird er nicht einen neuen Anlauf zu ihrer Lösung unternehmen, sondern ungeduldig reagieren. Für einen Mann ist es vor einem Neubeginn sehr nützlich, nicht nur über die Fehler seiner Partnerin in der Beziehung nachzudenken, sondern auch über seine eigenen. Indem er sich bewußt mit seinem eigenen Verhalten auseinandersetzt, wird er nachsichtiger sein können, statt das Vorgefallene einfach zu vergessen.

Man braucht nicht aufzuhören zu lieben

Auch wenn ein Mann zu der Einsicht kommt, daß seine bisherige Partnerin nicht die Richtige für ihn war, muß er deshalb nicht aufhören, sie zu lieben. Oft glauben Männer, daß sie eine Partnerin nicht mehr lieben dürfen, um sich von ihr trennen zu können. Sie wissen nicht, daß sie sagen können: »Ich liebe dich, aber es ist mir auch klar, daß wir nicht zusammenpassen. Es ist besser, wenn wir Freunde sind.« Natürlich ändert sich dadurch seine Liebe zu ihr, aber er muß sein Herz nicht völlig verschließen, um eine Beziehung beenden zu können.

Am Ende einer Beziehung muß man sich bewußt die Liebe vor Augen halten, die einen zu Beginn der Beziehung verband. Dies ist ein wesentlicher Schritt zur Heilung eines gebrochenen Herzens.

Unerwiderte Liebe

Männer brauchen Herausforderungen. Wenn sie etwas möchten und es nicht sofort bekommen, möchten sie es erst recht. Solche Herausforderungen erzeugen Leidenschaft. Wenn er die Liebe einer Frau will, sie aber nicht bekommen kann, kann dies die Flamme seiner Leidenschaft erheblich anfachen.

Nach dem Ende einer Beziehung verzehren sich Männer oft in Sehnsucht nach der geliebten Frau. Er kann nicht glauben, daß sie ihn verschmäht. Er begehrt sie erst recht und leidet unter einem unerträglichen Trennungsschmerz. Dieses Gefühl unerwiderter Liebe führt ihn zu seinen Empfindungen der Trauer hin, aber es gibt daneben noch weitere Gefühle, die er ebenfalls erkunden muß.

Fühlt ein Mann den Schmerz unerwiderter Liebe, dann ist dies ein deutlicher Hinweis auf nicht verarbeitete Gefühle aus der Vergangenheit. Diese Neigung, eine Zurückweisung nicht zu akzeptieren oder durch den Verlust von Liebe allzu sehr verletzt zu sein, hat einen früheren Ursprung.

———◁◦▷———

Der heftige Schmerz über die Hoffnungslosigkeit
einer Liebe weist eindeutig auf nicht verarbeitete alte
Gefühle hin.

———◁◦▷———

Um sich vom verzehrenden Schmerz unerwiderter Liebe zu befreien, muß ein Mann eine Verbindung zwischen seinem gegenwärtigen und einem früheren Schmerz herstellen. Er muß sein Gedächtnis nach ähnlichen Situationen durchforsten, die er mit Frauen erlebt hat, und dann bis zu einem Zeitpunkt zurückgehen, als er sich in irgendeiner Weise von seiner Mutter zurückgewiesen oder im Stich gelassen fühlte.

Bei Männern steht die Unfähigkeit loszulassen oft in einem Zusammenhang mit nicht verarbeiteten Gefühlen bezüglich der Liebe ihrer Mutter. Wenn ein Mann als Kind gezwungen wurde, auf die Liebe seiner Mutter zu verzichten, bevor er dazu bereit war, bleibt ein Teil von ihm mit diesem Ereignis verbunden. Vielleicht starb seine Mutter, als er noch klein war, oder vielleicht hatten sie ein sehr enges Verhältnis zueinander, bis ein Geschwisterchen dazukam. Indem er einen Zusammenhang zwischen seiner Verletztheit in der Gegenwart und einem Ereignis in seiner Vergangenheit herstellt, kann er anfangen, sich aus dem Griff der Vergangenheit zu befreien.

Er geht ganz selbstverständlich davon aus, daß ihm keine Frau je Erfüllung geben kann und daß er niemals glücklich werden wird. Solche Vorstellungen sind es, die den Schmerz unerwiderter Liebe nähren. Wenn man in die Zukunft blicken und erkennen könnte, daß man eine bessere Liebe finden wird, dann würde man weniger leiden.

Weil man aber nicht in die Zukunft sehen kann, weicht der Schmerz nicht. Aber wenn man eine frühere Situation unerwiderter Liebe aufarbeitet, dann kann man daraus die Zuversicht gewinnen, daß man eine größere Liebe finden wird.

Sich überwinden loszulassen

Manchmal gelingt einem Mann kein Neuanfang, weil er sich nicht überwinden kann, seine Partnerin loszulassen. Er weiß, daß sie ihn verlassen hat, aber er beharrt darauf, daß sie dies nicht hätte tun dürfen. Indem er ihr aber Vorwürfe macht, hindert er sich selbst an neuem Glück. Im Idealfall ist die Trennung eine gemeinsame Entscheidung. Dann braucht sich keiner von beiden als Opfer zu fühlen.

Irgendwann muß er zu der Einsicht kommen, daß sie einfach nicht zusammenpaßten. Vielleicht wäre es unter anderen Umständen und zu einem anderen Zeitpunkt gutgegangen. Aus einer solchen positiveren Sichtweise könnte er zu einer nachsichtigeren Haltung gelangen und sich die Chance auf eine neue und bessere Beziehung eröffnen.

Wenn ein Mann das Gefühl hat, verlassen worden zu sein, und sich weiter nach dieser Partnerin sehnt, kann er sich oft nicht mehr aus seiner vorwurfsvollen Haltung lösen. Wenn er Kinder hat, begeht er vielleicht darüber hinaus den schweren Fehler, ihnen zu sagen, daß ihre Mutter selbstsüchtig und lieblos sei. Dies darf er jedoch keinesfalls tun. Über solche Gefühle kann er mit einem Freund oder seinem Therapeuten sprechen, niemals mit den Kindern.

Eltern müssen sich immer davor hüten, den anderen Elternteil vor den Kindern zu kritisieren oder zu verurteilen, denn dies belastet Kinder außerordentlich und unnötig. Es führt zu ganz erheblichen Problemen, wenn ein Kind gezwungen wird, für einen Elternteil Partei zu ergreifen.

Liebt ein Mann seine Partnerin und glaubt er, daß sie ihn

nicht hätte verlassen dürfen, dann sollte er sich auch einmal überlegen, was eigentlich wahre Liebe ist. Wenn er seine Partnerin wirklich liebt, dann muß er sie eher dabei unterstützen, daß sie tut, was sie für sich für das Richtige hält. Er darf sie dann nicht als sein Kind oder sein Eigentum behandeln. Dies ist keine Liebe. Wenn er wirklich möchte, daß sie zurückkommt, dann ist das Beste, was er tun kann, sie loszulassen.

Mit Zurückweisung umgehen

Es ist nicht möglich, daß jemand der Richtige für einen selbst ist, wenn man selbst nicht der Richtige für den anderen ist. Wenn eine Frau einen Mann nicht will, dann ist sie zweifellos nicht die Richtige für ihn. Etwas anderes zu glauben heißt, Opfer zu bleiben und an seinem Schmerz und seinem Verlust festzuhalten.

———◄o►———

Um loslassen zu können, muß man einsehen,
daß die Partnerin vielleicht fast die Richtige,
aber eben nicht ganz die Richtige war.

———◄o►———

Es hat wenig Sinn, eine Frau zu idealisieren, die einen nicht liebt. So sind die nachfolgenden Aussagen unlogisch und unsinnig:

▷ »Wir hätten perfekt zusammengepaßt, wenn ich nur diesen Fehler nicht gemacht hätte.«
▷ »Wir passten perfekt zusammen, wenn sie nur zu mir ziehen würde.«
▷ »Wir gehörten eigentlich zusammen, wenn sie nur diesen anderen nicht getroffen hätte.«
▷ »Wir würden perfekt zusammenpassen, wenn ich ihr nur früher begegnet wäre.«

▷ »Wir wären perfekt füreinander, wenn sie nur nicht schon vergeben wäre.«

Wenn sie wirklich die Richtige wäre, dann würde sie den Fehler verzeihen, würde sie zu einem ziehen, wäre man ihr zum richtigen Zeitpunkt begegnet, wäre sie nicht in einen anderen verliebt, wäre sie nicht schon vergeben und so weiter.

––––◄o►––––

Es ist eine Illusion blinder Verliebtheit zu glauben,
daß jemand, der einen nicht liebt,
der oder die Richtige sein könnte.

––––◄o►––––

Damit ein Mann sich von einer Frau lösen kann, die ihn nicht will, muß er einfach akzeptieren, daß sie ihn nicht will. Dies ist vielleicht eine schmerzliche Einsicht, aber nur so kann er die Wahrheit einsehen und es ertragen, daß sie ihn nicht genug liebt, um bei ihm zu bleiben. Sie will nicht mit ihm zusammensein, und es hat auch keinen Sinn, nach Gründen hierfür suchen zu wollen.

Wenn er sie nach ihren Gründen fragt, sagt sie vielleicht, daß er nicht reich genug ist, nicht clever genug, nicht geistreich genug, zu kompliziert, zu selbstsüchtig, zu hektisch und so weiter. Aber dies sind nur oberflächliche Dinge. Der wahre Grund, warum sie ihn nicht will, ist einfach, daß er nicht der Richtige für sie ist. Wenn er es wäre, dann hätten diese Dinge überhaupt kein Gewicht. Geht ein Mann auf solche Einwände ein, sagt er sich vielleicht: »Aber ich kann mich ändern…« Damit aber geriete er auf einen völlig falschen Weg.

Hilfestellung beim Loslassen

Für den Ablösungsprozeß kann es hilfreich sein, wenn ein Paar am Ende der Beziehung zu einem Eheberater geht. Der Berater bittet die Frau, die nachfolgenden Sätze immer wieder zu wiederholen, um ihrem Partner zu helfen, sie loszulassen. Die direkte Konfrontation mit dem Schmerz seines Verlustes wird ihm helfen, sich schließlich von ihr zu lösen. Sie sagt zum Beispiel:

▷ »Ich möchte nicht mit dir zusammensein.«
▷ »Ich liebe dich nicht so sehr, wie ich glaubte.«
▷ »Du bist nicht der richtige Partner für mich.«
▷ »Ich möchte mit jemand anderem zusammensein.«
▷ »Ich werde dich immer lieben, aber nicht genug, um mit dir zusammensein zu können.«
▷ »Ich weiß, daß du nicht der Richtige für mich bist.«

Indem der Mann diese Sätze immer wieder hört, kann er den Bruch ganz deutlich erfahren und sie schließlich loslassen. Nach dieser Übung sollte der Therapeut die Frau bitten, den Raum zu verlassen, und mit ihrem Partner die vier heilenden Emotionen erkunden.

Zum Abschluß der Übung sollte der Mann dieselben Sätze zu seiner Partnerin sagen. Auch wenn er jetzt noch nicht ganz hinter ihnen stehen kann, sollte er es einfach tun. Das Aussprechen dieser Sätze gibt ihm die Möglichkeit, die Wahrheit zu erfahren, die sich schließlich durchsetzen und ihn von seinem vergeblichen Schmerz befreien wird.

Möchte sie zu der psychologischen Beratung nicht mitkommen, kann er dieselbe Übung auch mit einem Therapeuten als Rollenspiel durchführen. Der Therapeut übernimmt die Rolle seiner Partnerin und wiederholt mehrmals diese zurückweisenden, aber aufrichtigen Äußerungen. Dies gibt dem Mann die Gelegenheit, die dabei an die Oberfläche kommenden Gefühle wahrzunehmen und zu verarbeiten. Nachdem er sich einige Zeit mit diesen Gefühlen auseinandergesetzt hat, kann er abschließend selbst diese Aussagen aussprechen.

Seelengefährten sind nicht vollkommen

Manchmal sind Männer unfähig, eine feste Beziehung einzugehen, weil sie ihre neue Partnerin mit dem Idealbild ihrer Traumfrau vergleichen. Er liebt die Frau vielleicht, aber er zweifelt, ob die Entscheidung richtig ist, bei ihr zu bleiben. Er will unbedingt sicherstellen, daß er die beste Frau hat, die er bekommen kann. Er überlegt, ob er nicht vielleicht eine noch bessere Frau finden könnte. Aber indem er erwartet, daß seine Seelengefährtin vollkommen ist, bringt er sich selbst um die Gelegenheit, wahre und dauerhafte Liebe zu finden.

Er schiebt seine Bindung hinaus, weil er auf Perfektion hofft – eine sehr unrealistische Einstellung bezüglich Beziehungen und Menschen. Eine Seelengefährtin ist kein vollkommener Mensch. Einen solchen Menschen gibt es nicht. Eine Seelengefährtin ist nur perfekt für ihn.

---◄○►---

Ein Seelengefährte ist kein perfekter Mensch,
sondern jemand, der perfekt zu einem paßt.

---◄○►---

Ob eine Frau die Seelengefährtin ist, das wird man erst wissen, wenn man sich schon ein wenig kennengelernt hat. Es wäre unrealistisch, eine solche Erkenntnis sofort zu erwarten. Es dauert seine Zeit, bis sich die Herzen ganz füreinander geöffnet haben. Wenn die Liebe wächst, dann weiß man einfach eines Tages, daß sie die Richtige ist. Dies ist kein Urteil des Verstandes, sondern ein intuitives Wissen.

Die Richtige erkennt man mit seiner Seele, nicht mit seinem Verstand. Die Seele wägt nicht ab. Sie weiß es einfach. Wenn man versucht abzuwägen, ob die Partnerin die Richtige ist, dann beurteilt man sie verstandesmäßig. Aus dieser Perspektive kann sie nie alle Erwartungen erfüllen, denn der Verstand hat immer etwas auszusetzen. Die Entscheidung für eine Seelengefährtin muß aber aus der Seele heraus kommen.

———◄◦►———

Die Seelengefährtin findet man nicht
durch verstandesmäßiges Überlegen.
Die Seele fällt die Entscheidung.

———◄◦►———

Den Verstand sollte man nur zu Überlegungen einsetzen, wie man möglichst viel Liebe und Unterstützung geben und empfangen kann. Wenn der Prozeß des Kennenlernens durch Einsatz des Verstandes immer besser gelingt, öffnet sich das Herz. Mit einem offenen Herzen führt die Seele dann zu der Entscheidung hin, ob man die Beziehung fortsetzen oder abbrechen soll.

Manchmal muß man dann eben feststellen, daß die Partnerin nicht die Richtige ist. Wie schon erörtert, genügt Liebe allein nicht. Eine Seelengefährtin ist jemand, bei der man in seinem Herzen das Verlangen spürt, mit ihr gemeinsam durchs Leben zu gehen.

Eile mit Weile

Manche Männer gehen an der Liebe vorbei, weil sie es zu eilig haben. Sie haben eine Mission. Wenn sie nicht genau wissen, ob eine Frau die Richtige ist, gehen sie einfach weiter.

Sie wollen sich nicht weiter mit ihr aufhalten, weil sie keine Zeit vergeuden wollen. Zeit ist kostbar. Sie glauben, daß sie eine Gelegenheit verpassen, die Richtige zu finden, wenn sie sich zu lange mit einer bestimmten Beziehung beschäftigen.

Wer aber weiß, wie man seine Seelengefährtin findet, entspannt sich und läßt sich Zeit. Wenn man eine Frau liebt, aber noch nicht sicher weiß, ob sie die Richtige ist, dann ist dies keine Zeitvergeudung.

———◄◦►———

Die Fortsetzung einer Beziehung,
bis man sich seiner Entscheidung sicher ist,
ist die beste Vorbereitung darauf,
seine Seelengefährtin zu finden.

———◄◦►———

Wer seine Partnerin liebt, bis er eines Tages entdeckt, daß sie doch nicht die Richtige ist, hat keine Zeit vergeudet. Er hat die Zeit sinnvoll damit zugebracht, sein Herz zu öffnen und seine Fähigkeit zu schulen, die wahre Seelengefährtin zu erkennen.

Indem er bewußt das Ende seiner Beziehung betrauert,

verbessert er seine Chancen ganz erheblich, beim nächsten Mal die Richtige zu finden.

Dieses Mal hat es zwar nicht geklappt, aber er hat seine Zeit nicht vergeudet. Beim nächsten Mal wird er mit viel größerer Wahrscheinlichkeit einen »Volltreffer« landen.

Die Seelengefährtin erkennen

Oft macht man sich zuviel Sorgen darüber, ob man auch die richtige Partnerin wählt. Jede Frau ist einmalig, aber was man in einer Beziehung empfängt, hängt hauptsächlich davon ab, was man gibt, und nicht so sehr von der Person, der man etwas gibt. Könnte ein Mann mit vielen Frauen zusammensein, würde er in seinen Beziehungen von jeder einzelnen im Prinzip dasselbe bekommen. Wenn die Seele eine Gefährtin erkennt, dann ist dies nicht die Frau, die besser ist als die anderen: Es ist die Frau, mit der man ein Leben lang eine Beziehung ständig wachsender Liebe haben kann.

———◦———

Was man in einer Beziehung empfängt, hängt hauptsächlich davon ab, was man gibt, und nicht so sehr von der Person, der man etwas gibt.

———◦———

Seine Seelengefährtin erkennt man an dem Gefühl, den Menschen gefunden zu haben, mit dem man durch das Leben gehen will. Weil es die Entscheidung der Seele ist, hat man das Gefühl, daß es eben so sein mußte. Aber auch wenn sie uns »vom Himmel geschenkt« zu sein scheint, ist es doch die eigene Entscheidung. Dabei darf man nicht glauben, daß es nur eine einzige Seelengefährtin für einen geben kann. Mit einer solchen Auffassung könnte man es kaum jemals wagen, eine Entscheidung zu treffen.

Man darf nicht glauben, daß es nur eine einzige
Seelengefährtin für einen geben kann.

Es gibt nicht die eine perfekte Frau. Jeder Mann kann aus Hunderten geeigneter Frauen auswählen. Immer wieder höre ich von Männern: »Wie kann ich mich für eine Bestimmte entscheiden? Sie sind alle so großartig! Es gibt so viele, und jede ist anders.«

Die Antwort auf diese Frage ist, daß man eine solche Entscheidung nicht im Kopf fällt. Man wählt einfach eine aus, die ebensogut zu passen scheint wie die übrigen, und gibt dieser Beziehung eine Chance. Je mehr die Liebe wächst, je mehr man in diese Beziehung investiert, desto mehr öffnet sich das Herz. Und schließlich wird man erkennen, ob die Betreffende die Richtige ist. Wenn sie es nicht ist, dann ist man ihr zumindest nähergekommen und kann es mit dieser Erfahrung ein weiteres Mal probieren.

Die Phantasien ausleben

Wenn ein Mann zu einem Neubeginn bereit ist, hat er oft ein ganz bestimmtes Bild seiner Traumfrau im Kopf. Aber meist entspricht die Frau, die sich schließlich als die perfekte Partnerin für ihn erweist, diesem Bild überhaupt nicht. Sie ist für ihn eine vollkommene Überraschung.

Bemüht man sich nur um Frauen, die dem Idealbild ungefähr entsprechen, schmälert man seine Chancen, wirklich die Richtige zu finden. Ein Mann geht zum Beispiel auf eine Party und fühlt sich zu verschiedenen Frauen hingezogen. Oft ignoriert er dann seine Gefühle, wenn eine Frau nicht so aussieht, wie es ihm vorschwebte.

———◄○►———

Männer ignorieren oft ihre Gefühle für eine Frau,
wenn sie nicht so aussieht, wie es ihnen vorschwebte.

———◄○►———

Läßt ein Mann einmal sein Idealbild beiseite und geht mit Frauen aus, zu denen er sich einfach hingezogen fühlt, verbessert er seine Chancen erheblich, die richtige Partnerin zu finden. Statt sich auf das Aussehen von Frauen zu konzentrieren, sollte ein Mann vielmehr darauf achten, was er für sie empfindet.

Physische Anziehung verflüchtigt sich sehr schnell. Leidenschaft kann nur von Dauer sein, wenn das Interesse auf mehr beruht als bloß dem Äußeren einer Frau. Die Seelengefährtin ist diejenige Frau, zu der man sich auf allen vier Ebenen seines Menschseins hingezogen fühlt, der physischen, emotionalen, geistigen und spirituellen. Das heißt: Man fühlt sich sexuell zu ihr hingezogen, man hat sie gern, man findet sie interessant, und man fühlt sich durch sie gedrängt, sein Bestes zu verwirklichen. Um ein Leben lang und nicht nur einige Wochen, Monate oder Jahre die Liebe genießen zu können, muß man eine Verbindung auf allen vier Ebenen schaffen.

---◄◊►---

Leidenschaft kann nur von Dauer sein,
wenn das Interesse auf mehr beruht als bloß dem
Äußeren einer Frau.

---◄◊►---

Ich habe schon viele Klientinnen mit dem Aussehen von Filmstars oder Models darüber klagen hören, daß ihre Freunde oder Männer sich nicht mehr sexuell zu ihnen hingezogen fühlten. Oft waren sie darüber frustriert, daß zwar viele Männer sie begehrten, sie aber immer schnell wieder das Interesse verlören. Dies lag aber nicht daran, daß sie nicht liebenswert gewesen wären, sondern daran, daß sie sich die falschen Männer ausgewählt hatten. Sie ließen sich auf Männer ein, die sich nur auf der körperlichen Ebene zu ihnen hingezogen fühlten.

Wer glücklich sein und sein ganzes Leben lang geliebt werden will, sollte so klug sein, ein Buch nicht nach dem Umschlag zu beurteilen. Vielen Männern fällt eine solche Haltung immer noch schwer. Sie können sich nicht von ihrer Hoffnung verabschieden, doch noch ihre »Traumfrau« zu finden. Und immer wenn sie sie gefunden zu haben glauben, entdecken sie bald irgendeinen Mangel, der zunehmend störender wird. Die Konzentration auf Äußerlichkeiten läßt keine dauerhafte Befriedigung zu. Die folgende Überlegung kann einem Mann helfen, von seinem »Traum« loszukommen.

Wenn ein Mann eine attraktive Frau sieht, was ist dann an ihr so großartig? Sie ist so wunderhübsch. Sie sieht einfach phantastisch aus. Dies genießt er. Sie macht ihn an. Sie weckt in ihm den Wunsch, sie zu berühren, und wenn er es tut, genießt er es überaus. Sie zu berühren erregt ihn und erregt sie.

Diese Überlegung zeigt, daß einen Mann vor allem das *Gefühl*, das ihm eine Frau gibt, glücklich macht. Er muß also vor allem darauf achten, welches Gefühl er hat, wenn er sie betrachtet, nicht darauf, wie sie aussieht.

Manche Männer halten an ihren Phantasien aus denselben Gründen fest, mit denen sie an einer ehemaligen Partnerin festhalten: Sie sind ihnen verfallen. Wie wir schon erörtert haben, muß er, um davon loszukommen, seinen Verlust vollständig bedauern. Wenn ein Mann einem Bild verfallen ist, ist dies ein deutlicher Hinweis darauf, daß er irgendwo in seinen früheren Beziehungen noch nicht losgelassen hat.

Unterschiedliche Kommunikation

Nach einer Serie gescheiterter Beziehungen geben manche Männer auf. Sie unternehmen keinen ernsthaften Versuch mehr. Sie suchen die Gesellschaft von Frauen, aber sobald wieder Probleme auftauchen, gehen sie ihrer Wege. Statt aus ihren Erfahrungen zu lernen, fällen sie negative Pauschalurteile und sind nicht mehr offen für die Erkenntnis, daß Männer und Frauen eben unterschiedlich sind. Sie lieben Frauen, aber sie sind zu dem Schluß gekommen, daß sie nicht mit ihnen auskommen können. Sie wollen eine Beziehung, aber sie wollen nicht heiraten.

Solche Männer haben falsche Erwartungen, wie Frauen reagieren sollten. Verhält sich eine Frau anders als er es sich vorstellt, ist dies für ihn außerordentlich frustrierend. Er macht ihr Vorhaltungen und versucht, sie zu ändern, statt über sein eigenes Verhalten nachzudenken. Frustrationen zwischen Männern und Frauen entstehen insbesondere im Bereich der Kommunikation.

Sie will reden, wenn er nicht will. Er möchte seinen Freiraum, und sie möchte bei ihm sein. Sie will, daß er zuhört, aber wenn er seine Lösungen anbietet, nimmt sie seinen Rat nicht an, und er hat das Gefühl, daß sie ihn nicht schätzt. Er tut sein Bestes, aber es scheint nie genug zu sein. Aber die Liebe kann nicht wachsen, wenn man ständig aneinandergerät.

---◄○►---

Frustration zwischen Männern und Frauen entstehen insbesondere im Bereich der Kommunikation.

---◄○►---

Wenn ein Mann immer wieder dieselben Erfahrungen macht, sollte er nicht pauschal »den Frauen« die Schuld geben, sondern sich fragen, ob vielleicht ein Teil des Problems bei ihm selbst liegt.

Oft genügen schon einige wenige Korrekturen an seinem Verhalten, damit er genau das bekommt, was er möchte und in einer Liebesbeziehung erwartet. Wenn er einmal aufmerksam darauf achtet, wie Männer und Frauen unterschiedlich kommunizieren, bekommt er Hinweise darauf, wie er sein Verhalten entsprechend anpassen könnte.

Manchmal beruht das Problem, daß er nie zufrieden ist, nicht nur auf seinen Vorstellungen vom anderen Geschlecht, sondern geht tiefer. Wenn nichtverarbeitete Gefühle aus einer alten Beziehung zurückgeblieben sind, hat er möglicherweise die Einstellung, daß es keine Frau gibt, mit der er zusammen sein kann. Sobald er einer Frau näherkommt und er seine Liebe und Hingabe spürt, kann ein verborgener Teil von ihm an die Oberfläche drängen und sagen: »Vorsicht, ich habe dies schon einmal versucht, und es ist danebengegangen; am Ende war ich der Dumme. Dies kann weh tun...«

Fühlt sich ein Mann tief in seinem Inneren verletzt, zurückgestoßen oder unzulänglich, tauchen diese Gefühle wieder auf, sobald die Beziehung zu einer Frau enger wird. Dann identifiziert er sie aber nicht als alte Gefühle, sondern er glaubt vielmehr, daß etwas mit der aktuellen Partnerin nicht in Ordnung sei. Auf Unzulänglichkeitsgefühle reagieren Männer sehr schnell mit Vorwürfen gegenüber anderen.

Ein Mann, der sich wertlos fühlt, kann jedoch kaum jemanden schätzen, der ihn schätzt. Dies ist in dem Scherz ausgedrückt: »Ich möchte keinem Club angehören, der Typen wie mich als Mitglied aufnehmen würde.«

Die endlose Suche

Manche Männer sind immer auf der Suche. Sie sind niemals mit einer bestimmten Frau zufrieden, sondern sind immer auf der Jagd nach der Richtigen. Aber gerade durch ihre Annahme, daß es irgendwo eine ganz problemlose Frau gäbe, halten sie die Liebe ständig von sich fern. Schon aus ganz normalen Bewährungsproben, die es in jeder Beziehung gibt, schließen sie, daß sie mit der Falschen zusammen seien. Sie glauben, daß nur sie immer an die Falsche gerieten.

Aber es ist naiv zu erwarten, in einer Beziehung gäbe es nie Probleme oder man bekäme immer, was man will. In jeder Beziehung gibt es Höhen und Tiefen. In einer guten Beziehung bestehen Paare ihre Bewährungsproben und kommen sich dabei näher. Sie können zurückblicken und über ihre Enttäuschungen und Irritationen lachen.

Ohne eine realistische Vorstellung davon, wie Beziehungen funktionieren, kommt ein Mann irgendwann zu dem Schluß, daß er nichts tun kann, um eine Beziehung erfolgreich zu gestalten. Wenn sich seine Partnerin über etwas beklagt und er, nachdem er seine Meinung dazu gesagt hat, nicht die Reaktion bekommt, die er sich vorstellt, gibt er schnell auf. Auf sie wirkt dies so, als ob er sie nicht gern hätte, aber in Wirklichkeit weiß er einfach nicht, wie er sich verhalten soll.

Hat ein Mann das Gefühl, ein Problem lösen zu können, dann gibt ihm dies die Energie, bis zur Lösung des Problems durchzuhalten. Kommt er aber zu dem Schluß, daß er nicht weiß, was er tun soll, dann gibt er auf. Wenn es zum Beispiel ein Problem mit seinem Computer gibt, beschäftigt er sich stundenlang damit. Der Unterschied zwischen dem Computer und seiner Partnerin ist, daß er weiß, daß Computer des öfteren Probleme machen, die er aber lösen kann, wenn er die Handbücher liest und die Einstellungen verändert. Diese Erfolgserwartung stärkt sein Interesse und seine Erfolgschancen. Bei einer Frau funktioniert dieses Lösungsschema nicht, deshalb ist er frustriert.

Die Probleme gleichen sich

Kommt ein Mann zu dem Schluß, daß er sich immer nur die Falsche aussucht, dann hat er kaum mehr Interesse, auftretende Probleme lösen zu wollen. Er bringt sich aber um seine Chancen, dauerhafte Liebe zu finden, wenn er erwartet, daß es in Beziehungen niemals Schwierigkeiten geben dürfe. Würde ein Mann denn erwarten, daß seine Arbeit immer das reine Vergnügen ist? Das Leben ist eben ein Gleichgewicht von Arbeit und Spiel. Es ist naiv zu glauben, daß es in Beziehungen anders wäre.

————◄◦►————

Ein Mann bringt sich um seine Chancen,
dauerhafte Liebe zu finden, wenn er erwartet,
daß es in Beziehungen niemals Probleme gibt.

————◄◦►————

Nachdem ich Tausende von Frauen und Männern psychologisch beraten habe, bin ich zu dem Schluß gekommen, daß fast alle Frauen über dieselben Probleme mit Männern klagen. Im Gespräch mit mir waren sie immer der Meinung, nur sie hätten dieses bestimmte Problem in ihrer Beziehung. Sie wußten nicht, daß ich Woche für Woche dieselben Geschichten hörte.

Gewiß ist jede Beziehung einmalig, aber es gibt sehr viele Verhaltensformen, Fragen, Klagen und Mißverständnisse, die praktisch in jeder Liebesbeziehung auftreten. Viele Männer, die »Männer sind anders. Frauen auch.« gelesen haben, sagen zu mir, ich müsse unter ihrem Bett gelegen und ihre Gespräche mitangehört haben. Es ist für sie eine Erleichterung zu erfahren, daß sie nicht die einzigen sind, und daß andere Menschen dieselben Erfahrungen machen. Teil ihrer Erleichterung ist immer die Erkenntnis: »Wenn andere Menschen dasselbe erleben, dann bin ich gar kein Versager!«

Mit dieser neuen Erkenntnis kann ein Mann endlich gelassener sein. Gleichgültig, für welche Frau er sich entscheidet – er wird am Ende doch dieselben Reaktionen bekommen, die er immer bekam. Er wird niemals eine Frau finden, die keine Frau ist.

Dies bedeutet aber nicht, daß er in einer Beziehung nicht finden könnte, was er sucht; vielmehr bekommt er durch solche Erfahrungen gerade die Gelegenheit, endlich die wahre Liebe zu finden. Die Vollkommenheit zu lieben ist einfach. Wahre Liebe heißt zu lernen, einen wirklichen Menschen mit allen seinen Mängeln und seinem Anderssein zu lieben.

―◆◇◆―

Gleichgültig, für welche Frau er sich entscheidet – er
wird am Ende doch dieselben Reaktionen bekommen,
die er immer bekam.

―◆◇◆―

Ein Mann glaubt fälschlicherweise, seine Schwierigkeiten hingen damit zusammen, daß er sich die Falsche aussuchte. Aber jetzt kann er sich mit der Erkenntnis trösten, daß er bei allen Frauen mit denselben Problemen zu tun bekommen wird, denn bestimmte Probleme sind einfach unvermeidlich. Darum haben seine Enttäuschungen mehr mit seiner Haltung als mit den Frauen zu tun, die er sich aussucht.

Auch Frauen profitieren viel von einer solchen Einsicht. Wiewohl Frauen leichter einsehen können, daß es in Beziehungen Schwierigkeiten geben muß, fällt es ihnen doch schwer, die besonderen Eigenarten eines Mannes hinzunehmen. Viele Frauen haben mir gesagt, die Einsicht, daß Männer anders sind, habe ihnen geholfen, ihre Männer zu akzeptieren, statt sie ändern zu wollen. Frauen nehmen es oft ganz persönlich, wenn ein Mann anders reagiert oder etwas zu tun vergißt, woran sie selbst ganz gewiß gedacht hätte. Wenn sie wissen, daß Männer anders sind, können sie sich statt dessen lachend klarmachen, daß er eben vom Mars kommt.

Falsche Zurückhaltung

Ein Mann, der nicht ganz bewußt seinen Verlust betrauert, raubt sich unwissentlich viele Möglichkeiten einer neuen Liebe, indem er sich zurückhält. Hat er seine negativen Gefühle nicht bewußt aufgearbeitet und seiner letzten Partnerin verziehen, wenn die Zeit gekommen ist, wieder mit Frauen auszugehen, dann läßt er sich auf keine neue Bindung ein.

Unmittelbar nach einer Trennung ist ein Rückzug nur gesund. Bevor er sich wieder bindet, muß ein Mann unbedingt sein Gefühl der Unabhängigkeit, Selbständigkeit und Autonomie wiedergewinnen. Wenn er sich nicht genug Zeit läßt, dann wird er, sobald er eine neue Beziehung eingeht, seine Versprechungen nicht halten können.

Ist es ihm in einer früheren Beziehung nicht gelungen, die Wünsche seiner Partnerin zu befriedigen, dann geht er das Risiko einer erneuten Niederlage nicht ein und hält sich zurück. Er nimmt den Standpunkt ein, daß ihn eine Frau so lieben muß, wie er ist, und nicht wegen seiner Taten. Er achtet sorgfältig darauf, sich nichts zu vergeben und keine Versprechungen zu machen.

Aber eine solche Zurückhaltung bringt einen Mann nicht weiter. Wenn er eine Beziehung eingehen will, dann muß er bereit sein, sein Bestes zu tun und zu geben. Ein nützliches Motto auf dem Mars lautet: »Wenn es sich lohnt, sich für eine Sache einzusetzen, dann sollte man sich ganz für sie einsetzen.« Wenn er nicht sein Bestes gibt, muß er scheitern.

———◄o►———

Wenn es sich lohnt, sich für eine Sache einzusetzen,
dann sollte man sich ganz für sie einsetzen.

———◄o►———

Einem Mann tut es gut, wenn er das Gefühl haben kann, daß andere schätzen, was er für sie tut. Er wächst, wenn er Versprechungen machen und sein Bestes tun kann, um sie zu erfüllen. Wurden seine Bemühungen in der Vergangenheit nicht geschätzt, dann liegt das Problem nicht in seinem guten Willen, etwas für andere zu tun, sondern eben in dieser ausbleibenden Wertschätzung. In diesem Fall sollte er aber nicht darauf verzichten, wieder zu geben, sondern sich für jemanden einsetzen, der seine Bemühungen würdigt.

Es stellt natürlich eine große Herausforderung für einen Mann dar, sich weiter nach Kräften zu bemühen, wenn seine Anstrengungen in der Vergangenheit keinen Widerhall fanden. Er wagt vielleicht einen neuen Versuch, aber er gibt nicht mehr alles. Er hält sich zurück, um sich zu schützen. Falls er scheitert, kann er sich immer noch sagen: »Nun ja, ich habe mich auch nicht wirklich bemüht.« Dabei übersieht er freilich, daß er durch diese Zurückhaltung auf seine eigene innere Kraft verzichtet.

Männer halten sich zurück,
Frauen geben zuviel

Wenn bei einem Neubeginn die Seele noch nicht geheilt ist, neigen Männer dazu, sich zurückzuhalten, während Frauen eher zuviel geben. Frauen haben ein besonders großes Bedürfnis, so geliebt zu werden, wie sie sind, ohne sich dies verdienen zu müssen. Frauen lieben es durchaus, etwas für andere zu tun und dafür geschätzt zu werden, aber ihr Wertgefühl hängt davon ab, daß sie geliebt werden, ohne für andere dazusein. Eine Frau möchte *vorrangig* als diejenige geliebt werden, die sie ist, und nicht wegen ihrer Taten. Verläßt sie sich zu sehr darauf, um ihrer Taten willen geliebt zu werden, neigt sie dazu, zuviel zu geben. Was sie aber nicht glücklich macht.

———◄○►———

Eine Frau möchte vorrangig *als diejenige geliebt werden, die sie ist, und nicht wegen ihrer Taten.*

———◄○►———

Auch Männer haben ein besonderes Bedürfnis. Sie möchten *vorrangig* wegen ihrer Taten geliebt werden. Wenn ein Mann einfach um seiner selbst willen geliebt wird, ist dies schön für ihn, aber niemals genug. Irgend etwas fehlt ihm dann. Ein Mann muß das Gefühl haben, daß die Liebe, die ihm entgegengebracht wird, auf seinen Anstrengungen und Leistungen beruht, nicht einfach darauf, daß er ein netter und liebevoller Mensch ist.

Ein Mann fühlt sich am wohlsten, wenn er mit seinen Taten die Bedürfnisse anderer befriedigen kann. Waren in früheren Beziehungen die Taten eines Mannes nicht genug, dann hält er sich künftig zurück, solange sein Schmerz nicht geheilt ist. Solange er seiner früheren Partnerin nicht verzeihen kann, kann er nicht mehr uneingeschränkt geben. Aber bevor er wieder eine Bindung eingeht, muß er seine Seele geheilt haben und dazu bereit sein, sich wirklich ganz zu engagieren und sich nicht zurückhalten.

Etwas sein und etwas tun

Ein Mann kann leicht in den Fehler verfallen, eine Frau nicht mehr verwöhnen zu wollen. Er sagt sich trotzig, daß er um seiner selbst willen geliebt werden will, nicht wegen seiner Taten. Er möchte kein Sklave mehr sein, der Tag für Tag arbeitet, um die Bedürfnisse einer Frau zu befriedigen. Er hat das Gefühl, eine Maschine zu sein, deren Wert nach ihrer Produktion bemessen wird. Er möchte wegen seines Seins, nicht wegen seines Tuns geliebt werden.

Dies ist natürlich alles berechtigt, aber es ist auch ein Symptom dafür, daß sein Herz noch nicht geheilt ist. So reagiert ein Mann auf fehlende Wertschätzung seiner Leistungen. Ein solcher Mann hat es aufgegeben, sich um eine Frau zu bemühen, weil er das Gefühl hat, daß seine bisherigen Bemühungen umsonst waren. Wenn seine Anstrengungen nicht anerkannt werden, warum soll er sich dann überhaupt noch anstrengen?

Aber statt es aufzugeben, eine Frau verwöhnen zu wollen, muß ein Mann lernen, wie man eine Frau *erfolgreich* verwöhnt. Dabei steht er vor zwei Herausforderungen. Zum einen muß er lernen, daß man den Wunsch haben kann, eine Frau zu verwöhnen, ohne sich für ihr Glück verantwortlich fühlen zu müssen. Zum anderen muß er prüfen, was Erfolg bringt und was nicht. Statt ganz aufzugeben, sollte er so klug sein, nur solches Verhalten aufzugeben, das keinen Erfolg bringt.

Fühlt sich ein Mann allzusehr für das Glück einer Frau verantwortlich, dann glaubt er versagt zu haben, wenn sie nicht glücklich ist. Der kluge Mann weiß, daß eine Frau selbst dafür verantwortlich ist, wie sie sich fühlt. Seine Verantwortung liegt nur darin, ihr zu helfen, wenn sie unglücklich ist. Mehr kann er nicht für sie tun.

Es sind zwei völlig verschiedene Dinge, ob man sich nach Kräften bemüht, eine Frau glücklich zu machen, oder ob man erwartet, daß sie dann auch sofort glücklich ist. Ein Mann muß einsehen, daß man eine Frau oft einfach glücklich macht, indem man mit ihr mitfühlt, wenn sie unglücklich ist. Fühlt sie sich schlecht oder ist sie unglücklich, möchte sie eines auf gar keinen Fall: Daß ein Mann versucht, ihre Probleme zu lösen, damit es ihr wieder gut geht. Sie möchte keine Lösungen, sondern sich einige Zeit ihren Gefühlen hingeben, und sie will sein Verständnis für das, was sie im Augenblick durchmacht.

————◄○►————

Wenn ein Mann allzuviel Verantwortung für das Glück einer Frau übernimmt, ist er am Boden zerstört, wenn sie nicht glücklich ist.

————◄○►————

Statt nun überhaupt nicht mehr zu helfen, muß ein Mann einsehen, daß die beste Hilfe manchmal darin besteht, einfach für sie dazusein. In diesem Fall *tut* er durch sein bloßes Dasein etwas für sie. Wenn ein Mann besser darüber Bescheid weiß, wie Frauen denken und fühlen, kann er in seinen Beziehungen viel erfolgreicher sein. Er kann zwanglos seine Unterstützung anbieten, ohne sich für ihre Empfindungen verantwortlich zu fühlen.

Er kann sogar weniger geben und sie trotzdem mehr unterstützen. Wenn er zuviel gibt, wird er allzusehr vom Ergebnis abhängig. Gibt er im rechten Maß, braucht er sich nicht zurückzuhalten; er gibt, was er kann, und bekommt die Wertschätzung, die er braucht.

Der Wert von Kleinigkeiten

Ein Mann sollte möglichst nicht das Gefühl haben, daß sein Wert nach seiner Leistung bemessen wird. Er darf nicht der Sklave seiner Arbeit sein oder sich unter dem Druck fühlen, ständig etwas tun zu müssen, um geliebt zu werden. Er sollte arbeiten, weil er arbeiten möchte. Der Druck, den er verspürt, hat mehr mit ihm selbst als mit dem Wunsch einer Frau zu tun, verwöhnt zu werden. Er darf nicht das Gefühl haben, mehr tun zu müssen, als er tut oder kann, um geliebt zu werden.

Statt sich mit dem, was er tun kann, liebenswert zu fühlen, unterwirft er sich dem Druck der Gesellschaft. Diese suggeriert ihm, daß er mehr tun muß, mehr leisten muß und mehr haben muß, um der Liebe einer Frau wert zu sein. Er verfällt der irrigen Auffassung, größer sei besser.

Im Rahmen meiner Paarberatungen bin ich zu der Erkenntnis gekommen, daß es für Männer wichtig ist zu lernen, sich nicht so sehr auf die großen Dinge zu konzentrieren, sondern mehr auf die kleinen. Aktivität macht Frauen schwach, aber sie erwarten nicht, daß ein Mann große Taten vollbringt. Er braucht gar nicht viel zu tun, um sie glücklich zu machen. Manchmal sind es gerade die kleinen Dinge, die in einer Beziehung die große Wende herbeiführen können.

*Aktivität macht Frauen schwach, aber sie erwarten
nicht, daß ein Mann große Taten vollbringt.*

—◄◦►—

Natürlich gibt es Frauen, die von einem Mann große Taten erwarten. Aber wenn sie erst einmal entdecken, wie viele
kleine Dinge ein Mann ständig für sie tun kann, stellen
sie fest, wie wertvoll diese kleinen Liebesbeweise sind. Die
meisten Frauen wissen dies ohnehin. Nur die Männer glauben, daß sie mehr haben, mehr tun und mehr erreichen
müssen.

Was Frauen wirklich wollen

Wenn Frauen in einer Beziehung darüber klagen, daß sie
mehr möchten, dann möchten sie mehr Kommunikation, Zuwendung und Verständnis. Hört ein Mann, daß sie sich über
kleine Dinge ärgert, glaubt er sofort, sie würde die großen
Dinge nicht schätzen, die er für sie tut. Er folgert daraus
fälschlicherweise, daß er noch gewaltigere Dinge tun muß,
um sie glücklich zu machen: Er muß mehr Geld verdienen,
einen großen Urlaub planen, ein Haus kaufen und so weiter.
Auf dem Mars wird so gedacht: Wenn ich etwas wirklich
Gutes tue und einer Frau helfe, dann wird sie als Ausdruck
ihrer Wertschätzung über kleinere Fehler hinwegsehen, die
ich begehe.

—◄◦►—

*Wenn sich eine Frau über kleine Dinge beklagt, glaubt
ein Mann, daß sie die großen Dinge nicht schätzt.*

—◄◦►—

Aber wenn sich eine Frau über Kleinigkeiten beklagt, dann deshalb, weil diese Kleinigkeiten für sie ebenso wichtig sind wie die großen Dinge. Statt diese Neigung von Frauen zu ignorieren, kann ein Mann hiervon sehr viel profitieren. Wenn er seine Partnerin verwöhnen und sie glücklich machen will, sollte er sich weniger auf die großen Dinge konzentrieren und mehr auf die Kleinigkeiten achten.

Für eine Frau sind die kleinen Dinge ebenso wichtig wie die großen.

Einer Frau eine Freude zu machen ist viel leichter, als die meisten Männer glauben. Es ist sogar eine große Erleichterung für einen Mann, wenn er erkennt, daß sie ihn auch wegen kleiner Dinge lieben und schätzen kann. Dies befreit ihn von dem gesellschaftlichen Druck, mehr zu tun, mehr zu leisten und mehr zu haben. Nachfolgend einige Beispiele für kleine Dinge, mit denen man auf der Venus großen Erfolg hat.

Kleine Dinge, die bei Frauen große Wirkung haben

▷ Seien Sie zärtlich, und berühren Sie sie mehrmals am Tag.
▷ Hören Sie interessiert zu, wenn sie etwas erzählt.
▷ Planen Sie immer wieder romantische Rendezvous und Ausflüge.
▷ Machen Sie ihr kleine Komplimente.
▷ Bringen Sie ihr Blumen mit.
▷ Helfen Sie ihr etwas tragen.
▷ Helfen Sie ihr bei ihren kleinen Pflichten, wenn sie müde ist.
▷ Bieten Sie ihr von selbst Ihre Hilfe an, ohne daß sie darum bitten muß.

341

▷ Schreiben Sie ihr ab und zu kleine Zettel, um eine Nachricht zu hinterlassen.

▷ Ermuntern Sie sie, auch einmal etwas für sich selbst zu tun.

Nicht die großen Dinge sichern den Erfolg einer Beziehung, sondern die kleinen. Auch wenn Paare manchmal über die großen Dinge streiten, erlauben es einer Frau in Wirklichkeit gerade die kleinen Dinge, einem Mann die Liebe zu geben, die er braucht, um immer neu für sie dazusein.

Das Gleichgewicht finden

Nach einer Trennung oder Scheidung nimmt ein Mann es seiner ehemaligen Partnerin möglicherweise übel, wie sie damit umgeht. Während er keine Lust mehr zu neuen Beziehungen hat, wird sie oft aktiver und geht mit vielen Männern aus. Dies kann für ihn verletzend sein, insbesondere, wenn er sich zurückgestoßen fühlt. Wenn er aber die Bedürfnisse einer Frau besser versteht, kann ihm dies helfen, ihre Aktivitäten nicht so persönlich zu nehmen.

Ein Mann neigt dazu, das Verhalten einer Frau falsch zu interpretieren, weil er nach einer Trennung andere Bedürfnisse hat. Wenn er zuviel von sich gegeben hat und sich abgelehnt fühlt, möchte er sich vielleicht einige Zeit zurückziehen, um das Gleichgewicht in seinem Leben wiederzufinden. In einer solchen Abgeschiedenheit kann er seine Gefühle erkunden und verarbeiten, um wieder zu einer gesunden Unabhängigkeit, Selbständigkeit und Autonomie zu gelangen. Es ist gut, wenn er jetzt allein und in einem vertrauten Kreis bei seinen Freunden und Verwandten bleibt. Noch ist nicht die richtige Zeit, um eine neue feste Bindung einzugehen. Ein solcher Rückzug bringt ihn wieder auf das richtige Gleis.

———◦———

Zieht sich ein Mann einige Zeit zurück,
findet er dadurch wieder zu seiner Unabhängigkeit,
Selbständigkeit und Autonomie.

———◦———

Eine Frau hat andere Bedürfnisse, um sich zu heilen. Sie findet ihr Gleichgewicht wieder, indem sie in ihrem Innern ein gesundes Gefühl der Selbstsicherheit und wechselseitigen Abhängigkeit herstellt. Wenn sie in der Beziehung nicht bekam, was sie brauchte, hat sie einiges nachzuholen. Vielleicht will sie mit einer Freundin Urlaub machen. Ein scheinbar selbstsüchtiges Verhalten ist für sie genau das, was sie jetzt braucht. Es ist auch durchaus in Ordnung, wenn sie sich wie eine Alleinstehende verhält und die Gesellschaft von Männern genießt. Ein gesteigertes Selbstwertgefühl durch die Zuneigung und das Interesse vieler Männer unterstützt ihren Heilungsprozeß.

Frauen finden oft ihr Gleichgewicht wieder, indem sie sich nicht mehr verantwortlich fühlen und es zulassen, daß andere sich um sie kümmern. Aber auch wenn sie das Interesse von Männern genießen dürfen, müssen sie sich doch davor hüten, eine ernsthafte Beziehung mit einem Partner einzugehen. Richtet sie sich wieder zu sehr nach dem Partner in einer ausschließlichen Beziehung, könnte sie das daran hindern, ihre eigenen Bedürfnisse bewußt zu spüren und zu pflegen. Der beste Rat, den man ihnen geben kann, ist, mit vielen Männern auszugehen, aber dabei eine enge Bindung zu vermeiden.

Mit verschiedenen Frauen schlafen

Nach einer schmerzlichen Trennung oder Scheidung können Männer und Frauen gleichermaßen das Bedürfnis haben, mit vielen Partnern zu schlafen, um ihr Selbstwertgefühl wieder zu heben. Leben sie dieses Bedürfnis aus, müssen sie jedoch darauf achten, nicht gleich wieder in eine feste Beziehung zu geraten. Wenn man eine Liebe verloren hat, muß man sich bewußt einige Zeit auf seine eigenen Bedürfnisse konzentrieren, nicht auf diejenigen anderer Menschen. Bevor man erneut eine ausschließliche Beziehung eingeht, muß man sich zuerst von seiner Empfindung des Verlustes heilen.

◄◌►

Sex sollte als Mittel eingesetzt werden,
Verbindung mit dem eigenen Gefühl aufzunehmen.

◄◌►

Mit verschiedenen Frauen zu schlafen oder regelmäßige sexuelle Entspannung kann einem Mann helfen, den Kontakt mit den Gefühlen zu behalten, die er heilen muß. Ohne sexuelle Entspannung bleiben Männer leicht auf der Verstandesebene stehen und verlieren den Kontakt zu ihrer Empfindung des Verlustes. Oft gelangen Männer nur mittels Sex über die rationale Ebene hinaus, um die Leere in ihrem Leben zu spüren. Doch nach dem Sex muß sich ein Mann Zeit dafür nehmen, die vier heilenden Emotionen zu fühlen.

Wenn ein Mann Sex nicht bewußt als Möglichkeit einsetzt, Verbindung mit seinen Gefühlen aufzunehmen, benutzt er sexuelle Entspannung oft unbewußt dazu, um seinen Gefühlen auszuweichen. Jedes Übermaß kann zu einer Sucht werden, die von den eigenen Gefühlen wegführt. So kann man zum Beispiel auch durch zuviel Schlaf, zuviel Arbeit oder zuviel Essen seinen Schmerz betäuben und sich selbst daran hindern, seinen Verlust zu fühlen und zu heilen. Sex kann wie jede andere natürliche Funktion helfen, Kontakt mit seinen Gefühlen zu bekommen oder dies gerade verhindern.

◄◌►

Bewußter Umgang mit Sex ist für Männer und Frauen
ein wichtiges Element des Heilungsprozesses.

◄◌►

Mit verschiedenen Männern schlafen

Frauen verlieren von Natur aus weniger leicht den Kontakt zu ihren Gefühlen und sind weniger von einer sexuellen Entspannung abhängig. Sex und Romantik können einer Frau helfen, nach einer Beziehung, in der sie nicht geliebt und nicht wahrgenommen wurde, ihr Selbstwertgefühl wieder aufzubauen. Wenn eine Frau eine ausschließliche Beziehung hatte und ihr Partner nicht mehr an ihr interessiert ist, sinkt ihr Selbstwertgefühl fast unvermeidlich. Mit vielen Männern auszugehen oder auch zu schlafen, wenn sie dies will, kann ihr helfen, sich wieder wohler zu fühlen.

Sex sollte idealerweise Ausdruck des Selbstbewußtseins und des Gefühls sein, daß man etwas zu geben hat. Frauen sollten sich nicht sexuell anbieten, um dadurch einen Mann zu einer Bindung zu bewegen. Dies wäre ein schwerer Fehler, den sie möglicherweise bitter bereuen muß. Sie sollte Sex in der Krise höchstens dazu einsetzen, sich Erleichterung zu verschaffen und eine Verbindung herzustellen, die ihr in ihrer Einsamkeit hilft. Wenn sie wirklich wieder eine enge Beziehung will, muß sie mit dem Sex bewußt warten, bis sie ihre Seele geheilt hat. Setzt eine Frau Sex ein, weil sie mehr von einem Mann erwartet, riskiert sie neue Verletzungen.

Die Jagd nach Sex

Gegen Sex ist nichts einzuwenden, solange er auf freiwilliger Basis zwischen zwei Erwachsenen geschieht. Manchmal kann die Jagd nach Sex aber den Heilungsprozeß stören. Sie kann einen Menschen daran hindern, die wahre Herkunft seines Schmerzes zu erkennen. Auf der Suche nach einem Sexualpartner denkt man möglicherweise nur noch daran, wieviel Sex man bekommen wird. Eine solche Fixierung ist nicht mehr gesund. Dann sollte man sich besser selbst befriedigen, um sich von einer einseitigen Orientierung auf Sex zu lösen und Zeit für seine sonstigen Bedürfnisse zu gewinnen.

Sexuelle Entspannung ist nur eines von vielen Bedürfnissen. Es ist wichtig, dieses Bedürfnis weder zu leugnen noch es allzusehr in den Vordergrund zu rücken. Ausgewogenheit und Maß sind immer die beste Medizin.

Sich entscheiden

Vielen Männern fällt es schwer, sich für eine Frau zu entscheiden. Sie fangen viele Beziehungen an, ohne eine zu einem Abschluß zu bringen. Sie gehen vielleicht mit drei oder mehr Frauen gleichzeitig aus. Wenn sie sich dann überlegen, sich an eine von ihnen zu binden, quält sie plötzlich der Gedanke an die guten Eigenschaften der anderen Frauen.

———◄◌►———

Für manche Männer ist eine Entscheidung
gleichbedeutend mit einem Verzicht.

———◄◌►———

Sooft ein solcher Mann einer Partnerin näherkommt, erscheint ihm eine frühere wieder begehrenswerter. Er kehrt also zu dieser zurück, aber es taucht fast zwangsläufig eine neue Frau auf, die er noch begehrenswerter findet. So springt er immerfort zurück zu einer alten Beziehung und stürzt sich dann wieder in eine neue.

Er kann sich nicht zu einer Bindung durchringen, weil ihm keine Frau gut genug ist. Er denkt an all die guten Eigenschaften aller anderen Frauen, und er möchte sie alle zusammen. Mit je mehr Frauen er ausgeht, desto unrealistischer werden seine Erwartungen, und desto schwerer wird es für ihn, sich zu entscheiden. Er kann sich nicht zu einer einzigen Beziehung bekennen, weil er immer noch an seiner Vergangenheit festhält.

Ein Mann denkt an all die guten Eigenschaften all der
Frauen, mit denen er zusammen war, und sucht dann
eine Frau, die alle diese Eigenschaften auf sich
vereint.

Aus dieser Zwickmühle kommt ein Mann nur heraus, wenn er sein Verhalten ändert. Wer auf der Suche nach einer festen Beziehung ist, der darf nicht mit mehreren Frauen zur gleichen Zeit ins Bett gehen. Um erkennen zu können, ob man sein Leben mit einer bestimmten Frau verbringen will, muß die Liebe eines Mannes zu einer Frau die Chance bekommen, sich zu entwickeln. Es muß eine zeitweilige Bindung erfolgen, denn nur dann wird ein Mann irgendwann wissen, daß sie die Richtige ist, und mit seiner Entscheidung zufrieden sein. Wenn er während dieser Zeit Sex mit einer anderen Frau hat, ist die Beziehung gescheitert, und er muß wieder von vorne beginnen.

Ein Mann muß sich für eine Zeit binden, um
erkennen zu können, ob die Partnerin seine
Seelengefährtin ist.

Möglicherweise erlischt in dieser Zeit sein sexuelles Interesse an der Partnerin. Dies weist zunächst darauf hin, daß es ihm schwerfällt, sich zu binden. Er sollte noch einige Monate bei ihr bleiben und abwarten, wie sich seine sexuellen Bedürfnisse ändern.

———◄o►———

Wenn es einem Mann schwerfällt,
eine feste Bindung einzugehen, kann es durchaus
sein, daß er sich vorübergehend nicht mehr sexuell
zu einer Frau hingezogen fühlt.

———◄o►———

Sobald sein Interesse an ihr wieder erwacht, ist er auch wieder bereit, die Beziehung fortzusetzen. Wenn dagegen seine sexuellen Gefühle nicht wiederkehren, muß er die Beziehung endgültig beenden. Die dritte Möglichkeit besteht darin, daß sein sexuelles Interesse zwar wach bleibt, er aber nach einiger Zeit der Treue erkennt, daß sie doch nicht die Richtige für ihn ist.

Wenn er diese Beziehung beendet, muß er sich darüber im klaren sein, daß es keine Rückkehr gibt. Dann muß er die auftauchenden Gefühle heilen. Möchte er danach wieder mit vielen Frauen ausgehen, ist dies in Ordnung, aber bevor er die nächste feste Beziehung eingeht, muß er wiederum auf alle anderen Beziehungen verzichten. Nur so kann er die richtige Partnerin für sich finden.

Eine Beziehung beenden

Während manche Männer Schwierigkeiten haben, ja zu einer Beziehung zu sagen, haben andere Schwierigkeiten, nein zu sagen.

Nach einer Trennung wenden viele Männer sich schnell einer anderen Frau zu. Doch wenn sie erkennen, daß sie nicht die Richtige ist, sind sie unfähig, sie zu verlassen. Sie liebt ihn, und er erträgt es nicht, ihr weh zu tun. Noch schwieriger ist eine Trennung, wenn sie schon verheiratet sind.

Kann ein Mann nicht nein zu einer Frau sagen, weil er sie nicht verletzen will, dann hat dies immer einen tieferen Grund, nämlich nicht verarbeitete Empfindungen der Verletztheit. Wenn er selbst durch Zurückweisung von jemandem verletzt wurde, dann will er nicht anderen in derselben Weise weh tun. Die Unfähigkeit, eine Beziehung zu beenden, ist ein deutliches Zeichen dafür, daß er noch an seiner eigenen Verletztheit arbeiten muß, bevor er wieder zu einer engeren Bindung fähig ist. Indem er schließlich der Person verzeiht, die ihn verletzte, erlangt er selbst auch die Fähigkeit, eine Beziehung zu beenden, ohne deshalb Schuldgefühle haben zu müssen.

Einen Abschiedsbrief schreiben

Aber ob er Schuldgefühle hat oder nicht, er muß sich auf alle Fälle aus einer Beziehung lösen, wenn er das Gefühl hat, daß seine Partnerin nicht die Richtige ist. Und dies ist sogar das

Beste, was er für eine Frau tun kann, der er nicht weh tun will. Fällt es einem Mann schwer, eine Beziehung zu beenden, kann er aufschreiben, was er ihr sagen will, und ihr dann seine Gefühle vorlesen. Hierfür genügt ein ganz einfacher Brief wie etwa der folgende:

Liebe ......,

Du solltest wissen, daß ich Dich liebe und gern habe, aber ich glaube, daß es jetzt für mich nicht gut ist, eine Beziehung zu haben. Ich habe mir nicht genug Zeit gelassen, über meine letzte Beziehung hinwegzukommen. Es ist mir klargeworden, daß ich noch etwas Zeit brauche, bevor ich wieder eine Bindung eingehe, wie ich sie mit Dir eingegangen bin.

Es fällt mir schwer, dies zu sagen, weil ich nichts tun oder sagen möchte, das Dir weh tun könnte. Aber ich muß es um meiner selbst willen tun. Ich bin traurig darüber, daß unsere Beziehung zu Ende ist.

Ich fürchte, daß ich dies vielleicht in der falschen Weise sage, aber ich möchte Dich wirklich nicht verletzen. Ich weiß, daß Du mich liebst, und daß es Dir deshalb vielleicht sehr weh tun wird. Ich bedaure es, daß ich Dir nicht geben kann, was Du brauchst, und daß ich Dir diesen Schmerz nicht ersparen kann. Aber ich habe keinen Zweifel mehr daran, daß ich diese Beziehung beenden muß.

Ich danke Dir für die schöne Zeit. Ich werde immer an die besonderen Augenblicke denken, die wir miteinander teilen durften, und an unsere gemeinsame Liebe. Du bist ein wunderbarer Mensch, und ich bin mir sicher, daß Du den Richtigen finden wirst.

In Liebe, Dein ......

Nachdem er seine Gedanken, Gefühle und klaren Absichten in dieser Weise schriftlich niedergelegt hat, sollte er diesen Brief seiner Partnerin vorlesen oder ihr zumindest persönlich geben. Danach sollten beide darüber reden – seine Partnerin muß das Gefühl haben, reagieren zu können. Dabei darf er sich aber nicht in seinem Entschluß beirren lassen. Er muß an seiner Entscheidung festhalten, die Beziehung zu beenden. Er muß liebevoll, aber fest sein.

Sie wird ihn fragen: »Warum?« Die Antwort hierauf kann nur lauten: »Ich liebe dich, aber es ist mir klar geworden, daß du nicht die Richtige für mich bist. Und wenn du nicht die Richtige für mich bist, dann kann ich auch nicht der Richtige für dich sein.«

Läßt er sich auf Argumente ein, dann wird sie ihn bitten, der Beziehung noch eine Chance zu geben. Sie wird ihm versprechen, sich zu ändern, oder ihn bitten, sich zu ändern. Aber dies lenkt alles nur ab. Der Grund, warum man eine Beziehung beendet, ist derselbe Grund, aus dem man heiraten möchte: In seinem Herzen weiß man es einfach. Wenn die Liebe bedingungslos ist, dann gibt es keine Begründungen mehr. Die Gründe, die man sich überlegen kann, sind zweitrangig gegenüber dem Gefühl im eigenen Herzen, das ja oder nein sagt.

Auch Männer, die keine gescheiterte Beziehung verarbeiten müssen, können Schwierigkeiten haben, eine intime Beziehung zu beenden. Ist sich ein Mann sicher, daß die Frau, mit der er zusammen ist, nicht die Richtige ist, dann könnte er ihr etwa einen Brief wie den folgenden schreiben und ihr vorlesen:

Liebe ......,

Du sollst wissen, daß ich Dich liebe und sehr gern habe. Ich schreibe Dir diesen Brief, weil es mir schwerfällt, Dir das folgende zu sagen: Ich möchte Dir nicht weh tun. Du bist so eine wunderbare Frau. Du hast es verdient, daß man Dich liebt und verehrt. Aber es ist mir klargeworden, daß Du, obwohl ich Dich sehr liebe, doch nicht die Richtige für mich bist. Ich möchte die Beziehung beenden.

Ich bedaure es, wenn Dir dies weh tut. Ich möchte, daß

Du glücklich und erfüllt bist, aber ich weiß unzweifelhaft, daß ich nicht derjenige bin, der Dir dies geben kann. Ich bin mir sicher, daß Du die Liebe finden wirst, die Du verdient hast, und daß ich mich weiter auf die Suche nach der richtigen Partnerin machen muß.

Ich habe eine großartige Zeit mit Dir verbracht, an die ich immer gern zurückdenken werde.

In Liebe, Dein.....

Manchen Männern fällt es sehr schwer, Schluß zu machen. Aber indem sie diese Herausforderung einmal bestehen, können sie allen Frauen verzeihen, die ihnen in der Vergangenheit eine Enttäuschung bereitet haben. Eine Beziehung zu beenden, die offensichtlich nicht die richtige ist, ist eine sehr gute Vorbereitung, um in der Zukunft seine Seelengefährtin zu finden und zu erkennen.

Selbstzerstörerische Tendenzen

Männer, die unfähig sind, die Verletzung eines Verlustes zu spüren und zu heilen, können selbstzerstörerische Neigungen entwickeln. Sie neigen zu Suchtverhalten, laufen weg und fangen ein neues Leben an, setzen ihr Leben aufs Spiel, vergeuden ihre Lebenskraft oder versuchen gar, sich das Leben zu nehmen. Wenn sie hier die Kontrolle verlieren, geht es in ihrem Leben abwärts, bis sie ganz unten sind und um Hilfe bitten.

Weiß ein Mann nicht, welche Alternativen es gibt, mit seinem Schmerz umzugehen, dann bittet er nicht rechtzeitig um Unterstützung. Geht es ihm dann immer schlechter, wird ihm irgendwann klar, daß er sich selbst nicht mehr helfen kann. Viele Menschen glauben, daß es erst dann wieder aufwärts gehen kann, wenn man ganz unten angelangt ist.

Dies muß aber nicht sein. Die Einsicht in den Heilungsprozeß erlaubt es einem Mann zu verstehen, wie wichtig Unterstützung ist, und zu erkennen, wie er sie bekommen kann.

———◄◦►———

Wenn ein Mann weiß, daß es Alternativen gibt,
dann braucht er nicht zu warten, bis er ganz unten ist.

———◄◦►———

Selbst wenn er erst damit beginnt, die in diesem Buch beschriebenen Heilungsprozesse für sich zu üben, kann es ihm schon besser gehen. Öffnet sich sein Herz wieder, dann kann er auch den Wert der Unterstützung durch eine Gruppe erkennen. Er muß sich darüber klarwerden, daß selbstzerstörerische Tendenzen aus dem Verdrängen bestimmter Gefühle entstehen. Ohne die Hilfe anderer ist es praktisch unmöglich, eine vollständige Heilung zu erlangen.

Helfend eingreifen

Wenn ein geliebter Mensch selbstzerstörerische Neigungen entwickelt, sollte ein erfahrener Berater eingeschaltet werden. Selbst wenn ein Mann nicht um Hilfe bittet, kann ihm geholfen werden, indem jemand von außen eingreift. Er ist zwar immer selbst für seine Heilung verantwortlich, aber für die Überwindung seiner selbstzerstörerischen Tendenzen sind Freunde und Verwandte sehr wichtig.

Dabei darf man ihn nicht darüber belehren wollen, was er tun oder lassen sollte; Freunde und Verwandte können ihm aber deutlich machen, wie sich sein Verhalten auf sie auswirkt. Zum Beispiel können Angehörige die »Vier-Emotionen-Übung« durchführen und laut ihre Briefe vorlesen, in denen sie ihren Zorn, ihre Trauer, ihre Furcht, ihr Bedauern, ihre Liebe, ihr Verständnis und ihr Vertrauen ausdrücken. Ihn wissen zu lassen, wie sie sich fühlen, ohne ihm Vorschriften zu machen, kann sehr heilsam und stärkend sein.

———◄○►———

Die richtige »Einmischung« besteht nicht darin,
daß man einem Mann sagt, was er zu tun habe,
sondern darin, daß man ihn wissen läßt, wie sich sein
Verhalten auf einen selbst auswirkt.

———◄○►———

Die aufrichtigen Empfindungen der Menschen, denen er weh tut, können ihm die Kraft zu den notwendigen Veränderungen geben. Wenn er glaubt, daß sein Niedergang niemanden berührt, dann läßt er sich um so leichter gehen. Männern gibt es immer Auftrieb, wenn sie gebraucht werden. Die Gefühle anderer Menschen zu hören, kann für einen Mann zum Anlaß werden, sich auf seine Fähigkeiten zu besinnen und sich wieder aufzurappeln. Auch wenn es ihm jetzt nicht gefällt, wird er doch später seinen Freunden und Verwandten für ihre Unterstützung dankbar sein.

Sich von seiner Vergangenheit heilen

Liegen die Ursachen für selbstzerstörerische Neigungen in der Kindheit, ist es um so notwendiger, mit Hilfe von außen wieder Kontakt zu seinen Gefühlen zu bekommen. Dies ist der Zeitpunkt, zu dem ein Mann dringend einen Berater oder eine Unterstützungsgruppe braucht.

———‹o›———

Selbstzerstörerische Tendenzen haben ihre Ursache
in unterdrückten Gefühlen.

———‹o›———

Besonders stark ist diese Neigung zur Selbstzerstörung, wenn man in einer Umgebung ständiger Strafen aufwuchs. Erlebt ein Mann dann die Demütigung des Scheiterns, bestraft er sich selbst. Um sich von einer solchen Tendenz zu befreien, muß er sich an Zeiten zurückerinnern, als er bestraft wurde oder Angst haben mußte, bestraft zu werden. Durch die Verarbeitung und Heilung nicht verarbeiteter Gefühle aus dieser Zeit seines Lebens kann er sich von diesem Verhaltensmuster lösen.

Flucht in Alkohol und Drogen

Manchmal flüchten sich Männer in Alkohol und Drogen, um ihr Leben erträglicher zu machen. Wenn sie ohnehin trinken oder Drogen nehmen, dann fällt es ihnen während einer Heilungskrise besonders schwer, dieser Gewohnheit zu widerstehen. Indem sie einen anderen Bewußtseinszustand herbeiführen, können sie ihren wahren Gefühlen ausweichen. Bewußtseinsverändernde Substanzen betäuben aber nur vorübergehend schmerzliche Gefühle, und sie zwingen Körper und Geist in eine Abhängigkeit.

Unmittelbar nach einem Verlust ist man besonders anfällig für Suchtmittel. Wenn die Seele schmerzt, leidet auch der Körper. Gegen diesen Schmerz erzeugt der Körper natürliche Endorphine.

———◄o►———

Die in diesem Buch beschriebenen Trauerprozesse regen die natürliche Erzeugung schmerzlindernder Endorphine an.

———◄o►———

Drogen und Alkohol stimulieren im Körper ebenfalls die Bildung schmerzlindernder Endorphine. Das Problem mit solchen äußeren Stimulanzien liegt jedoch darin, daß der Körper schließlich aufhört, selbst Endorphine zu erzeugen. Wenn man sich dann nicht in der durch diese Mittel erzeugten Euphorie befindet, leidet der Körper unter schmerzhaften Entzugserscheinungen. Diese sind um so schlimmer, als der Körper die natürlichen Endorphine nicht mehr erzeugt.

Der Verzicht auf Suchtmittel zwingt einen Mann, sich mit seinem Schmerz auseinanderzusetzen. Doch dieser Schmerz ist viel weniger schlimm als die physische und emotionale Qual eines Entzugs. Durch die Teilnahme an einem Entzugsprogramm oder an einer Gruppe der Anonymen Alkoholiker sichert er sich die Unterstützung, die er braucht.

Weglaufen

Wenn ein Mann die Fähigkeit verloren hat, seine Gefühle zu spüren, kann in ihm eine große Betäubung oder Apathie entstehen. Um sich wieder lebendig zu fühlen, regt sich in ihm der Drang, sich davonzumachen, einfach alles hinter sich zu lassen. Er setzt sich in sein Auto oder nimmt den nächstbesten Zug und fährt los. Er hat keine Ahnung, wohin er will; er weiß nur, daß er weg will.

Das Wegfahren gibt ihm das Gefühl, daß er seine Probleme und seinen Schmerz hinter sich lassen kann. Aber irgendwann entdeckt er, daß ihn seine Probleme wie ein Schatten verfolgen. Sie verschwinden keineswegs, wenn er sich eine andere Umgebung sucht. Er findet vielleicht eine gewisse Linderung, aber er sollte sich unbedingt davor hüten, Brücken hinter sich abzubrechen oder die wertvolle Unterstützung durch Freunde und Verwandte abzulehnen.

———◁◦▷———

Nicht aufgelöste Gefühle sind wie ein Schatten.
Sie verfolgen einen überall hin.

———◁◦▷———

Ein Tapetenwechsel ist im Prinzip ganz in Ordnung. Aber irgendwann muß er wieder zurückkommen. Um seine Seele zu heilen, muß er sich mit seinen Gefühlen auseinandersetzen, statt davonzulaufen. Alle Menschen zurückzulassen, die ihn lieben, ist letztlich ebenfalls selbstzerstörerisch.

Ein Mann läuft weg, weil er glaubt, es nicht wert zu sein, daß jemand zu ihm kommt und ihm hilft. Indem er sich seinen Freunden stellt, macht er eine der unglaublichsten heilenden

Erfahrungen seines Lebens: daß er auch dann geliebt wird, wenn er sich am meisten der Liebe unwürdig fühlt.

Sein Leben aufs Spiel setzen

Wenn ein Mann seine Gefühle unterdrückt, sieht er manchmal keine andere Möglichkeit mehr, sich lebendig zu fühlen, als sich in tollkühne Abenteuer zu stürzen. So macht er zum Beispiel nach einem Verlust extreme Bergtouren oder fährt Autorennen. Solange das Risiko kalkulierbar bleibt, ist das durchaus in Ordnung. Zu klettern oder sich in die Wildnis zu wagen ist gut, weil es hilft, sich wieder unabhängiger und autonomer zu fühlen.

Bei einer Unternehmung sein Leben zu riskieren, zwingt einen Mann, alle seine Energien zu bündeln. Dies läßt ihn vorübergehend sein Bedürfnis vergessen, zu lieben und geliebt zu werden. Plötzlich erscheint ihm der Verlust von Liebe gegenüber der Gefahr, sein Leben zu verlieren, sehr unbedeutend. Um zu überleben, muß er sich vollkommen auf den Augenblick konzentrieren. Dabei spürt er die Wonne, ganz in Kontakt mit seinen Gefühlen zu sein.

———◦———

Der Schmerz über eine verlorene Liebe verschwindet angesichts von Gefahr.

———◦———

Dies ist eine positive Ablenkung, aber dadurch werden natürlich weder seine Verletztheit geheilt noch seine Tendenz, Gefühle zu unterdrücken. Im Augenblick zu sein befreit vorübergehend von der Vergangenheit, heilt diese aber nicht. Sobald man sich außer Gefahr befindet, kommen die verdrängten Gefühle wieder zum Vorschein und verlangen, geheilt zu werden. Bevor man sich dann in das nächste riskante Abenteuer stürzt, muß man sich Zeit für die Verarbeitung seiner Gefühle nehmen.

Es wird oft gefragt, warum sich die Psychotherapie soviel mit der Vergangenheit beschäftigt, während das eigentliche Problem doch in der Gegenwart liegt. Die Betrachtung der Vergangenheit ist deshalb wichtig, weil die unvollständigen Erfahrungen der Vergangenheit den Blick auf den gegenwärtigen Augenblick trüben. Wenn man sich Zeit dafür nimmt, auf seine Vergangenheit zu hören, dann stört sie in der Gegenwart nicht mehr. Das Ideal ist es, immer im Augenblick leben zu können, so daß man sich lebendig und in Kontakt mit seinen Gefühlen fühlt, ohne sich dazu einer Gefahr aussetzen zu müssen.

Sexsucht

Wenn das Herz eines Mannes verschlossen ist, kann sich bei ihm eine sexuelle Obsession für Frauen entwickeln, zu denen er keinerlei Zuneigung empfindet. Die in seinem Herzen blockierte Energie sucht sich ein Ventil durch Sex. Sex erlaubt es ihm, wieder etwas zu fühlen.

Männer können emotionale Spannung durch Freisetzung ihrer sexuellen Energie abbauen. Durch intensive sexuelle Stimulierung können sie eine momentane Befreiung erleben. Aber auch wenn das zunächst wirkt, fühlt er sich danach keineswegs gut. Er verspürt zwar die Erleichterung des Spannungsabbaus, aber er fühlt auch, daß er zugleich etwas verloren hat. Dieses Gefühl eines Verlusts beruht nicht darauf, daß er Sex ohne Liebe hatte, sondern entspringt vielmehr einem nicht verarbeiteten früheren Verlust.

Liebloser Sex macht vielleicht Spaß,
aber danach fühlt ein Mann sich leer und verbraucht.

Diese unterdrückten schmerzhaften Gefühle können bis zur Sexsucht führen. Ein solcher Mann entwickelt einen starken Hang zu Prostituierten, Pornographie und exzessiver Masturbation. Er fühlt sich zu Frauen hingezogen, an denen ihn nichts als das Sexuelle interessiert. Besonders groß ist die Anziehungskraft, wenn keine Möglichkeit einer Intimität besteht. Aber um sein Herz zu heilen, muß er nach solchen Begegnungen seine schmerzhaften Empfindungen der Scham, des Verlustes und der Leere heilen. Zur Dämpfung einer übermäßigen sexuellen Stimulierung sind kalte Duschen, Sport, Essen, Unterstützungsgruppen und Filme ohne sexuellen Inhalt hilfreich. Mehr als eine Ejakulation täglich deuten auf ein sexuelles Suchtverhalten hin.

Selbstmord

Selbstzerstörerische Tendenzen führen im Extremfall zum Selbstmordversuch. Frauen unternehmen häufiger Selbstmordversuche, aber Männer sind dabei öfter erfolgreich. Selbstmordgedanken tauchen auf, wenn das Leben wirklich unerträglich wird. Oft ist es die Scham über ein Versagen, die einen Mann an Selbstmord denken läßt. Er möchte lieber tot sein als gegenüber seinen Freunden und Angehörigen sein Scheitern zuzugeben. Ihre Unterstützung kann er nicht akzeptieren, weil er sich ihrer nicht wert fühlt.

Frauen begehen Selbstmord, wenn der Schmerz darüber, daß sie nicht bekommen, was sie brauchen, unerträglich geworden ist und sie keinen Ausweg mehr sehen. Häufig äußern sie ihre Selbstmordabsichten anderen gegenüber, um darauf aufmerksam zu machen, daß sie Hilfe brauchen.

◄◦►

Um nach der Demütigung eines Scheiterns sein Gesicht zu wahren, sieht ein Mann manchmal nur den Ausweg des Freitodes.

◄◦►

Ein Mann begeht Selbstmord, weil er keine andere Möglichkeit mehr sieht und glaubt, daß seine Anwesenheit für alle anderen nur eine Belastung ist. Er stirbt lieber, als sich mit den Konsequenzen seines Versagens auseinanderzusetzen. Wenn er anfängt zu glauben, daß seine bloße Existenz alles nur schlimmer macht, erscheint ihm die Selbsttötung als Möglichkeit, die Probleme zu lösen, die er verursacht hat.

Sowohl Männer wie Frauen bringen sich um, weil sie ihrem Schmerz entgehen wollen.

◄◦►

Hinter einem Selbstmord steht oft der Wunsch, frei von Schmerz zu sein und Frieden zu finden.

◄◦►

Eine Möglichkeit, Selbstmordgedanken zu begegnen, ist die Anerkennung des Gefühls: »Ich möchte sterben«. Dann geht man ein wenig tiefer und fragt: »Warum möchte ich sterben?« In der Antwort steckt immer etwas Lebensbejahendes. Sie lautet etwa: »Ich möchte frei von Schmerzen sein, ich möchte all dies hinter mir lassen, ich will frei sein, ich will glücklich sein, ich will Seelenfrieden, ich will leben.« Nachdem man sich diese positiven Absichten hinter seinem Todestrieb bewußt gemacht hat, kann man die vier heilenden Emotionen bearbeiten. Denn sobald man wieder eine Verbindung zu seinem Lebenstrieb gefunden hat, fällt es einem leichter, wieder

Kontakt zu seinen Empfindungen des Zorns, der Trauer, der Furcht und des Bedauerns aufzunehmen. Prinzipiell kann man dies allein durchführen, doch es ist hilfreich, über seine Gefühle mit einem Berater zu sprechen, der einen unterstützt.

Selbstvertrauen wiedergewinnen

Nach dem Verlust einer Liebe ist ein Mann meist sehr verunsichert. Er ist vielleicht in seiner Arbeit nach wie vor selbstbewußt, aber der Gedanke, sich wieder um eine Frau bemühen zu müssen, macht ihm angst. Gleichgültig, wie seine Beziehung endete – es ist immer beunruhigend, wieder mit dem Liebeswerben beginnen zu müssen.

Für einen Mann über vierzig ist es möglicherweise noch schlimmer. Wenn er längere Zeit verheiratet war, weiß er wahrscheinlich gar nicht, wo er anfangen soll, wo er Menschen begegnen soll. Die Zeiten haben sich außerdem geändert. Frauen haben heute ganz andere Bedürfnisse und Erwartungen als vor zehn oder zwanzig Jahren. Es wird einige Zeit dauern, bis er in seiner Rolle als Werbender wieder Sicherheit und Selbstvertrauen gewonnen hat.

——◦——

Die Zeiten haben sich geändert.
Frauen haben heute ganz andere Bedürfnisse
als vor zehn oder zwanzig Jahren.

——◦——

Indem ein Mann sich Zeit für sich selbst nimmt und es nicht darauf anlegt, in seiner Krise so schnell wie möglich wieder eine feste Beziehung einzugehen, wird er allmählich wieder Selbstbewußtsein und Vertrauen in seine Fähigkeit gewinnen, einer Frau etwas zu bieten. Und wer das Vertrauen hat, eine Frau erobern zu können, der wird auch die Richtige finden.

Mit jüngeren Frauen ausgehen

Wenn ein Mann über vierzig ist und er sich mit seinem Allein-sein noch nicht abgefunden hat, fühlt er sich meist zu jüngeren Frauen hingezogen. Ihre Jugend und Unerfahrenheit geben ihm das Gefühl einer besonderen Überlegenheit und Macht. Viele Frauen unter dreißig wiederum fühlen sich zu einem älteren Mann in gesicherten Verhältnissen hingezogen. Er ist reifer als Männer in ihrem Alter. Dies kann für eine junge Frau sehr attraktiv sein, vor allem, wenn sie sich ein wenig unsicher fühlt und jemanden braucht, auf den sie sich stützen kann.

Es spricht nichts dagegen, mit jüngeren Frauen auszugehen. Dies kann einem Mann neues Leben einhauchen. Durch den Kontakt mit jüngeren Frauen fühlt er sich automatisch jünger und stärker. Am besten betrachtet man es als eine Phase, als eine Gelegenheit, Verbindung mit einem Teil seiner Vergangenheit aufzunehmen. Junge Männer haben oft nicht das Selbstvertrauen älterer. Wenn sich ein älterer Mann wieder jung fühlen und zugleich sein Selbstvertrauen bewahren kann, kann dies eine sehr befreiende und erfüllende Erfahrung sein.

Eines der Probleme von Beziehungen zu jüngeren Frauen liegt darin, daß sie sich mit dem Älterwerden ändern. Wenn eine Frau auf das dreißigste Lebensjahr zugeht, stellen sich ihre Hormone um. Sie ist nicht mehr so nachgiebig wie bisher. Ihr Bedürfnis wächst, sie selbst zu sein, und sie paßt sich nicht mehr so ohne weiteres einem männlichen Partner an.

*Wenn eine Frau auf das dreißigste Lebensjahr zugeht,
stellen sich ihre Hormone um, und sie wird weniger
nachgiebig.*

────◄○►────

Ein weiteres mögliches Problem ist die Anziehung. Es ist
schwierig, auf Dauer an jemandem interessiert zu sein, der
auf einer anderen Reifestufe steht. Sofern er nicht in seinem
Herzen eher jung und sie in ihrem Herzen eher reif ist, könnte
nach dem ersten Sturm der Hormone das Interesse aneinander sehr schnell nachlassen. Ein Mann sollte sehr sorgfältig
prüfen, ob eine jüngere Frau wirklich die Richtige für ihn ist,
bevor er sie heiratet.

Sexuelles Versagen

Bei einem Neubeginn erleben praktisch alle Männer einen
Einbruch ihrer sexuellen Leistungsfähigkeit. Dies stürzt sie
oft in Panik, und sie glauben, etwas sei nicht in Ordnung. Aber
es ist alles in Ordnung. Ihr Körper sagt ihnen einfach, daß er
noch nicht zu sexuellen Beziehungen bereit ist. Er sagt ihnen,
daß sie es langsam angehen lassen sollen.

Selbst wenn die Libido da ist, versagt er in verschiedener Weise, wenn es darauf ankommt: Er bekommt keine
Erektion, verliert die Erektion vor dem Verkehr, hat eine
vorzeitige Ejakulation oder hat eine Erektion, ohne zum
Höhepunkt kommen zu können. Bei solchen Symptomen
muß er sich einfach klarmachen, daß er noch nicht soweit
ist.

Wenn der Körper eines Mannes sexuell versagt,
ist dies für ihn ein Signal, daß er es langsamer
angehen lassen muß.

Solange er noch mit einem Trauma beschäftigt ist, kann er keinen Sex mit einer Frau haben, die er gern hat. Er »kann« ohne weiteres bei einer Prostituierten oder allein unter der Dusche, aber wenn er bei einer Frau ist, die er gern hat, läßt ihn sein Körper im Stich. Wenn er es erzwingen will, erschwert er den ganzen Prozeß. Hat er dann einmal beim Sex versagt, ist die Angst beim nächsten Versuch um so größer. Er muß einfach das Signal seines Körpers akzeptieren. Wenn er seine Seele heilt und sich sein natürliches Selbstbewußtsein wieder einstellt, dann kehrt auch seine sexuelle Leistungsfähigkeit wieder zurück.

Frauen retten

Solange ein Mann sein volles Selbstbewußtsein noch nicht wieder erlangt hat, fühlt er sich vielleicht zu Frauen hingezogen, die in irgendeiner Notlage sind. Wenn er einer Frau helfen kann, fühlt er sich plötzlich wieder stark. Dies ist für ihn ein schönes Gefühl, aber er muß vorsichtig sein. Er könnte von solchen Frauen abhängig werden, um sich selbstbewußt und stark zu fühlen. Besser ist es, sich zunächst um ein gesundes Selbstbewußtsein zu kümmern.

Solange das Gefühl von Stärke von einer Frau abhängt, ist man nicht wirklich stark. Ihre Hilfsbedürftigkeit läßt nur vorübergehend die eigene Schwäche vergessen. Eine solche Liebe ist meist nicht von Dauer, wie leidenschaftlich sie auch sein mag.

Sobald sie nicht mehr verzweifelt auf seine Hilfe angewiesen ist, läßt die Anziehungskraft nach. Sie oder er entdeckt, daß sie nicht zueinander passen, denn seine Zuneigung beruht auf dem Wunsch, helfen zu können, und dem schönen Gefühl, sich wieder stark zu fühlen.

Ein Mann kann dasselbe Gefühl der Stärke haben, wenn er einer Frau hilft, ohne mit ihr sexuell intim zu werden. Dann ist es einfacher, sich wieder zu trennen, wenn man feststellt, daß man nicht zueinander paßt.

Eine fürsorgliche Frau

Oft fühlen sich Männer, die dabei sind, ihre Stärke wiederzufinden, vorübergehend zu fürsorglichen Frauen hingezogen, die ihnen helfen, die Wunden ihrer Kindheit zu spüren. Wenn diese Wunden geheilt sind, stellen sie oft fest, daß sie nicht die Richtige ist.

Ein Mann erwartet von der fürsorglichen Frau, daß sie ihn so behandelt, wie er von seiner Mutter hätte behandelt werden wollen. Sobald sein Schmerz gelindert ist, verflüchtigt sich die Zuneigung. Im günstigsten Fall schwankt sie.

———<o>———

Fühlt sich ein Mann während des Heilungsprozesses
zu einer fürsorglichen Frau hingezogen,
ist diese Zuneigung oft nur von kurzer Dauer.

———<o>———

Wenn die Beziehung intim wird, wird es noch schwieriger. Er beginnt, seine unverarbeiteten Gefühle auf sie zu übertragen, weil er sie in die Rolle seiner Mutter drängt. Was er seiner Mutter gegenüber empfand, empfindet er jetzt ihr gegenüber.

Wenn er zum Beispiel Gefühle des Zorns und der Verletztheit nicht verarbeitet hat, dann ist er jetzt sehr sensibel und allzu schnell durch Dinge verletzt, die sie sagt oder tut. Er reagiert mit übertriebenem Zorn. Es ist ohnehin schwierig genug, eine Beziehung zu haben, ohne die Vergangenheit wachzurufen. Wenn sich ein Mann fest binden will, sollte er darum unbedingt darauf achten, daß er nicht eine fürsorgliche Mutter sucht, die seine Wunden pflegt.

Eine feste Beziehung mit einer fürsorglichen Frau während des Heilungsprozesses hemmt die natürliche Heilung. Stützt sich ein Mann allzusehr auf eine Frau, dauert es länger, bis er sich wieder unabhängig und stark fühlen kann. Selbst wenn ihm diese Beziehung Trost und Linderung bringt, fühlt er sich bald eingeengt.

Fühlt sich ein Mann während seines Heilungsprozesses zu fürsorglichen Frauen hingezogen, sollte er sich an eine Therapeutin wenden. Diese kann ihm die Fürsorge geben, die er braucht, und ihm zugleich helfen, die Stärke und Unabhängigkeit zu entwickeln, die er für eine feste Beziehung braucht.

———◄○►———

Wenn ein Mann eine mütterliche Frau braucht,
sollte er zu einer Therapeutin gehen.

———◄○►———

Eine feste Bindung vermeiden

Bei all diesen Beispielen sucht ein Mann eine Frau oder Situation, bei der er sich stark fühlen kann. Dies ist so lange unschädlich, wie er es vermeidet, während der Heilungskrise eine feste Bindung einzugehen.

Dadurch kann er seine Fähigkeit spüren, für eine Frau sorgen zu können, ohne sich allzu gebunden zu fühlen. Dies verlangt zwar einen Verzicht, doch bedeutet es für einen Mann eine große Stärkung, wenn er anderen etwas geben kann, ohne in seinen Gefühlen von ihnen abhängig zu sein. Hieraus entsteht wiederum großes Selbstvertrauen, das ihn auf die richtige Beziehung vorbereitet. Im Bewußtsein seiner Kraft wird es ihm dann gelingen, ein Leben lang die Leidenschaft aufrechtzuerhalten.

Es gibt einem Mann großen Auftrieb, freien sexuellen Ausdruck erleben zu können, ohne eine dauerhafte Bindung eingehen zu müssen. Die sexuelle Gunst einer Frau ohne Bedingungen zu erfahren, hilft ihm, Gefühle der Verletztheit aus früheren Bindungen wahrzunehmen und zu heilen. Wenn dann seine Seele geheilt ist, ist er bereit zu neuer Liebe und Bindung.

Nachwort

Am Scheideweg

Bei einem Neubeginn stehen Männer und Frauen an einem Scheideweg. Der eine Weg führt nach oben zum Licht, zur Liebe und zur Hoffnung. Der andere Weg führt nach unten in die Dunkelheit, Verzweiflung und Leere. Der Weg nach oben ist zunächst schwieriger. Er verlangt, daß man seinen Schmerz spürt und neue Beziehungsformen erlernt. Er beinhaltet die Herausforderung, sein Bestes zu geben. Der andere Weg beginnt einfacher, wird aber immer schmerzlicher und schwieriger. Er verspricht Linderung, aber er heilt die Seele nicht. Er führt nicht wieder nach Hause zurück.

Indem man das Risiko eingeht, wieder zu lieben, wird man nicht nur stärker, sondern auch liebevoller. Wenn man die Herausforderung annimmt, seine Seele zu heilen, führt das zu einer noch größeren Liebe. Mit einem von Liebe erfüllten Herzen bringt man sein höchstes Potential zum Ausdruck und erfüllt zugleich die tiefste Bestimmung der Seele: zu lieben und geliebt zu werden.

Hiervon profitieren nicht nur die getrennten Partner, sondern auch die Kinder. Solange die Eltern leiden, leiden auch die Kinder. Eltern fragen sich oft, was sie für ihre Kinder tun können: Das größte Geschenk, das sie ihnen überhaupt machen können, besteht darin, für sie ein Vorbild der Liebe und Heilung zu sein. Wenn man sich selbst heilt und von seinem Schmerz befreit, erleichtert dies auch die Last der Kinder und stärkt ihre Liebesfähigkeit.

Den Schmerz, den man nicht heilt, bürdet man seinen Kindern auf. Wenn die eigene Last allzu schwer wird und man aufgeben möchte, muß man daran denken, daß man auch für seine Kinder durchhalten muß. Man hilft damit nicht nur sich selbst, sondern verschafft auch ihnen die Sicherheit und Geborgenheit der Liebe.

Indem Sie sich Zeit für die Lektüre dieses Buchs genommen haben, haben Sie gezeigt, daß Sie entschlossen sind, Ihre Seele zu heilen und zu sich zurückzufinden. Vielleicht ist dies die schmerzlichste Zeit Ihres ganzen Lebens, aber Sie werden zurückblicken und für die Geschenke dankbar sein können, die Ihre Heilung mit sich bringt. Nach der Heilung Ihres gebrochenen Herzens werden Sie stärker sein als je zuvor. Der Schmerz wird vorübergehen und Sie werden ein neues Leben mit mehr Liebe, Verständnis und Mitgefühl erfahren, als Sie sich jemals vorstellen konnten.

Selbst wenn Ihr Verlust schon viele Jahre zurückliegt, ist es nie zu spät umzukehren, das Herz zu heilen und dann einen Neuanfang zu machen, um wahre und dauerhafte Liebe zu finden. Auch wenn Sie schon einige der Fehler begangen haben, die in diesem Buch dargestellt sind, steht Ihnen immer noch der Weg zu einer neuen Liebe offen.

Lernen loszulassen

Richard war dreiundzwanzig Jahre verheiratet, als er sich scheiden ließ. Er hatte jung geheiratet. Nach dreiundzwanzig Jahren erkannte er, daß er mit der falschen Frau zusammen war. Statt bewußt seine Seele zu heilen, fing er viele Beziehungen an. Er beging fast alle der in diesem Buch beschriebenen Fehler.

Wenn er sich an eine Frau binden wollte, bekam er plötzlich Zweifel und ging mit einer anderen Frau aus. Nachdem er drei Jahre lang intime Beziehungen mit sechs Frauen un-

terhalten hatte, konnte er sich nicht für eine von ihnen entscheiden. Jede der Frauen hatte einige der guten Eigenschaften, die er zu finden hoffte. Sich für eine zu entscheiden, hätte
bedeutet, auf die anderen zu verzichten. Er konnte dies nicht,
und überlegte sich sogar, überhaupt auf alle Beziehungen zu
verzichten.

Die Teilnahme an einem Mars-Venus-Workshop befähigte
Richard zu einem zweiten, erfolgreicheren Neubeginn. Er
erkannte, daß er sich von seinen neuen Beziehungen nicht
lösen konnte, weil er sich noch nicht von seiner Frau gelöst
hatte. Indem er seine unverarbeiteten Gefühle gegenüber
seiner ehemaligen Partnerin heilte, konnte er sein Bezie-
hungsverhalten ändern. Indem er seine Ehe endgültig ab-
schloß, gelang es ihm, auch seine anderen Beziehungen zu
einem Abschluß zu bringen.

Ein Jahr später fand er die perfekte Frau, mit der er eine
dauerhafte und wahre Liebe erlebte. Als er wirklich zu einer
Bindung bereit war, entdeckte er, daß die Richtige für ihn
bloß eine Straße von ihm entfernt wohnte. Und diesmal war
es für ihn überhaupt kein Problem, sich für eine feste Beziehung zu entscheiden.

Nachsicht üben

Lucy war von ihrem Mann betrogen worden. Er hatte sich in
seine Sekretärin verliebt und sie verlassen. Sie war am Boden
zerstört. Um ihr Vertrauen wieder aufzubauen, ging sie mit
vielen Männern aus. Sie genoß es zwar, geschätzt und verehrt
zu werden, aber es genügte ihr nicht. Es konnte ihr nicht
genügen, weil sie noch eine Menge Gefühle bezüglich ihrer
Ehe nicht verarbeitet hatte. Sie wußte nicht, wie sie ihre Verletztheit heilen sollte.

Sie beschloß schließlich, sich ganz auf ihren Beruf und ihre
Kinder zu konzentrieren und sich nicht mehr um eine Bezie-

hung zu bemühen. Neun Jahre später war sie in ihrem Leben einigermaßen zufrieden, aber es fehlte ihr dennoch etwas. Nach der Teilnahme an einem Mars-Venus-Workshop entdeckte sie, daß sie immer noch eine unverarbeitete Verletztheit mit sich herumtrug. Indem sie lernte, die vier heilenden Emotionen zu fühlen, konnte sie schließlich verzeihen und wieder ein gesundes Verlangen nach Intimität in ihrem Leben entwickeln.

Lucy hatte immer geglaubt, daß sie nie mehr der Liebe begegnen würde; aber als sie sich Zeit dafür nahm, ihre Seele zu heilen, öffnete sie ihr Herz neu. Mit dieser geänderten Einstellung begegnete ihr innerhalb eines halben Jahres ein Mann, der sich schließlich als der perfekte Partner für sie erwies. Weil sie ihre Seele geheilt hatte, konnte sie neu beginnen und eine dauerhafte Liebe finden.

Sich für die Liebe entscheiden

Mit den einfachen Erkenntnissen von »Mars und Venus neu verliebt« haben Sie jetzt die Wahl, welchen Weg Sie einschlagen wollen. Sie haben eine Landkarte, die Sie auf Ihrer Reise leiten kann. Ich hoffe, daß sie Ihnen wie ein weiser Lehrer helfen wird, die gesuchten Antworten zu finden, und daß sie Sie wie ein guter Freund begleiten wird. Möge sie wie ein Engel vom Himmel in Ihren Zeiten der Not bei Ihnen sein und Sie daran erinnern, daß Sie geliebt werden, daß Sie nicht vergessen werden, daß Ihre Gebete erhört werden.

Auf Ihrer Reise zurück nach Hause werden Sie die Unterstützung finden, die Sie brauchen, um die beste Entscheidung treffen zu können. Denken Sie an jeder Gabelung des Weges zur Heilung Ihrer Seele daran, daß Sie Gottes Liebe wieder in diese Welt bringen. Entscheiden Sie sich für die Liebe nicht nur um Ihrer selbst willen, sondern auch um Ihrer Kinder,

Ihrer Freunde und der ganzen Welt willen. Denken Sie immer daran, daß Ihre Liebe gebraucht wird. Ich danke Ihnen dafür, daß ich Sie auf Ihrem Weg begleiten und daß ich in Ihrem Leben etwas bewirken durfte.

Danksagung

Ich danke meiner Frau Bonnie dafür, daß sie mir ein weiteres Mal Begleiterin auf dem Weg zu einem neuen Buch war.

Ich danke meinen drei Töchtern Shannon, Juliet und Lauren für ihre beständige Hilfe und Unterstützung. Ein Dankeschön auch an Helen Drake für die effiziente Verwaltung meines Büros, während ich an diesem Buch arbeitete.

Ich danke den nachfolgenden Verwandten und Freunden für ihre Vorschläge und wertvollen Hinweise zu den in diesem Buch geäußerten Gedanken: meiner Mutter Virginia Gray, meinen Brüdern David, William, Robert und Tom Gray, meiner Schwester Virginia Gray, Robert und Karen Josephson, Susan und Michael Najarian, Renee Swisko, Ian und Elley Coren, Trudy Green, Candice Fuhrman, Bart und Merril Berens, Martin und Josie Brown, Reggie und Andrea Henkart, Rami El Batrawi, Sandra Weinstein, Robert Beaudry, Jim Puzan, Ronda Coallier, Jim und Anna Kennedy, Alan und Barbara Garber und Clifford McGuire.

Ich danke meiner Agentin Patti Breitman für ihre fortwährende großartige Unterstützung. Ich danke weiterhin meiner internationalen Agentin Linda Michaels, die dafür sorgte, daß meine Bücher in der ganzen Welt in über vierzig Sprachen erscheinen konnten.

Ich danke meiner Lektorin Diane Reverand für ihre sachkundige Anleitung und Beratung. Ich danke David Steinberger, dem Vorsitzenden von HarperCollins, und Jane Friedman, der Firmenleiterin, für ihre Führung und Unterstützung. Ich danke weiterhin Carl Raymond, Marilyn Allen, Laura

Leonard, David Flora, Krista Ströver und den anderen phantastischen Mitarbeitern bei HarperCollins für ihr Verständnis für meine Wünsche. Ich könnte mir kein besseres Team vorstellen.

Ich danke Anne Gaudinier, Rick Harris, John Koroly und den Mitarbeitern von HarperAudio sowie Doug Nichols, Susan Stone und den Mitarbeitern von Russian Hill Recording, die sich um die Herstellung der Tonversion dieses Buchs kümmerten.

Ich möchte auch den Hunderten von Workshop-Mitarbeitern danken, die in der ganzen Welt Mars-Venus-Workshops abhalten, und ich danke den Tausenden von Singles und Paaren, die in den vergangenen fünfzehn Jahren meine Workshops besucht haben. Ich danke auch den Mars-Venus-Beratern, die diese Prinzipien nach wie vor in ihrer Praxis anwenden.

Und ein ganz besonderes Dankeschön an Kaleshwar für alle Hilfe und Unterstützung!

Hinweis

John Gray ist im Internet unter http://www.marsvenus.com zu erreichen. Dort können Sie unter anderem Fragen stellen, sich mit anderen Mars-Männern und Venus-Frauen austauschen und Bücher, Cassetten und Videos bestellen, die es in den USA zu John Grays Seminaren und Büchern gibt.

Seit 1996 gibt es das von Dr. John Gray gegründete Mars Venus Institut, Mill Valley, Kalifornien. Mehr als 200 speziell ausgebildete und persönlich autorisierte Trainer, die Facilitators, bieten in den USA und weltweit Workshops zu den Themen an, die in diesem Buch behandelt wurden und darüber hinaus zum gesamten »Mars-Venus-Ansatz« im Bereich der Kommunikation zwischen Mann und Frau.

In Deutschland erhalten Sie weitere Informationen über Themen, Termine, Orte und Kosten unter folgender Kontaktadresse

MARS VENUS
W O R K S H O P S

DEUTSCHLAND

Hans-Joachim von Malsen
Postfach 1525 · D-82178 Puchheim

Service-Telefon: 0 18 05 / 22 55 68
[0 18 05 / CALL MV]

http://www/MarsVenusDeutschland.com
e-mail: service@marsvenus.de